Susanne Aubry

ES GIBT NUR EIN GEBOT

MENSCHLICHES BEWUSSTSEIN IM WANDEL

Botschaften aus der geistigen Welt | Band 4

GOVINDA-VERLAG
Zürich

Weitere lieferbare Titel aus der Reihe «Botschaften aus der geistigen Welt»:

Band 1: «Dein Wille geschehe jetzt! – Die Menschheit vor der globalen Transformation» (gebunden und als Taschenbuch)

Band 2: «Weil Ich dich liebe – Wegweiser zur Transformation» (gebunden und als Taschenbuch)

Band 3: «Stern des Friedens» (gebunden)

Kontaktadressen:

Verlag: GOVINDA-VERLAG
Postfach, CH–8053 Zürich
govinda.ch

Autorin: TERRAMOR Schulungsinstitut
Landsberger Straße 18, D–82205 Gilching
terramor.de

Erstausgabe – September 2008

Herausgeber: Ronald Zürrer
Lektorat: Manfred Petersen, Hamburg
Layout & Einbandgestaltung: Ronald Zürrer, Zürich
Einbandfoto: Sven Richter, Worms («Love is in the air», 2005)
Gesamtherstellung: CPI Moravia Books
Printed in Czech Republic

ISBN 978-3-906347-93-6

Susanne Aubry

ES GIBT NUR EIN GEBOT

Inhalt

Vorbemerkung

Die nachfolgenden Texte sind medial empfangene Botschaften aus der geistigen Welt. Lichtwesen, aufgestiegene Meister, Schutzgeister und uns vertraute Engel waren mit großer Liebe bemüht, uns Erdenmenschen auf diesem Wege zu helfen und unsere Evolution zu unterstützen.

Die Botschaften wurden anläßlich von TerrAmor-Seminaren und -Schulungen zwischen dem 18. März 2001 und dem 13. April 2002 übermittelt. Die Übermittlungen fanden im Zustand der Tiefentrance des Mediums (Susanne Aubry, ehemals Osswald) statt und wurden live aufgezeichnet. Sie sind alle bereits als Hörbücher auf CD veröffentlicht.

Die hierin enthaltenen Texte sind vereinzelte Wiedergaben, die aus zahlreichen unterschiedlichen TerrAmor-Seminaren und -Schulungen gesammelt wurden. Das Buch gibt somit nicht die Gesamtheit der Lehren wieder, die während des gesamten Unterrichts vermittelt wurden; es beschränkt sich auf die medial empfangenen Botschaften.

Aufgetauchte Fragen, scheinbare Ungereimtheiten oder sogar Widersprüche, die im Unterricht aufgegriffen und ausführlich behandelt wurden, müssen hier leider offen bleiben. Das Buch kann und will die Schulungen nicht ersetzen. So ist die Veröffentlichung der medialen Botschaften auch eine Herausforderung für jeden Leser, da es sich hierbei um ein Arbeitsbuch handelt, das ernsthaftes eigenes Nachdenken und Suchen nach den Antworten auf die elementaren Fragen des Lebens voraussetzt.

Dem ehrlich Suchenden aber bietet sich hier eine Quelle von Liebe und Weisheit an. Ist der Leser darüber hinaus bereit, vorurteilsfrei und objektiv «ans Werk» zu gehen, so werden sich ihm möglicherweise ganz neue Horizonte eröffnen. Denn dann wird die Gegenwart der hier zu Wort gekommenen höherdimensionalen Wesen spürbar, weil Liebe und Ernsthaftigkeit eine direkte Verbindung zu ihnen herstellen können.

Eine Bemerkung zur Sprache der vorliegenden Botschaften: Der schriftliche Text dieser Aufzeichnungen gibt so weit wie möglich den gesprochenen Text wieder. Das heißt, daß gewisse Satzstellungen und Formulierungen möglicherweise nicht der uns vertrauten Schriftsprache entsprechen und das Lesen somit eine Herausforderung ist. Trotzdem haben wir uns entschieden, diese Schwierigkeit unseren Lesern zuzumuten – nicht zuletzt auf mehrfachen und vehementen Wunsch unserer treuen Seminarteilnehmer und Schüler, die auf das «Pure» nicht verzichten wollen. Die dadurch erhalten gebliebene Energie in den Texten tut ihre ganz eigene Wirkung, und diese möchten wir den Lesern nicht vorenthalten.

Einleitung

Ungeachtet von Zeit und Kultur sind es *Gesetze,* die das Leben der Menschen beeinflussen und prägen. Im Paragraphenwald der modernen Bürokratie werden Menschen nicht nur gezwungen, Gesetze und Verordnungen einzuhalten; sie müssen sich zuerst einmal einen immer schwieriger werdenden Durchblick erkämpfen. Eine vom Staat verlangte Steuererklärung ist nur eines von vielen Beispielen hierfür. Doch ist dies verwunderlich? Schließlich werden Gesetze von Menschen gemacht, und die sind nun einmal unvollkommen.

Ganz anders verhält es sich mit den Gesetzen, die von Gott gegeben worden sind. Sie sind nicht nur vollkommen, sondern auch eindeutig, klar und logisch nachvollziehbar. Ihr Sinn und Zweck sind unmißverständlich, einzig und allein zum Schutz und Erhalt aller Schöpfung bestimmt. Befaßt man sich ernsthaft und ausdauernd mit den göttlichen Gesetzen, kommt man nicht umhin, die unfehlbare göttliche Weisheit und Vorausschau zu bewundern.

Gottes Geboten liegt eine alles umfassende Liebe zugrunde. Nichts bleibt unbedacht, und Sein alles durchdringender Geist wirkt in einer unbestechlichen Gerechtigkeit, ohne den freien Willen des Menschen zu schmälern. Die göttliche Allmacht kennt weder ein Bewerten noch ein Verurteilen, und vor Gott sind alle Menschen gleich: Er liebt uns alle ohne Unterschied. Sein Gesetz von Ursache und Wirkung läßt jedem Menschen den freien Willen zu tun, was immer er will. Dieses Gesetz macht den Menschen zum Gestalter seines eigenen Schicksals: Er muß ernten, was er gesät hat – oder einfach die Konsequenzen für seine Handlungen und Entscheidungen tragen.

Selbst der Tod ist keine von Gott erschaffene Realität. Das Sterben ist lediglich die Konsequenz, die den Menschen trifft, wenn er gegen die natürlichen Lebensgesetze Gottes verstößt. Lebt ein Mensch in Angst, Unliebe, Neid, Eifersucht, Unwissenheit und Unwahrheit und ist sein Streben nur nach materiellen Gütern ausgerichtet, zerstört er hierdurch den göttlichen Geist, die Lebenskraft in seinem Körper. Der daraus folgende Tod ist dann die unausweichliche Konsequenz, und diese ist dem

Menschen selbst zuzuschreiben. Sogar Menschen, die sich mit gut gemeinten Vorsätzen um ein Christ-Sein oder um einen lobenswerten, ethischen Lebenswandel bemühen, sterben. Warum? Weil ihr Glaube auf persönliche Erfahrung, auf ein kollektives Weltbild, und nicht auf göttliche Wahrheit gebaut ist. Hier ist die Unwissenheit und vor allen Dingen die Angst der Hauptverursacher für das Sterben.

Gott bestraft die Menschen nicht, und Er läßt sie auch nicht sterben. Gott ist ein Gott des Lebens. Er liebt Seine Schöpfung – ausnahmslos, wie sie ist und mit allem, was ist. Wertfrei und bedingungslos liebt Er alles, was ist – um *seiner selbst* willen!

Geduldig und siegesgewiß wartet Er auf die Rückkehr jeder einzelnen Seele. Diese Rückkehr muß keinesfalls mit dem Tod einhergehen. Sucht der Mensch ehrlichen Herzens die göttliche Wahrheit und bemüht er sich ernsthaft um Weisheit, Wissen und Verstehen, lernt er die göttlichen Lebensgesetze kennen. Diese stehen immer und unbeeinflußbar über den irdischen oder menschlichen Geboten, auch wenn dies oft nicht den Anschein hat.

Wir Menschen sind geneigt, uns vom äußeren Eindruck beeinflussen zu lassen, und berauben uns dadurch einer höheren Sicht der Dinge. Die Schwierigkeit, Lebensabläufe in größerem Zusammenhang zu sehen, bewirkt nicht nur eine begrenzte Denk- und Sichtweise, sie erschwert auch das Verständnis und die Bereitschaft, zu verzeihen und tolerant zu sein. Meist beginnt hier die Abwendung vom göttlichen Gesetz, auch wenn dies unbewußt und ungewollt geschieht. Die unvermeidliche Folge davon jedoch ist Schmerz und Leid.

Aber auch Leid und Schmerz dienen letzten Endes der Evolution. Sie sind wertvolle, unvermeidliche Erfahrungen, die als Brücke für die Rückkehr zu Gott dienen. Hat der Mensch genug gelitten und haben alle menschlichen Hilfen versagt, sucht er wieder Heilung bei Gott. So kehrt er wieder zu den göttlichen Gesetzen zurück und beginnt, sich ernsthaft zu bemühen, diese ausfindig zu machen und auch einzuhalten.

Es gibt viele geistige Gesetze oder göttliche Gebote – Prinzipien, die als energetische Struktur für Zeit und Raum unabdingbar sind. Sie sind nicht nur Schutz und Lebensgrundlage, sie zwingen, wenn auch indirekt, alle Lebensformen zur Höherentwicklung, mit dem Ziel der Vollkommenheit, damit die Wiedervereinigung mit dem Urschöpfer stattfinden kann. Hier tritt das *Gesetz der Resonanz* in Aktion, das neben dem sogenannten Karmagesetz (Gesetz von Ursache und Wirkung) eines der bedeutendsten göttlichen Gesetze ist.

Die wohl bekanntesten dieser Gesetze wurden uns als die *Zehn Gebote des Alten Testaments* überliefert (siehe nachfolgende Seite). Wohl kaum ein Mensch der westlichen Welt kennt sie nicht. Sie wurden einst Moses auf dem Berg Sinai für das Volk Israel gegeben. Auch wenn jene Gesetzestafeln nicht direkt vom Ur-Schöpfer kamen, sind sie doch wertvolle Anweisungen für eine ethische Entwicklung des Menschen. Allein das erste Gebot: «Ich bin der Herr, dein Gott; du sollst keine anderen Götter haben neben Mir», beinhaltet bereits die nachfolgenden neun Gebote. Denn will der Mensch Gott wahrhaft ehren, dann ist es ihm unmöglich, zu stehlen, zu töten, ehezubrechen, zu lügen, den Namen Gottes zu mißbrauchen, den Feiertag nicht zu heiligen, zu begehren, was seines Nächsten Eigentum ist, oder seine Eltern nicht zu würdigen und geringzuschätzen.

Halten wir uns an das erste der zehn Gebote, so sind alle anderen Gebote darin enthalten und berücksichtigt. Dieses eine und erste Gebot vom Berge Sinai ist ein Wegweiser für die menschliche Evolution und ein Schlüssel zur Heilung. Es umzusetzen in eine gelebte Realität bedeutet: lieben. Die Liebe umfaßt und beinhaltet alles und transformiert, was ihrem Wesen nicht entspricht. Liebe ist das Wesen Gottes selbst. Wer die Liebe hat, hat alles.

Deshalb gibt es im Grunde nur ein Gebot: die Liebe.

Susanne Aubry,
im Sommer 2008

Die Zehn Gebote sind im Original nachzulesen im Alten Testament, sowohl im 2. Buch Mose (Exodus, Kapitel 20) als auch im 5. Buch Mose (Deuteronomium, Kapitel 5). Hier die verkürzte Fassung nach Martin Luther:

Das erste Gebot: «Ich bin der Herr, dein Gott; du sollst keine anderen Götter haben neben Mir.»

Das zweite Gebot: «Du sollst den Namen des Herrn, deines Gottes, nicht mißbrauchen.»

Das dritte Gebot: «Du sollst den Feiertag heiligen.»

Das vierte Gebot: «Du sollst deinen Vater und deine Mutter ehren.»

Das fünfte Gebot: «Du sollst nicht töten.»

Das sechste Gebot: «Du sollst nicht ehebrechen.»

Das siebte Gebot: «Du sollst nicht stehlen.»

Das achte Gebot: «Du sollst nicht falsch Zeugnis reden wider deinen Nächsten.»

Das neunte Gebot: «Du sollst nicht begehren deines Nächsten Haus.»

Das zehnte Gebot: «Du sollst nicht begehren deines Nächsten Weib, Knecht, Magd, Vieh, noch alles, was dein Nächster hat.»

Bewußt-Werdung, Bewußt-Sein: Das göttliche Prinzip der Ernsthaftigkeit

Muriel und Pagoa
18. März 2001 in Kißlegg

Hörbuch (CD)
ISBN 978-3-935173-16-2

Wir sind Muriel und Pagoa. Aus der Einheit unseres Wesens umfängt euch die Liebe, die, aus Gott geboren, durch uns an euch übermittelt wird. Aus der Einheit unseres Wesens umfängt euch jene Liebe, die auch aus unserem Geist, dem Geist des Muriels und dem Geist der Pagoa, zu euch kommen will. Gott zum Gruße, die ihr uns auf der Erde Brüder und Schwestern seid im Fleische!

Im Anbeginn dieser unserer ersten bewußten Begegnung* ist es Pagoa und mir ein Anliegen, uns in unserem Ausdruck und Wesen euch zu erklären. So wisset: Ich, Muriel, ein erstgeborener Sohn des göttlichen Urvaters, habe dereinst mein Wesen geteilt und dieses Wesen als einen Teilaspekt meiner selbst in die Inkarnation des Fleisches gesendet, eben in jenen Zeitabläufen, als die Geschichte des Erdenmenschen begann. So also war Pagoa, welche im Hier und Jetzt die rechtmäßige Ergänzung meines eigenen Seins und Wesens ist, im Durchwandern eines Fleischeslebens, weit zurückgelegen vor dieser eurer Zeit, eine Tochter der ersten Erdenmenschen. Und so habe ich, Muriel, durch diesen meinen ausgesendeten Teil vieles erfahren, was an Erfahrung nur der Fleischwerdung vorbehalten ist. So habe ich auf diesem Wege Verständnis, Mitgefühl und auch eine große Anzahl an Wünschen und Plänen gesammelt.

Als Pagoas Zeit vollendet war, als die Erfahrungen im Fleischesleben in genügender Weise vorhanden gewesen sind, rief ich also Pagoa zu mir. So aber Pagoa in einem Bewußtsein das Fleisch betreten hat, welches dem Erdenmenschen übergeordnet, wach und nicht schlafend gewesen ist, hat Pagoa in jener damaligen Zeit den Fleischestod nicht erfahren.

Ich habe also nach dem Willen des Herrn den mir zugehörigen Teil zu meiner Ergänzung zurückgerufen, und sodann löste Pagoa ihr Wesen

* Muriel und Pagoa sprechen hier zum ersten Mal bei TerrAmor.

aus dem Fleische sichtbar vor des Menschen Auge auf. Alle stofflichen Teile aus ihr wurden augenblicklich durch den Wunsch, durch die Berufung und durch den in Tätigkeit versetzten Willen in den Urzustand des Geistes zurückgeführt, was bedeutet, daß die atomare Struktur sich in die einzelnen Substanzen und atomaren Teile zurückgezogen hat. So gab es keinen verwesenden Körper. Dies ist möglich gewesen, da Pagoa in ihrer Menschwerdung das Bewußtsein ihres wahren Wesens und das daraus vorhandene Wissen in ihren Zellen aktivieren konnte und mir so geantwortet hat auf meinen Ruf und diesem in Freude und Liebe folgte.

Soviel wisset im Anbeginn über die Wesenheit Muriel und Pagoa. Ihr werdet im Laufe der weiteren Zusammenarbeit mehr, klarer und detaillierter Unterricht und Verständnis erfahren über diesen unseren Bereich, der euch als die Engelwelt vertraut ist. Wir Engelwesen laden euch herzlich ein, nachzuforschen: jenen Weg, den ihr beschritten habt, um an diesem Punkt, da ihr euch jetzt befindet, zu verstehen. Findet den Ursprung und den Ausgang eures Werdens, damit euer Sein im Hier und Jetzt in einem jeden von euch zur höheren Weisheit und zum leichteren Bestehen in den Aufgaben des Lebens gelangen kann.

Alle, die ihr hier versammelt seid, wart und seid ihr Eltern, die in unterschiedlicher Weise Kinder geboren haben, die sich auf diese Weise als Schöpfer betätigt haben, bewußt und unbewußterweise. Denn so, wie ich dereinst Pagoa aus meinem eigenen Wesen entsendet habe, so sind neben mir jene Erstsöhne und Erstengel, die im Auftrag und im Willen des Herrn weitere Seelen entsendet haben, um das Universum aufzufüllen, um Schöpfung zu vollziehen.

Auch ihr habt nicht nur Kinder aus und in dem Fleische geboren. Aus eurem Geist und der Kraft eurer Seele sind im Geiste Seelen entwachsen, die sich auf den Weg gemacht haben, um ebenso wie ihr von Inkarnation zu Inkarnation in ein besseres und klareres Verständnis und höheres Bewußtsein über sich selbst und dieses, was Leben bedeutet, zu wachsen.

Die Aufgabe, die mir, Muriel und Pagoa, zuteil geworden ist im Amt meines Dienens, besteht vortrefflicherweise darin, das Gesetz der Ernsthaftigkeit in seinem Ausdruck und Werdegang zu überwachen – dafür Sorge zu tragen, daß alle Bewegungen, die sich hierin vollziehen, in ihrer Evolution dem Universum, also allem, was ist, zum höchsten Wohle gereichen. So habe ich, Muriel, mich umgesehen in euren menschlich denkenden Köpfen und habe hierinnen beobachtet, daß dieses, was ihr

Ernsthaftigkeit nennt, in einer anderen Weise schwingt, als dies der Fall ist in unserem Verständnis hierüber.

Ernsthaftigkeit, so, wie das Gesetz hierüber aus Gott begründet und in Tätigkeit ist, bedeutet nach eurem menschlichen Verständnis vielmehr, bewußt zu werden. Ihr seid innerhalb eures Evolutionsprozesses an einem Punkt angekommen, da ihr mit Ernsthaftigkeit in großem Maße konfrontiert werdet. Versteht diese Ernsthaftigkeit als eine Schwelle, über die es zu treten gilt, um aus dem Zustand des geistigen Schlafens in das Bewußtsein des geistigen Erwachens zu gelangen.

Eure Fleischesinkarnationen, die ihr zuvor durchlebt habt, waren Erfahrungsansammlungen, da ihr gelernt und integriert habt das geistig-göttliche Gesetz der Ordnung und des Willens. Nun aber, da dieses anerkannt und verstanden worden ist, seid ihr eben durch diese Erfahrungen herangereift und an die Schwelle eines geistigen Erwachens gelangt, was bedeutet, daß ihr euch bewußt werdet dessen, wer ihr seid, dessen, was euch erwartet, und dessen, was Leben in Wahrheit ist.

So versteht Ernsthaftigkeit als das geistige Erwachen in ein höheres Bewußtsein über euch selbst. Eben an dieser Schwelle stehet ihr, und es ist dies eine bedeutungsvolle Phase in eurem Menschsein, in eurer Wesenhaftigkeit, denn eben dieses euer Menschsein wird euch durch das geistige Erwachen und das hieraus immer größer werdende Bewußtsein mehr und mehr an Erkenntnis vermitteln können, was Menschsein bedeutet.

So möchte ich also eure Aufmerksamkeit auf die Bewegungen innerhalb eures irdischen Lebens lenken: dort, wo noch der schlafende Mensch seine Hand erhoben hat, um das Leben vieler Tiere auszulöschen. Augenblicklich findet auf eurer Erde ein vielfältiger Entkörperungsprozeß statt, was bedeutet, daß die Tiere, welche durch des Menschen Hand den physischen Tod erfahren, ihr Bewußtsein zurück in den Ätherraum entsenden.

So nun aber dieses Bewußtsein sich auf den Weg der Menschwerdung gemacht hat und diese äußere Form des Tierhaften lediglich nutzte, um dem eigenen Grad des Bewußtseins gerecht zu werden und hierdurch ebenjene Wesenszüge zu entfalten, die in späteren und bewußteren Inkarnationen dem Leben zum Guten dienen sollen – so also ist ein großes Bewußtsein freigesetzt in eurem Ätherraum, mit der Erfahrung von Ungerechtigkeit, Egoismus, Leid, Angst und Tod. Dieses Bewußtsein, welches sich in unterschiedlicher Weise gesammelt und zusammengefügt hat, um sich in ebensolchen unterschiedlichen Ausdrucksformen des Tieres auf der Erde zu inkarnieren, ist nun also bereichert mit den Frequenzen von Sterben und Tod.

Wir bitten euch sehr, daß ihr diesem bereits vorhandenen Maß des Leidens, welches sich in eurem Ätherraum als tätige Bewegungen, Schwingungen und Energien zu euch zurückbegibt, nicht euer eigenes Leid hinzufügt, indem ihr diesem, was geschehen ist und fernerhin geschieht, euren Schmerz und euer Bedauern hierüber hinzufügt. Ebendies ist ein Teil der Ernsthaftigkeit, also der Bewußtwerdung, daß ihr nun fähig seid, die Situation aus einem höheren Verständnis zu erfassen, und deshalb angewiesen seid, nun bewußt, ernsthaft und weise zu reagieren.

Helft diesem frei gewordenen Bewußtsein, die Leiden, die es in sich trägt, durch eure Liebe, durch das Bewußtsein über euer Schöpfertum, diese Erfahrungen zu mildern und die Erfahrung der Liebe, der Heilung, des Vergebens hinzuzufügen. Da ihr also in einer Lebenswelt der Polarität seid, hat dieses kollektive Bewußtsein der sterbenden Tiere diesen Teil der polaren Welt erfahren: den schmerzlichen, den dunklen, den unerlösten. Es ist euch möglich, dieser Erfahrung eine lichtvolle anzufügen, indem ihr aus euren Herzen und aus dem Bewußtsein, daß ihr hierfür fähig und berufen seid, eure Liebe, euren Segen sendet. Segnet diese entkörperten Tierseelen, umfangt sie mit eurer Liebe und begegnet ihnen in einer Güte und helft diesem Bewußtsein hierdurch, die andere Seite der polaren Lebenswelt zu erfahren, um die eigene Bewußtwerdung zu ergänzen.

In späteren Zeitabläufen werden sich diese entkörperten Seelen neue Lebensausdrucksformen im Bereich der Materie erwählen. Alle angesammelten Erfahrungen – gleich, ob diese sich während einer materiellen Lebenszeit vollzogen haben oder aber im Zustand während oder nach der Entkörperung – sind in dem Bewußtsein dieser Lebewesen gespeichert.

Versteht das göttliche Gesetz der Ernsthaftigkeit nicht als ein Prinzip, welchem die Freude entnommen ist. Ernsthaftigkeit, nach unserem Verständnis und aus höherer Weisheit betrachtet, bedeutet, bewußt zu sein. Bisher habt ihr viele Male unbewußt gelebt und gehandelt. Dies war euer geistiger Schlaf. Nun aber, da ihr erwacht seid und versteht die große Bedeutung dessen, was ihr in Wahrheit seid, wird diese Erkenntnis und Akzeptanz eine höhere Frequenz in euren Gedanken und Gefühlsgängen bewirken; was wiederum bedeutet, daß jedwede geistige Energie, die durch euch in den Raum gesendet wird, mehr an Kraft und Größe gewinnt.

Eine jede gewonnene Erkenntnis, die in eurem Menschsein größere Klarheit, besseres Verständnis in eurem Bewußtsein hervorruft, bedeutet, daß eure geistigen Kräfte hierdurch angehoben und verstärkt werden.

Wir, Muriel und Pagoa, sind in euren Kreis gekommen, weil ein jeder von euch beschlossen hat, fortan bewußt zu sein und durch dieses Bewußtsein sich selbst, dem Leben und Gott zu dienen. So sind wir also in großer Freude, Mitstreiter an unseren Seiten zu haben, und ich gebe euch mein heiliges Versprechen: So einer von euch uns rufen wird, um das Gesetz der Ernsthaftigkeit zum Segen allen Seins in Tätigkeit zu versetzen oder um dieses Gesetz an sich noch besser zu verstehen, wird euch augenblicklich das Lächeln von Pagoa und Muriel umfangen, welches ihr in euren Herzen verspüren werdet wie einen warmen Regen auf eurer äußeren Haut.

Seid also beherzt und ruft Muriel und Pagoa, die in Freude und Liebe zu euch eilen werden, um durch euch mit unserer Kraft und Weisheit auf dem Boden der Materie zu wirken. Lebt fortan in dem Gesetz der Ernsthaftigkeit mit Freude. Seid in Dankbarkeit und Freude, diesen weiten Weg eurer Evolution bereits beschritten zu haben und nun an dieser Schwelle des Bewußtseins, der Bewußtwerdung zu stehen, um die große Bedeutung und die Kraft des Gesetzes der Ernsthaftigkeit zu begreifen und aus diesem Begreifen fähig zu werden, ein liebender, weiser und gütiger Schöpfer des eigenen Lebens zu sein.

Dies ist, was ihr lernen werdet, was ihr in vielen Teilen bereits gelernt habt: daß ein jeder zuerst an und in sich vollziehe das Gesetz der Ernsthaftigkeit, indem er sich bemühe, einen jeden Augenblick seines Daseins bewußt zu sein, bewußt zu bleiben, was er ist und was er tut, um danach aus dieser Ernsthaftigkeit heraus in Freude, in Liebe und in Weisheit an dieser Schöpfung tätig zu sein, eben als die Krönung, zu der ihr alle berufen seid, weil euch die Erde in eure Obhut gegeben worden ist.

Lernt, den Akt des Segnens mit aller Ernsthaftigkeit zu vollführen, aus der Größe eurer eigenen Kraft, die euch aus eurem Bewußtsein erwächst, so ihr das Gesetz der Ernsthaftigkeit anerkannt und verstanden habt.

Es gab also eine Zeit, da wir Engel im Fleische auf der Erde wandelten, um euch, unseren Brüdern und Schwestern auf der Erde, zu dienen, um euch zu segnen, um euch zu warnen, um euch zu schützen. Weil aber der Erdenmensch immer tiefer in seinem geistigen Schlaf versunken ist, haben die Menschen uns alsbald nicht mehr erkannt. Eine Vielzahl von Bildern und falschen Vorstellungen hat eure Schriften bereichert. Ihr aber, die ihr am Erwachen seid, wisset und versteht: Wir Wesen aus dem Geiste, wandelnd im Licht, sind Bruder und Schwester in einer anderen Form. Gemeinsam sind wir vor Gott allesamt ohne Unterschied Diener und Kinder, Söhne und Töchter.

In dem Maße, wie ihr das Gesetz der Ernsthaftigkeit, also eure eigene Bewußtwerdung, annehmt und sie in eurem Leben wirken laßt, in dem Maße werdet ihr fähig sein, eure Brüder und Schwestern im Geiste nicht nur besser zu verstehen, sondern ihrer gewahr zu werden, zuerst in euren Gefühlen. Unsere Gegenwart, die augenblicklich vorhanden ist, so ihr uns aus Liebe ruft, ist einem jeden möglich zu erspüren. So ihr aber wachset in eurer Bewußtwerdung, werdet ihr über diese Fähigkeit des Erspürens hinauswachsen und uns von Angesicht zu Angesicht erschauen.

Eine tiefe Berührung im innersten Wesen dieses Gefäßes, durch welches es mir, Muriel und Pagoa, erlaubt ist, zu euch zu gelangen, bewegt sich nun in Wellen der Erinnerung, so wie auch dieser Mensch, durch dessen Mund unsere Worte zu euch gelangen, sich der Erinnerung bedient, um denn noch mehr und tiefer zu lieben, um denn noch größer und besser zu verstehen. So wird es auch bald einem jedem einzelnen von euch möglich sein, durch die Liebe, die in euch lebendig wird, Bruder und Schwester aus dem Geistigen zu erkennen.

Das Sehnen eurer Seelen nach der einstmaligen Vollkommenheit, nach der unbeschnittenen Liebe, die ihr alle kennt aus dem Eigenen, aus dem Vergangenen, wird sich in euren Seelen so sehr ausbreiten, daß ihr uns rufen werdet mehr und mehr; und so dieses Rufen nicht nur aus dem irdischen Menschsein allein geschieht, sondern aus der Bewußtwerdung dessen, wer und was ihr seid, werdet ihr im Geiste mehr und mehr erwachen und fähig sein zu sehen dieses, was ist. Was dem irdischen, physischen Auge verschlossen bleibt, wird euch geoffenbart werden vor euren Augen, die ihr zuerst im Geiste erheben und danach diese Kraft des Sehens auf die Sinne des Fleisches übertragen werdet.

Denn immer noch sind Engel mitten unter euch, um euch zu dienen. Wir nehmen das Kleid des Menschen und tragen das Fleisch gleich wie eine Haut, um inmitten eures Menschseins als Diener wirken zu können. Und wir begegnen euch in unterschiedlicher Weise, denn tausendfältig sind die Nöte der Menschen. Also ist auch tausendfältig das Kleid, welches wir zu tragen vermögen. Wir lieben euch sehr, und wir danken für die Gebete, die ihr zum Throne Gottes entsendet. Wir haben Freude und Wohlgefallen, so wir in diese eure Gebete eingebunden sind, daß ihr dankt für unseren Dienst, den wir aus Liebe an euch tun.

So ihr euch also auf den Weg gemacht habt, nunmehr nicht nur eure eigene Evolution zu betreiben, sondern die hieraus erwachsenen Früchte anzubieten jenen, die es auf ihrem Weg noch nicht so weit gebracht haben, gebet ihr also aus geöffnetem Herzen, mit freudigen Händen, was euch selbst zuvor zuteil geworden ist. So seid ihr Brüder und Schwestern, und ihr seid Weggefährten und Mitstreiter an unserer Seite. Versteht uns Engel als solche, so wird der Abstand, der in eurer Vorstellung vorhanden ist zwischen der Welt des Menschen und der Welt der Engel, von Mal zu Mal ein geringerer sein.

Die Arme von Pagoa und Muriel sind ausgebreitet abermals, um die Liebe aus Gott und ebenso die Liebe aus uns an euch zu entsenden. Und eben durch diese Liebe empfangt ihr den Segen für diesen Tag. Es grüßen euch die himmlischen Heerscharen, welche im Namen des Höchsten die Gesetze des Einen bewachen. Es sendet euch den Segen, der euch vertraut ist als Jesus. Und all diesen schließen sich an Pagoa und Muriel. Der Segen des Vaters sei und bleibe bei euch! Seine Liebe wohne in euch allezeit, und unsere Liebe umstelle euch zum ewigen Schutze, wo immer ihr euer Wesen hinbewegen mögt. So nehmen wir Abschied. Es grüßen die Heerscharen der Engelwelt, und es grüßen Muriel und Pagoa. Gott zum Gruße!

Energien und Informationen wider das Leben

Herakles
5. Mai 2001 in Kißlegg

Hörbuch (CD)
ISBN 978-3-935173-30-8

In Anerkennung und Ehrfurcht gegenüber eurem Mut verneigen wir unser Haupt. Gott zum Gruße!

Es heißt euch willkommen Herakles, der gewiesen worden ist, euch in diesem Augenblick zu empfangen; der gewiesen worden ist, euch die Tore zu öffnen für ein neues, tieferes und weitreichenderes Verständnis all dessen, was innerhalb eurer physischen Erdenwelt sich bewegt in den Ebenen der physischen Gifte, die tief hineingreifen nicht nur in das Geschehen eurer Zellen, sondern weit darüber hinaus die Ebenen eurer feinen Seelenstruktur beeinflussen bis hinauf zu eurem höheren Geist, der beständig bemüht ist, sich dieser Einflüsse zu erwehren.

Der Mut, der benötigt wird, um diesen Giften entgegenzutreten, ist ein größerer, als ihr vermeint. Es bedarf nicht nur dieses Mutes, es bedarf ebenso einer Ernsthaftigkeit.

So ihr gesehen habt das Bild der maskierten Menschen, versteht diese Botschaft in folgender Weise. Alles Leben, alles, was ist, ist einzig und allein Energie, die sich unablässig durch Zeit und Raum bewegt und lediglich durch äußere Einflüsse und innere Entscheidungen von Mal zu Mal in einer anderen Lebensausdrucksform manifestiert. Es sind aber ebenso jene Gifte, deretwegen wir hier zusammengekommen sind, um über sie ein Verständnis zu erfassen, ebenso Informationen, Energien, die jedwede Lebensausdrucksform, egal, in welcher diese sich zu präsentieren vermag, beeinflussen.

Es trägt nun aber jedwede Energie Information in sich. Also werden alle Lebensausdrucksformen durch die Manifestation, durch die Integration der sie umgebenden Energien informiert. Eine beständige lautlose Kommunikation findet unablässig statt. Es ist das Gift des Nikotins, des Tabaks, das Gift des Koffeins, des Alkohols, ebenso jedwede andere Form der Betäubungsmittel eine Flut von Informationen, welche sich nicht nur in den menschlichen Organismus integriert, sondern die Bewußtseinsebene von Seele und Geist berührt und dort großen Schaden verursacht.

Jedwede Form des Giftes ist eine Information wider das Leben, wider die Vollkommenheit, wider die Schöpfung selbst. Ihr könnt all diese Gifte als Desinformationen verstehen, die sich zuerst auf eurer zellularen Ebene manifestieren und von dort aus über eure Psyche, euer Nervensystem die höherschwingenden Systeme eures Seelenbewußtseins und euer geistiges Verständnis transformieren.

Dies sind gleichsam Masken, denn die Fehlinformationen, welche so euer gesamtes Wesen beeinflussen, bewirken, daß ihr euren Wesenskern, euren Charakter zu verändern beginnt. Die wahre Identität des Menschen wird ummantelt. Wesenszüge werden herausgebildet, die dem eigentlichen Kern des Individuums nicht entsprechen. So also hat der Mensch über viele Zeitläufe hinfort sich eine Vielzahl Masken übergestülpt, die er sich gewoben hat aus Informationen, welche innerhalb jener Energien wirkend sind, die im äußeren Lebensraum durch sein Denken, Fühlen und Handeln zu ihm gekommen sind.

Sich von diesen Informationen zu befreien, diese Gifte aus dem Organismus, aus dem Bewußtsein auszuscheiden, bedeutet also, nach und nach Masken und Scheinidentitäten abzulegen.

Lange schon beobachten wir den Erdenmenschen. Es ist ein großes Heer, welches beständig aus der Tiefe größter Sehnsucht nach der Freiheit und nach der Liebe ruft. So ist der menschliche Verstand ein Instrument, das den Wunsch nach Freiheit zu verstehen weiß, jener Gefangenschaft zu entfliehen, die sich durch eure weltlichen Systeme in den Ebenen der Gesetze, der Politik, der Wirtschaft, der Religion und in vielem mehr verankert hat. In Wahrheit aber sind dies nur äußere Manifestationen eines fehlgeleiteten Denkens und Fühlens, welches wiederum geboren wird aus jenen Fehlinformationen, die durch die tausendfältigen Einflüsse eures Lebensraumes euren Wesenskern ummanteln.

Jene Freiheit und jene Liebe, die der Mensch in Wahrheit und meist unbewußterweise sucht, oftmals über viele Inkarnationen hinfort, ist jene Freiheit, die aus dem Sehnen der Seele, nicht aber aus dem menschlichen Verstand oder aus dem stofflichen Leib geboren ist. Es fühlt der Mensch auf der Erdenwelt sich gebunden, geknechtet und unfrei. Und es ist diese Unfreiheit nicht zu ihm gekommen, weil äußere weltliche Systeme dies scheinbar verursacht haben, sondern vielmehr, da der Mensch Dinge auf sich gezogen und in sich integriert hat, die nicht seinem wahren Wesenskern und ebensowenig seinem Lebensplan und seinem höheren Ziel entsprechen.

Da nun alles, was ist, Energie ist, also Information, sind jene Menschen, die sich unfrei fühlen, gefangen von falschem Wissen, von falschem Denken. Diese beständigen Einflüsse verhindern, daß der Mensch gemäß seinem ursprünglichen, reinen und wahren Wesen sich weiterzuentwickeln vermag. Und es entsteht ein Kampf, der sich vollzieht zwischen Seele und äußerem, körperlichem Menschen. Es ist die Seele in eine Gefangenschaft geraten, und es vermag die Seele sich nicht in ihrer ursprünglichen und möglichen Weise auszudrücken und weiterzuentwickeln, wenn die äußere Hülle des Menschen durch die beständige Flut negativer, zerstörerischer Information dies verhindert.

Der Lebenssinn jedweden Individuums besteht einzig und allein darin, sich selbst in absolutem Verständnis zu erkennen, sich seines eigenen Wesens bewußt und gewahr zu werden und dann aus dieser Position heraus eine beständige Evolution zu vollführen, eine Vervollkommnung. Und es ist eine jede Inkarnation gedacht, diese Vervollkommnung auszudehnen, die Klarheit des Geistes zu vertiefen, die Größe des Bewußtseins zu erweitern.

So nimmt also eine Seele mit Schmerzen auf sich die Begrenzung, welche natürlicherweise die physische Lebensform für sie ist. Und es nimmt die Seele jene Begrenzung für sich in Kauf, um durch diese physische Lebensausdrucksform alle Möglichkeiten auszuschöpfen, die geboten werden, damit die Seele für sich jedweden Seinszustand, jedwede Lebensausdrucksform erfahren und hieraus sodann verstehen kann.

Es ist also das Wiedergeborenwerden, das Inkarnieren in die Ebene der physischen Welt, stets der Wunsch einer Seele, höhere, neue Erkenntnisse zu erwerben durch gelebte Erfahrungen, um sich ihrer selbst bewußt zu werden und um dann aus diesem Bewußtsein nach und nach den höheren Lebenssinn und Lebenszweck zu vollführen, der darin besteht, tätiger, wissender, liebevoller und weiser Mitgestalter der Schöpfung zu sein.

So nun also die Seele sich in den Kerker der körperlichen Begrenzung begibt, um auf diese Weise die Lebensgesetze und die Prinzipien der stofflichen Welt zu begreifen, hieran aber gehindert wird, weil Gifte – also Informationen, die aus diesem Lebensbereich in das Bewußtsein der Seele strömen – dieses verhindern, so ist dies für eine Seele nicht nur der Kerker und das Gefängnis im Äußeren des leiblichen Daseins, sondern ebenso das Gefangensein im Geiste. Der Lebenssinn und der

Lebenszweck kann für solch eine Seele nicht vollführt werden, und dies ist der Grund, warum die Seele dann beginnt, ihre Kräfte zu reduzieren, sie nach und nach aus dem physischen Leib zurückzunehmen.

Es sind also nicht nur die natürlichen Reaktionen aufgrund der einwirkenden Gifte, die das Gewebe und die Organe im Physischen zerstören und eure Gesundheit beeinflussen. Es ist ebenso die Seele, die zu erkennen beginnt, daß der äußere Mensch sich erhoben hat wider das eigene Selbst, wider die eigene Göttlichkeit und die eigene Wahrhaftigkeit. Und so beginnt sie, ihr Leben, ihre Energie zu verweigern, einen Bereich zu nähren und zu unterstützen, der zerstörerisch ist. Sie verweigert jenen Lebensstoff, der benötigt wird, um daraus weitere Masken zu weben.

Es ist also eine Trennung im Innersten des Menschen selbst. Und es lebt der Mensch wider sich selbst und wider die Schöpfung, so diese physischen Gifte uneingeschränkt und regelmäßig auf seinen Kreislauf und auf sein biologisches System Einfluß nehmen können.

Ihr werdet in dieser Zeit unseres gemeinsamen Beisammenseins aus dem Wissen von Santus detailliert und klar den Ablauf, die Vorgänge und die Auswirkungen erläutert bekommen, die sich vollziehen, so der Mensch sich auf der stofflichen Ebene beeinflussen läßt von Giften, was dies dann bewirkt in dem feinen Gewebe seiner Seelenstruktur, im Ätherkörper seines feinstofflichen Leibes. Und ihr werdet erkennen und erlernen, welch großen Schmerz dies für die Seele bedeutet. Dies also ist das Gefangensein und das Rufen nach der Freiheit.

Der Mensch hat sich selbst geknechtet und tausendfältige Schlingen um die Beine seines Fortschreitens gelegt. Und es ist stets der Mensch selbst, der verhindert, in diese Freiheit und in diese höhere Liebesfähigkeit zu gelangen.

Der Wunsch nach Freiheit und Liebe bedeutet also, jenen Wunsch zu verwirklichen, der darin besteht, daß Seele, Geist und Körper eins sind; daß das Wesen des Menschen ungehindert nach seinem eigenen freien Willen, nach seiner eigenen unbeeinflußten Entscheidung den Lebensplan vollziehen kann und die selbstgesteckten Ziele erreicht.

Jedwede falsche Information, die das Bewußtsein des Menschen erreicht – gleich, ob dies auf dem stofflichen Weg über die Informationen geschieht, die in eurer Nahrung enthalten sind, die in euren Genußmitteln enthalten sind, oder aber die der Mensch über das Lesen des geschriebenen Wortes oder das Hören der gesprochenen Worte zu sich nimmt –, ist der Maßstab, der bestimmt, ob der Mensch seinem Wunsch und Plan gerecht wird oder aber ob er in Unfreiheit gelangt.

Nichts ist dem lebenden Wesen heiliger, wichtiger als die Liebe und die Freiheit. Wir sind viele Male schmerzlich berührt, da wir beobachten auf eurer Erdenwelt, mit welchen Kräften, mit welch großer Verzweiflung die Menschen suchen, sich aus Gefangenschaften zu befreien, sich den Lieblosigkeiten zu entziehen. So dieses Bemühen aber stets ausgerichtet ist nur auf die äußere Tätigkeit, auf den Bereich des Materiellen, kann und wird der Mensch also weder Freiheit noch Liebe in vollkommener Wahrhaftigkeit erfahren können. So also erfährt der Mensch sich als ein beständiges, sehnsuchtsvolles unerfülltes Wesen.

Erst wenn der Mensch bereit ist, nicht nur im äußeren, sichtbaren Lebensbereich dafür Sorge zu tragen, daß Entwicklung vonstatten geht, sondern sich selbst die Möglichkeit gibt, auch in seinem geistigen Verständnis und seelischen Empfinden hier einen Raum und die Möglichkeiten zu schaffen, alles, was ist, zu verstehen, wird dieses Erkennen und Verstehen ihn in jene so lang ersehnte Freiheit und Liebe führen.

Die Wahrheit wird euch frei machen. Und es gibt viele Scheinwahrheiten, die euch verführt haben, die ebenso wie die verführten Menschen tausendfältige Masken tragen, hinter denen die wahre Identität ihrer Ziele verborgen ist.

Erst dann, so der Mensch sich selbst begriffen hat in seinem Wesen, wenn der Mensch sich erkannt hat in seiner Einzigartigkeit, in seiner Ganzheit, in seiner Größe und Schönheit, wenn der Mensch erkannt hat, daß er selbst Schöpfer all dessen ist, was er selber zum Ausdruck bringt, und all dessen, was ihn umgibt – so er denn bereit ist, für jeden Schmerz, für jede Krankheit und jedes Leid, das bei ihm ist, die volle Verantwortung zu übernehmen, und nicht sucht, Schuld im Äußeren hierfür zu vergeben –, dann ist der erste Schritt zur Heilung getan, ist eine der vielen Masken bereits abgelegt.

So segnen wir euch also, die ihr hierher gekommen seid, da ihr bereit seid, diesen Schritt zu tun. Ein Teil derer, die sich hier eingefunden haben, sind Menschen, die sich über lange Zeiträume bereits diesen zerstörerischen Fehlinformationen ausgesetzt haben. Ein anderer Teil jener, die hier eingetroffen sind, sind jene, die eifrig und lange schon suchen, den Menschen zu helfen, sich von diesen Giften dauerhaft zu befreien, um dann liebend zu helfen und segensreiche Wegbegleiter auf dem Weg zur Freiheit zu sein.

Es ist darüber hinaus der Raum gefüllt mit einer Vielzahl von Seelen, die ihren physischen Körper abgelegt haben, manche schon vor vielen Zeitabläufen, einige wenige erst vor kurzer Zeit. Es sind jene Seelen, die während ihrer physischen Lebenszeit sich von den benannten Giften und Informationen verführen ließen und deswegen an den Raum der physischen Lebenswelt gebunden sind.

So wie ihr hierher gekommen seid, um aus anderen Dimensionen die Kommunikation, den Austausch, in einer bewußten Weise zu vollführen, mit dem Wunsche, hier zu lernen und Größeres und Besseres zu verstehen, so sind ebenjene benannten Seelen gekommen, um durch euch und von euch ebenso den Austausch eines Verständnisses und eine Kommunikation zu erfahren.

Demgegenüber steht eine Vielzahl Seelen, die hierher gekommen sind, um jenen Seelen Beistand und Hilfe zu sein im Werdegang ihrer Entwicklung und auf dem Weg ihrer Befreiung. So wie also hier auf eurer physischen Erdenwelt ein Teil gekommen ist, um sich durch Wissen und Verstehen dieser Masken zu entledigen, und ein Teil gekommen ist, um jenen, die bereit sind, die Masken abzulegen, hierbei liebend und verständnisvoll zur Seite zu stehen, so ist in den unsichtbaren Bereichen der körperlosen Seelenwelt dies ebenso vorhanden.

So habe ich den Auftrag, einen Liebesgruß weiterzuvermitteln. Es steht hier neben mir eine Seele, die einstmals den Namen Peter trug und die gekommen ist, um durch dieses Zusammensein ebenso zu lernen und Größeres zu erfahren, um den gemeinsamen Liebesdienst zu vollziehen, der vonstatten geht Hand in Hand und Geist in Geist aus dem Bereich des Unsichtbaren hin zum Bereich des Sichtbaren. Es grüßt die Seele Peter jene Seele, die hier auf der physischen Erdenwelt weilt und viele Male mit großer Liebe und großem Sehnen zugewendet ist zu ihm. Es ist ebenso hier anwesend die Seele Gerhard, die grüßt jene Seele, die da im Schmerz noch ist über die Trennung, die sich vollzogen hat durch den physischen Tod.

So sind diese beiden Tage unseres gemeinsamen Zusammenseins nicht nur ein Übermitteln zum Verständnis der Wirkungsweisen der physischen Gifte, sondern sie sind eine Offenbarung der Zusammenarbeit, die da geht nicht nur aus der Ebene der geistigen Ärzteschaft hinab zur Erdenwelt hin zu jenen Menschen, die hier im Physischen ebenso als Heiler, Ärzte und Helfer tätig sind.

Ihr werdet also in diesen Stunden des gemeinsamen Lernens erfahren die Gesetzmäßigkeit der unterschiedlichen Lebensdimensionen und der unterschiedlichen Lebensausdrucksformen und die Wirkungen, die entstehen, so hier Gifte und Fehlinformationen einfließen. Und so denn am Ende dieses Zusammenseins alles gesprochen ist, haben wir die große Hoffnung und den noch größeren Wunsch, daß einem jeglichen, der diesen Raum betreten hat, gleich, in welcher Weise, ob dies physisch oder aber feinstofflich geschehen ist, Erlösung, Hilfe und Segen zuteil werden.

Einzig und allein Erkennen, Verstehen und die Wahrheit werden euch frei machen, ganz gleich, woran ihr leidet. Und so reichen wir in großer Liebe und mit herzlichem Willkommensgruß unsere ausgebreiteten Arme hinab in euren physischen Bereich und heißen euch noch einmal willkommen im Lernen und Verstehen, auf daß die Grenzen fallen, auf daß die scheinbaren Trennungen aufgehoben sind, die da empfunden werden zwischen denen, die getrennt sind durch den physischen Tod, und jene Trennungen, die ebenso empfunden werden von jenen, die wohl im Fleische hier vorhanden sind, aber dennoch in sich selbst von ihrer eigenen Seele sich abgewendet haben.

So soll also dieses Zusammensein nicht nur ein Lernen und Verstehen und ein Miteinander sein, es soll verbunden werden dieses, was getrennt ist. Und es soll geheilt werden das Heimweh der Seele. Und es sollen euch Kräfte und Erkenntnisse gegeben werden, die einem jeden dazu dienen sollen, die Wahrheit und die Freiheit für sich selber zu erwerben.

So segnen wir einen jeden, der gekommen ist aus dem diesseitigen ebenso wie aus dem jenseitigen Bereich. Nutzt diese Stunden, nutzt diesen Raum, denn er ist aufgefüllt mit einer Liebeskraft, aus der ein jeder berechtigt ist, daraus in unermeßlicher Weise zu trinken, um daran seinen Geist und sein Verständnis zu bestärken und dann die eigenen Schritte der Verbesserung und der Veränderung zu tun.

So nehme ich, Herakles, fürs erste Abschied. Denn vieles will zu euch gelangen in großem Maße. Mit dem Liebesgruß aus unserem für euch unsichtbaren Bereich, mit der Freude aus unserem Herzen und mit dem Segen des Allerhöchsten nehme ich, Herakles, Abschied. Gott zum Gruße!

Die Befreiung von Giften und Manipulationen

Santus
5. Mai 2001 in Kißlegg

Hörbuch (CD)
ISBN 978-3-935173-28-5

Gott zum Gruße, auch aus dem Bereiche der geistigen Ärzteschaft! Mir, Santus, ist heute das Vorrecht erteilt worden, ein Sprechender zu sein im Namen all derer, die hier aus den geistigen Gefilden sich beschworen haben, für die Harmonie, die Gesundheit, die Kraft aller Lebewesen ihre Kräfte und Möglichkeiten in den Dienst zu stellen. So heiße ich, Santus, euch ebenfalls aufs herzlichste in dieser gemeinsamen Zeit des Lernens willkommen.

Es ist mir nicht nur Anrecht, es ist mir eine noch viel größere Freude, unsere Erkenntnisse, die wir über viele Zeiträume durch unsere eigenen Inkarnationen erfahren haben, an euch weiterzugeben. Darüber hinaus sind wir Wesenheiten, die sich im Bereich der Zeitlosigkeit, im Bereich der Körperlosigkeit zusammengefunden haben, bemüht, die Lehren – durch Beobachtung all dessen, was geschieht, und in Verbindung mit all den Lehren, die uns zuteil werden aus Dimensionen, die unserem eigenen Geist und Verständnis übergeordnet sind, an euch weiterzugeben.

So wisset folgendes: Es ist Herakles gewesen, der euch bereits übermittelt hat, daß eine jede Seele willens ist, sich in die Begrenzung des physischen Körpers hineinzubegeben, um hierdurch all jene Lernerfahrungen zu holen, derer es bedarf, um ein größeres Verständnis für den Ausdruck des Physischen und der Gesetzmäßigkeit dieser Lebensdimension zu erwerben. Ihr müßt aber wissen, daß die Seele selbst einen Körper für sich hat, auch wenn dies in eurem weltlichen Bild oder in eurer menschlichen Vorstellung noch nicht integriert ist. Es ist der physische Körper denn lediglich eine Hülle, die in sich nicht nur das Bewußtsein einer Seele, sondern ebenso den Körper einer Seele trägt.

Da nun aber der Seelenkörper von völlig anderer Substanz beschaffen ist als der physische Körper, muß, um hier eine Verbindung von Materie und von Halbmaterie zu ermöglichen, ein Zwischenstück gefunden werden. So also der Seelenkörper für unser Verständnis aus einem halbmateriellen Stoff gewoben ist, der grobstoffliche Körper aber aus reiner Materie besteht und lediglich die darin integrierten Bewußtseinsebenen in geistiger Form agieren und existieren, so besitzt also der

Mensch einen weiteren Energiekörper, der euch bereits vertraut ist als der Ätherleib.

Der Ätherleib selbst ist nicht ein Körper, ist nicht als ein Körper zu verstehen, der Gliedmaßen hat, wie dies bei der Seele und beim Leibesfleische eures stofflichen Seins der Fall ist. Es ist dies lediglich ein Energiefeld. Dieses Energiefeld besteht zu einem Teil aus den Atomen der physischen Ebene und zum anderen Teil aus den Atomen der astralen Welt. Die Verbindung dieser beiden Atome bildet eine atomare Struktur, die es ermöglicht, daß der Seelenkörper sich innerhalb des stofflichen Körpers zu integrieren und durch diesen Ätherleib mit demselben zu verbinden vermag.

Erinnert euch an dieses, was wir euch in vergangenen Unterrichtsstunden übermittelt haben: Nur jenes kann sich verbinden, welches in Resonanz miteinander schwingt. So also der astrale Leib, welcher der Körper der Seele ist, in einer völlig anderen Energieform gestaltet ist, so hat dieser natürlicherweise für sich einen vollkommen anderen Schwingungsgrad. Die Frequenzen des energetischen Lebenskraftsystems des Seelenkörpers sind den Schwingungen des Lebenskraftsystems des physischen Körpers um etliche Oktaven übergeordnet. Dies ist der Grund, warum physischer Leib und Seelenleib sich niemals direkt miteinander verbinden können. Es bedarf hier also einer Brücke, und diese Brücke ist der Ätherleib, der lediglich ein elektromagnetisches Feld ist, welches zusammengefügt ist aus einem Teil atomarer Substanzen des Bereiches der Materie und dem anderen Teil der atomaren Substanz des Astralbereiches.

Dieser Ätherleib also verbindet den Leib der Seele mit dem Leib des physischen Körpers. So nun also hier eine Integration, eine Verbindung stattgefunden hat, ist der Seelenleib gezwungen, durch diese Anbindung an die stoffliche Materie die eigenen Frequenzen im Schwingungsfeld des Energiesystems zu reduzieren, sie annähernd den Frequenzen des Ätherleibes anzupassen. Dasselbe gilt für den physischen Körper. Auch dieser ist in seinem Energiesystem gewiesen, sich den Frequenzen des Ätherleibes annähernd anzugleichen. So also werden Seele und Leib im Stofflichen, im Körperlichen miteinander verbunden und ineinander integriert.

Da es nun die Aufgabe, der Wunsch und die Sinnhaftigkeit des Lebens selbst ist und das Ziel einer jeden Seele, sich weiterzuentwickeln und sich zu vervollkommnen, beginnt die Seele natürlicherweise, Einfluß zu nehmen auf den äußeren Fleischesleib. Dies bedeutet, daß die höherschwingenden Frequenzen des Seelenleibes beginnen, über den Ätherleib hinaus in das biologische System des Stoffeskörpers hineinzuwirken. Dies geschieht über das Nervensystem und drückt sich aus in den Gefühlen des Menschen.

Der Mensch also wird berührt von inneren Empfindungen, die nicht Reaktionen sind auf äußere Einflüsse, sondern die lediglich ein Berühren seiner eigenen Seele sind, die in diesem Augenblick signalisiert, jetzt eine Transformation vollziehen zu wollen, was bedeutet, daß die Seele wünscht, ihr Bewußtsein und ihre Substanz noch tiefer in den stofflichen Leib zu versenken, um hierdurch einen Vorgang der Transformation einzuleiten, was wiederum zur Folge hat, daß die physische Materie sich in ihrer atomaren Struktur weitet und ausdehnt und so auch dem physischen Leib ermöglicht, mehr der kosmischen Lebenskraft in sich aufzunehmen.

So also die Seele das menschliche Wesen im Innersten berührt, wird dem Menschen dies wahrnehmbar in unterschiedlicher Weise. Ist der Mensch unbewußt und schlafend in seinem Geist, wird er diese innere Berührung als eine Nervosität empfinden. Denn das höherschwingende Bewußtsein der Seele, welches sich nun direkt und konkret in den Energiekreislauf des Physischen hineingeschlossen hat, bewirkt augenblicklich, daß die Frequenzen innerhalb der Energieschwingungen des Lebenssystems des Physischen angehoben werden. Dies bedeutet, daß sich der Pulsschlag erhöht, daß die Funktionen und Körpertätigkeiten beschleunigt werden. Dies bedeutet, daß das gesamte Schwingungssystem in seinem Ablauf der Bewegungen angehoben wird. Und so der Mensch hierüber kein Verständnis und kein Wissen hat, wird er dies natürlicherweise als eine Nervosität empfinden.

Nun aber ist der Erdenmensch ausgesetzt einer Vielzahl von äußeren Einflüssen, einer Vielzahl von Aufgaben und Verantwortungen, die es ihm nicht ermöglichen, sich dieses heiligen Prozesses, seiner natürlichen und eigenen Transformation, gewahr zu werden, diesem Raum und Möglichkeit zu geben, nun einen großen Schritt der Evolution zu tun. Abgelenkt, diesen sogenannten Pflichten und Verantwortungen nachzukommen, wird er am Höherschwingen der eigenen Energiesysteme in großem Maße behindert.

Es ist nicht nur Nervosität, als die ein unwissender, geistig schlafender Mensch solch einen heiligen und natürlichen Prozeß empfindet. Es ist ebenso Unkonzentriertheit und ein unklarer Geist, der den Menschen dann veranlaßt, nach Mitteln und Wegen zu suchen, sich zu beruhigen, seinen Geist zu klären und seine Konzentrationsfähigkeit wieder zu befestigen, um dann den äußeren Pflichten und Aufgaben nach den menschlichen Vorstellungen gerecht zu werden.

So also beginnt der Mensch, nach diesem zu greifen, was ihr Nikotin nennt. Und augenblicklich, so die Information des Nikotins in das biologische System des stofflichen Körpers einströmt, geschieht folgendes: Die feinen Partikel des Nikotins werden verflüchtigt, werden zerteilt. Ähnlich so ihr eine Speise zu euch nehmt, werden über den stofflichen Umsetzungsprozeß – dies, was ihr Stoffwechsel nennt – die Substanzen, die Informationen der Speise aufgespaltet und in andere Zustände transformiert, um dann über das Blut an die Organe zu gelangen. So also wird das Nikotin aufgespaltet, es verflüchtigt sich, und die hier gespaltenen Partikel des Nikotins werden nicht nur über die Lungen in euren physischen Leib eingeführt. Die verflüchtigten Partikel beginnen, durch eure Energiezentren einzuströmen, den Ätherleib zu durchdringen, um sich dann im Seelenleib zu manifestieren.

So nun aber die verflüchtigten Nikotinteile, die Atome hieraus, die feingliedrigen Räder eurer Energiesysteme im seelischen Leib berühren, müßt ihr wissen, daß dies in einer Weise geschieht, da der technische Ablauf dieses Systems gestört wird.

Eure Energiezentren, welche euch ebenso als die Chakren vertraut sind, sind Spiralen, Öffnungen, die sich in ebensolchem Maß zu öffnen wissen, wie es notwendig ist, um genau jenes Maß an kosmischer Energie und Lebenskraft aufzunehmen, um den physischen Leib und den Seelenleib zu erhalten. Und es sind die Bewegungen dieser Energiezentren stets spiralförmige, drehende Bewegungen. Es sind Wirbel, die sich in einer rechtsdrehenden Bewegung betätigen und durch diesen Schleudereffekt die aufgenommene kosmische Energie ins Innere zunächst des Ätherleibes und danach, weitertransformiert durch diesen, in den Seelenleib befördern.

Nun aber, da nicht kosmische Lebensenergie, sondern die atomaren, zerlegten Teile des Nikotins in diese Energiezentren einströmen und diese passieren wollen, dies aber in der entgegengesetzten Richtung bewirken, so werden die feingliedrigen Härchen und Gefäße der Energiezentren ernstlich verletzt. Es ist die Gegenströmung eines einfließenden Stoffes, der die Mechanik des Energieaufnahmesystems in großem Maße blockiert. Wird also in vielfacher Weise Nikotin aufgespaltet und geht in seiner verfeinstofflichten Form den Weg ins Innere des Seelenkörpers – durch die geöffneten Energiezentren –, wird der Bewegungsablauf hierdurch und werden die Energiezentren selbst in großem Maße verletzt.

Dies ist der erste Akt, der sich vollzieht im energetischen Bereich der Körper. So also nun dieses Nikotin eingeströmt ist und das geöffnete, sich bewegende Energiezentrum passiert hat, stößt es auf die äußere Schicht des Ätherleibes. Der Ätherleib aber, der nicht nur Verbindung zwischen Seelenleib und fleischlichem Körper ist, sondern ebenso eine Schutzschicht darstellt, ist nicht befähigt, diese aufgespaltenen Atome zu filtern und abzuweisen. Ungehindert durchströmen die Nikotinpartikelchen in ihrer aufgespaltenen atomaren Form den Ätherleib und gehen ungehindert und untransformiert in das System des Seelenleibes über.

Der Seelenleib selbst aber ist in seiner Struktur beschaffen aus feinstgliedrigen Substanzen des Astralen, verbunden mit dem Ätherischen – ein Körper, den ihr euch vorstellen könnt aus feinem Geflecht und unzähligen, vielverzweigten Bahnen ähnlich eurem Nervensystem. Das Nervensystem ist in seiner Struktur die Entsprechung in stofflicher Weise aus der Struktur des Leibes eurer Seele. Der Seelenleib selbst ist in sich vollkommen elastisch und beweglich. Es gibt hier keine verhärteten Substanzen oder Teile, wie dies im physischen Leib durch das Gerüst der Knochen eures Skelettes vorhanden ist. Es ist ein Körper, der sich zu bewegen weiß ganz ohne die Blockaden, geschmeidig. Es kann dieser Seelenleib sich zusammenziehen, es kann dieser Seelenleib sich ausdehnen: eine Elastizität, die ihr in eurer stofflichen Materie noch nicht nachzuvollziehen wißt.

So nun aber das Nikotin in seiner aufgespalteten Form den Seelenleib erreicht hat, beginnt es sich in den feinen Härchen und Äderchen zu manifestieren, zu integrieren, und bewirkt hierdurch augenblicklich eine Verhärtung derselben. So nun also ein Mensch über einen langen Zeitraum raucht, so ist hier auf der Ebene des mechanischen Ablaufes folgendes zu bedenken. Zum ersten werden die Organe der Energiezentren verletzt. Im weiteren werden dem Seelenkörper Substanzen zugeführt, die nach und nach eine Verhärtung und schlußendlich eine konkrete Verknöcherung des gesamten Energiesystems dieses Seelenleibes bewirken. Solch eine Lähmung, solch eine Verknöcherung dieser feinsten Substanzen am Seelenleib aber hindert den Geist, welcher durch die Seele wirkt, weitere höherschwingende Impulse an den stofflichen Körper zu übermitteln. Das heißt, die Kommunikation auf der energetischen Ebene – von Geist und Seele hin zum menschlichen Bewußtsein – ist unterbrochen. Dies ist, was im Energetischen passiert.

So nun aber die Seele verzweifelt versucht, ihrem Auftrag gerecht zu werden, so sie verzweifelt sucht, ihren Wunsch nach Vervollkommnung, nach Erhöhen der Erkenntnisse zu verwirklichen, so wird sie durch diesen Zustand in großem Maße daran gehindert. Im Anbeginn solch einer Verdichtung des Seelenleibes durch einströmende Gifte beginnt die Seele aus ihrer Verzweiflung, die Impulse an den physischen Leib in noch intensiverer und größerer Weise zu vollführen. So also wird der Mensch verführt, mehr noch zu diesen Giften zu greifen, um sich hierdurch scheinbar zu beruhigen. So also die Seele in ihrer Tätigkeit gebremst wird, so sie gelähmt wird in ihrem äußeren Körper, werden die höheren Frequenzen nicht mehr in das System der Energiekreisläufe des Physischen einströmen können.

Es findet also eine Lähmung in Raten statt. Diese Lähmung aber wird auf der stofflichen Ebene als Ruhe empfunden. Und es ist dies das Weltbild des irdischen Menschen, daß Nervosität ein Übel ist, eine Behinderung ist. Und so versucht der Mensch, dieser Behinderung in unterschiedlicher Weise zu begegnen.

Es sind also nicht nur die körperlichen Verletzungen, die auf der feinstofflichen Ebene tatsächlich real und tiefgreifend stattfinden, die uns hier in unseren Bereichen große Sorge bereiten. Es ist in geistiger Weise hier das Behindern der eigenen Entwicklung, welches uns bekümmert. Denn so die Seele beständig behindert wird, ihre natürliche Entwicklung zu vollziehen, ist diesem Menschen jedes geistige Wachstum untersagt. Dies ist der Grund, warum Menschen, so sie geistig unbewußt sind, zu Mitteln greifen, um sich zu beruhigen, um danach besser ihren irdischen Aufgaben gerecht werden zu können.

Es wird vom Erdenmenschen nicht erkannt und nicht verstanden, daß die Seele beginnen will, ihre natürliche und ursprüngliche höhere Schwingungsfrequenz langsam, nach und nach auf den physischen Leib zu übertragen. Dieser heilige Wachstumsprozeß, dieser Verfeinstofflichungsprozeß wird durch das Nichterkanntwerden in grobem Maße behindert. Ähnliche Auswirkungen haben andere Gifte ebenso.

Es ist stets zum ersten das Passieren der Energiezentralen, die in ihrer eigenen Organtätigkeit nicht nur behindert werden, sondern die in ihrem eigenen Organ beschädigt werden. Es ist des weiteren, daß sich durch die Beschädigung der Energiezentralen die Öffnung und der natürliche Schließmechanismus dieser Zentren nicht mehr steuern läßt aus dem Bewußtsein der Seele und des höheren Geistes. Dies bedeutet, daß Geist und Seele von Mal zu Mal weniger Einfluß nehmen können auf die Entwicklung des äußeren und physischen Menschen. Dies ist die Trennung, von der Herakles bereits gesprochen hat.

Ein weiteres Übel, welches diese Prozesse des Sichvergiftens auch auf geistig-seelischer und energetischer Ebene nach sich zieht, ist die Lähmung der Willenskraft. Versteht und begreift die Willenskraft als ein Sinnesorgan des Seelenleibes. Und so nun diese Gifte also ihren Weg nehmen, bewirken sie nicht nur eine Lähmung innerhalb der energetischen Leibesstruktur der Seele, sondern es wird hierdurch auch die Willenskraft gebrochen. Die Kraft der Seele, die Kraft des höheren Geistes, die stets ungebrochen und die für euer menschliches Verständnis unermeßlich ist, kann das äußere menschliche Wesen nicht mehr berühren und nähren.

Es ist der Mensch, da er abgetrennt ist von seiner eigenen Kraft und Lebensquelle, also angewiesen allein auf dieses, was aus seinem Physischen und Menschlichen und Verstandesmäßigen existiert. Dieses aber ist natürlicherweise begrenzt. Und so der Mensch versucht, mit seinem irdischen Willen sich dem Verlangen zu widersetzen, welches ihm entsteht als eine Sucht und ein Bedürfnis, so ist er nicht fähig, hier für seinen menschlichen Willen die Unterstützung der geistigen Kräfte, jener großen Willenskraft zu beziehen, die er einzig und allein aus dem Bewußtsein seiner eigenen Seele und seines eigenen Geistes zu holen vermag.

Geistige Sinnesorgane wie die Willenskraft, die Gedankenkraft, die Konzentrationsfähigkeit, die Vorstellungskraft – all diese sind geistige Sinnesorgane eures Seelenleibes, und diese können sich nicht mehr ungehindert im und durch den physischen Leib betätigen. Deshalb wird der Mensch in seiner Willenskraft geschwächt und unterliegt den Informationen, die durch die Gifte in seinen physischen Körper und danach in seine feinstofflichen Leiber gelangen.

Wir sind in großer Dankbarkeit, dieses Wissen an euch weitergeben zu dürfen. So der Erdenmensch in seinem logischen Verständnis nachzuvollziehen vermag die große Selbstzerstörung, die er an sich selbst vollführt, und so der Mensch ernsthaft begriffen hat, den Zustand seiner eigenen Seele einzuschätzen, die da gefangen ist in einem Körper, der die Seele nach und nach lähmt, so haben wir Hoffnung, daß dieses Bewußtwerden auf eurer Erde helfen wird, jene Schritte zu tun, die notwendig sind, um den Menschen wieder mit seinem Geist und seiner Seele zu vereinen und die gebundene Willenskraft zu befreien.

Denn jedwedes Gift und jedwede Abhängigkeit, die in eure Körper gelangt, ist ein Schritt in die Gefangenschaft, in ein Leben unter Manipulation. Dies bedeutet, daß der Mensch sein Leben nicht gestalten kann nach seinen Wünschen, Plänen und Vorstellungen, sondern daß die Gifte aufgrund ihrer Informationen und Bewegungsabläufe, welche sie gemäß ihrem Prinzip vollführen, nach und nach alles zerstören und dem Menschen die Schritte vorweisen, die er gehen muß, auch wenn sein Bedürfnis und sein Wille nicht hierauf ausgerichtet sind. Der Mensch ist nicht frei, denn er kann nicht seinem Wunsch und Willen gemäß leben, weil die Informationen in seinen Körpern ihn zwingen, dieses zu tun, was das Prinzip der Information verlangt. So also lebt der Mensch auf allen Ebenen seines eigenen Seins wider sich selbst.

Weit über dieses hinaus, da die Willenskraft gelähmt wird, da Geist und Seele getrennt werden und da die Körper auch im Feinstofflichen und Ätherischen verletzt und verstümmelt werden, werden die Informationen der von euch benannten Gifte auf der zellulären Ebene die Strukturen eurer Speicher prägen, die ihr die DNS nennt. Hier, wo unter anderem das Erbgut nicht nur aus dem Physischen, sondern auch aus dem Seelisch-Geistigen verankert ist, wird nicht, so wie es der göttliche Schöpfungsplan vorgesehen hat, weiter informiert, weiter geprägt und gespeichert aus dem Bewußtseins- und Erkenntnisschatz der Seele und des Geistes, sondern aus den Prinzipien jener Kreisläufe, die sich durch die Informationen der hier sich betätigenden Gifte vollziehen.

In euren Genen werden Programme festgelegt, welche zerstörerisch wirken. Diese Informationen werden nicht nur geprägt und bestimmen in vielfacher Weise nicht nur eure physische Erscheinungsform, eure körperliche Gesundheit, sondern auch euer Wesen, eure Psyche. Und ihr gebt dies als Erbe an die Nachkommen weiter.

Eine jede Seele, welche bereit ist, die Begrenzung eines physischen Leibes auf sich zu nehmen, ist natürlicherweise nicht nur bestrebt, für sich selbst Evolution und Vervollkommnung zu vollziehen. Sie kommt im Auftrag des kollektiven höheren Geistes und sucht hier den Wunsch zu erfüllen, Erkenntnisse und Erfahrungen, die in anderen Lebensdimensionen gewonnen worden sind, in die physischen Bereiche zu tragen und dort in Form von Information und Schwingung auf dem Boden eurer Gene zu verankern, um sie sodann durch Weitervererbung vielen anderen Seelen in anderen Lebensdimensionen zugänglich zu machen.

Wir hoffen sehr, daß sich auf eurer physischen Erde noch mehr jener Menschen, die sich als Arzt und Heiler betätigen, öffnen hin zum höheren Verständnis und zum Wissen um die Anatomie aus dem geistig-seelischen und energetischen Bereich. Wir hoffen sehr, so hier ein Wissen verankert werden kann, da der menschliche Verstand beginnt, die Zusammenhänge im Globalen zu erkennen und zu begreifen, daß dieses Bewußtsein ihm helfen wird, jenen Mut und jene Ausdauer zu erschaffen, die nötig sind, um diesem großen Degenerationsprozeß Einhalt zu gebieten.

Wir werden in den Stunden unseres gemeinsamen Zusammenseins euch Möglichkeiten unterschiedlicher Art und Weise eröffnen, wie ihr diesem Versklavtsein und eigenen Gefangennehmen entfliehen könnt, wie ihr die stofflichen Gifte, die euch in eine Abhängigkeit, in eine Verstümmelung und Degeneration führen – gleich, ob dies das Nikotin, der Alkohol, das Koffein, ob dies andere Gifte und Stoffe sind – aus eurem Körper entfernen könnt. Es ist dies ein Reinigungsprozeß, der auf allen Ebenen vollzogen werden muß. Es muß also im physischen Leib hier eine vollkommene Ausschwemmung dieser Gifte vorgenommen werden. Und so diese Ausschwemmung der Gifte vonstatten gegangen ist, ist dafür Sorge zu tragen, daß nicht neuerlich zerstörerische Information in diesen euren Körper gelangt.

So aber dieser euer Körper frei ist von diesen Giften und Informationen, ist der nächste Schritt, daß das Bewußtsein des Erdenmenschen erweckt und geschult werden muß für die Bedürfnisse der eigenen Seele, so daß der Mensch im Künftigen dieses, was er als unangenehm oder hinderlich ansieht, versteht als den natürlichen Wachstumsprozeß seines eigenen Wesens und nicht sucht, diesem entgegenwirken, sondern vielmehr Raum und Möglichkeit schafft, diesen zu unterstützen.

Eure weltlichen Systeme, in die ihr euch versklavt habt, von denen ihr euch abhängig gemacht habt, haben keine Rücksicht genommen auf den biologischen Rhythmus eurer Körper, auf die natürlichen Bedürfnisse eures feinstofflichen Wesens. Und ihr seid bemüht mit großer Anstrengung, diesem Äußeren, Irdischen und Sichtbaren gerecht zu werden. Darüber hinaus leiden jene Teile in euch, die für euch unsichtbar sind, die aber dennoch existent und vorhanden sind.

So wie ihr gelernt habt, daß der physische Leib, wenn er erhalten und lebensfähig bleiben soll, seine gesetzmäßige Pflege braucht – sei dies die physische Nahrung, sei dies die Flüssigkeit, sei dies die Wärme, sei dies der Austausch von Gefühlen –, so bedarf darüber hinaus eure Seele in ebensolchem und noch größerem Maße der Pflege und der Nahrung, um in der Existenz zu bleiben. Das Wissen, daß eine Seele unsterblich ist, hat viele Menschen verführt, der Seele selbst und ihrem Körper keine Achtsamkeit und keine Bedeutung zu geben. Denn dieses, was als unzerstörbar gilt, ist dem Menschen nicht wert, in Achtsamkeit und in Behutsamkeit genommen zu werden.

Der Seelenleib aber ist wohl in seiner Struktur, in seiner Beschaffenheit verletzlich und zerbrechlich mehr noch als dies, was euch als Glas auf eurer Erde vertraut ist. So ihr leben wollt in physischer Form, bedarf es ebenso eines seelischen Körpers, und es muß das menschliche Wesen Äonen von Entwicklungen durchwandern, bis es willens und fähig ist, sich selbst als vollkommen körperloses Wesen anzuerkennen und in dieser körperlosen Ausdrucksform die Vollkommenheit und das Glück zu finden. Das augenblickliche Stadium eures Bewußtseins zwingt euch eine Lebensform des Körperlichen auf. Nur so könnt ihr augenblicklich lernen und Evolution vollziehen.

Dieses ist, was der Erdenmensch ebenfalls nicht bedenkt und vergessen hat: Der Seelenkörper ist zerbrechlich und verletzlich. Und es sind die Seelenkörper, welche in den Körpern der Menschen dieser Erdenwelt integriert sind, beinahe alle in ihrer Substanz angegriffen und in unterschiedlicher Weise zerstört. Dennoch ist dies ein Stadium, da Regeneration möglich ist. Und wir bitten euch sehr, all dieses, was ihr erfahren habt durch Informationen der Gifte, die in euren Körpern sind, als eine Lebensschule der Erfahrung zu betrachten. Bleibt nicht stehen in der Wiederholungsspirale der Abhängigkeit.

So ihr wahrhaft willens seid, euch aus dieser Wiederholung zu entfernen, euch von den Informationen und Einflüssen der giftigen Substanzen, von ihren Informationen und Programmierungen abzutrennen, seid gewiß, daß dies möglich ist. Der erste Schritt ist bereits vollzogen, denn ihr seid hierher gekommen, um denn besser zu verstehen. Und es ist dies der zweite Schritt, den es zu tun gilt, daß ihr die Abläufe begreift, die in einem globalen Zusammenhang alles Geschehen bewirken. Ihr müßt also verstehen, was in euch geschieht im Körperlichen, und ihr müßt auch den Ablauf über das Körperliche hinaus im Unsichtbaren begreifen. Und ihr müßt sodann durch dieses Verständnis kämpfen, eure Willenskraft wieder in das menschliche Bewußtsein zurückzuholen.

So ihr also bereit seid, diese Gifte in stofflicher Weise als ersten Schritt aus euren Körpern zu entfernen, so ihr also beginnt, in körperlicher Weise zu entgiften, werden die Informationen nicht mehr in die feinstofflicheren Ebenen gelangen können. Dies bedeutet, daß mit jedem Entgiftungsprozeß eure Lebenskraft aus dem Seelenbewußtsein wieder stärker in euer physisches Menschsein einströmen kann. Dies aber wieder bewirkt, daß eure Willenskraft hierdurch bestätigt wird.

Sind die Informationen und Programmierungen der stofflichen Gifte entfernt, sollt ihr mit sehr viel Liebe, Verständnis, Achtung und Behutsamkeit euch selbst gegenüber daran arbeiten, eure Seelen in euch selbst zu finden. Viele Male klopfen eure Seelen an die Türen eurer Herzen. Die vielen Ummantelungen um das System eures Nervengeflechts, die vielen Schatten der abgelagerten Gifte innerhalb eurer Gehirnzellen und um sie herum verhindern aber, daß ihr dieses sanfte Klopfen eurer Seele in euch selbst wahrzunehmen vermögt.

Nachdem ihr also stoffliche Gifte und sonach auch deren Information und Programmierung entfernt habt, seid willens, nicht nur dieser äußeren Welt mit all ihren Forderungen und Scheinpflichten und Scheinverantwortungen gerecht zu werden, sondern seid willens, eurer Seele das zu geben, worauf sie lebensnotwendigerweise ein Anrecht hat. Seid bereit, euch zu finden, die Brücke hin zu eurem höheren Bewußtsein rein zu halten, diese nicht zu verletzen, sondern diesen geheiligten Pfad als den Weg der ewigen Heimat, der ewigen Freiheit und der vollkommenen Liebe zu verstehen.

Wenn ihr also in euch Bewegungen erspürt, die euch unangenehm sind – sei dies ein Schmerz, sei dies Nervosität, sei dies ein Verlangen hiernach oder danach –, greift nicht nach den Giften, um all dies zu betäuben, sondern seid aufmerksam und lauscht, was eure Seele euch sagen will, und gebt euren Seelen, wonach sie verlangen, denn eure Seelen sind rein und verlangen niemals nach diesem, was zerstörerisch ist, sondern lediglich nach jenem, was euch vervollkommnet und was euch zur Freiheit und Glückseligkeit führen wird.

Die Kommunikation zwischen der Seele und dem menschlichen Geist ist nicht mehr vorhanden. Die Brücke, die einstmals gewoben worden ist, ist zerschlagen. So die Seele sucht, den Weg zum Menschen in sein logisches Denken zu finden, so wird sie gehindert.

Auch in geistiger und seelischer Weise könnt ihr unterstützen, die Willenskraft zu verstärken, die Gifte aus euren Körpern zu entfernen, um sodann jedwede Manipulation und Abhängigkeit aufzulösen, um danach frei zu sein und uneingeschränkt stets aus dem eigenen Willen und der eigenen unbeeinflußten Entscheidung den eigenen Lebensplan zu vollführen.

Dies ist, was ich euch heute sagen kann darüber, was Nikotin in euch bewirkt, darüber, wie ihr diesem Kreis des Verhängnisses entgehen könnt. Denkt also daran: Nicht nur für die individuelle Evolution des Individuums ist es von großer Bedeutung, daß hier ein Erkennen, ein Verstehen und ein Verändern vonstatten geht. Das kollektive Bewußtsein aller Lebewesen dieses Lebensraumes trägt hieraus Nutzen. Jedwede Erfahrung, jedwede Einsicht, Erkenntnis und Veränderung zum Guten hin ist nicht nur gespeichert im Boden eurer Zellen, in den Systemen eurer Gene, sondern wird gespeichert ebenso in der Atmosphäre eures Lebensraumes, der euch im Ätherischen umgibt. Denn auch dieser hat in sich eine Struktur und Zellen.

So also trägt ein jeder, der sich auf den Weg macht, sich von Manipulation zu befreien, einen großen Teil der Befreiung dieses Lebensraumes mit. So arbeitet, so entwickelt, so degeneriert, so regeneriert ein Wesen sich also niemals nur um seiner selbst willen. Stets nimmt ein jegliches Individuum Einfluß auf das gesamte, globale und kollektive System.

Wir sind in großer Freude, daß ihr euer menschliches Bewußtsein geöffnet habt und bereit seid, dieses Wissen auf dem Boden eures linearen Denkens zu manifestieren, danach zu leben und hierdurch lebendiges Beispiel zu sein, für euch selbst das Leben, den Lebensraum und die Gesundheit zu verbessern. Und so ihr begonnen habt, dies zu verwirklichen, wird ganz natürlicherweise dieses seinen Fortschritt aus sich selber tun. So ein Mensch sich erhebt, um sich von Manipulation und falschen Informationen zu befreien, so ein Mensch sich erhebt und sich gestattet, seinen Lebensraum wider alle Einflüsse und Widerstände dennoch so zu gestalten, daß es ihm möglich ist, seiner Seele zu lauschen und seine Seele zu pflegen, sie zu nähren, so wird durch dieses eine Beispiel ein Anfang gemacht, dem nach und nach viele folgen werden.

Und nur so der Mensch erkannt und verstanden hat und aus eigener Überzeugung und eigenem Wunsch diesen Weg vollzieht, wird er ein Sieger sein. So ihr bei euch den Wunsch und das Wissen habt und die Bereitschaft zu verändern und es euch dennoch nicht gelingt, weil der Glaube oder der Wille noch zu schwach oder zu klein sind, habt ihr allezeit die Möglichkeit, um dieses, was euch fehlt, zu bitten. So euch also die Willenskraft fehlt, bittet um das Fehlende, und seid gewiß, daß diese Bitten erhört werden. Wendet euch an eure geistigen Führer, wendet euch an jene geistigen Wesen, die euch vertraut sind. Liebend und helfend werden sie eingreifen, so ihr hierzu den Auftrag gebt.

So beschaut euch also in diesem Raum. Wenige sind es, die den Mut, die den Willen und die die Ernsthaftigkeit gefunden haben, den ersten Schritt in eine Veränderung zu tun. Blickt denn hinaus über diesen Raum: Groß ist die Anzahl derer, die in weitaus größerem Maße betroffen sind. So kommen und gehen die Seelen auf dieser Erdenwelt, und so während einer physischen Inkarnation der Erdenmensch es nicht erreicht hat, unmanipuliert und frei seine Evolution zu vollführen, so wird diese Unfreiheit ihn auch in seinem nächsten Lebensraum erwarten.

Hier zur Linken der Seite dieses Körpers, durch dessen Mund ich zu euch gelange, sind all jene Seelen aufgestellt, die in großer Betrübnis und Reue sind, da sie versäumt haben, die kostbare Zeit ihres physischen Daseins zu nutzen, um diese Manipulation zu besiegen, und aus diesem Grund noch beständig an das Energiefeld dieser physischen Erde gebunden sind. Wohl ist der Körper aus Fleisch und Blut lange schon aufgelöst, und dennoch vermögen diese Seelen den physischen Lebensraum nicht zu verlassen. Dort, wohin Geist und Seele streben, ist die Schwingungsfrequenz des Lebensraumes eine, die hoch und hell und in dem Beschleunigenden ist. Da aber ihre Seelen einstmals nicht nur im Körper, sondern auch im Geist durch den eigenen Willen gebunden worden sind, sind sie nicht fähig, aus dem Bereich der Materie zu entfliehen.

Jedes Lebewesen ist einzig und allein nur dort lebensfähig, wo der Lebensraum, welcher dieses Wesen umgibt, in einer Schwingungsfrequenz ist, die dessen Bewußtsein entspricht. Und es ist hier dieser Planet Erde auf der Ebene der Physis ein Lebensraum, in welchem die Gifte in einer Vielzähligkeit und in einem großen Maße Manifestation und Integration gefunden haben. So senden diese Gifte innerhalb des Lebensraumes ihre Frequenzen aus und verbinden sich mit dem Bewußtsein derer, die einstmals innerhalb dieses Lebensraumes weilten. So also sind und bleiben sie Gefangene, bis denn der eigene Wille wieder in die Freiheit zurückerobert worden ist. Freiheit also ist möglich nur, da ihr unmanipuliert, unabhängig fähig seid zu leben, gleich in welchem Bereich.

Dies also sagt euch Santus fürs erste.

Wir haben diesem Instrument in vielfacher Weise Verständnis und Erklärung auf den Geist gelegt, damit auch euer menschliches Verständnis dem zu folgen vermag, was euch aus unseren Bereichen erreicht. Seid also getrost und seid nicht betrübt ob all dessen, was gesprochen worden ist. Denn wohl ist es die Realität, wohl sind es die Gegebenheiten. Dennoch ist alles veränderbar. Und ihr habt bereits die ersten beiden wichtigen Schritte getan. Hierüber sind wir in großer Freude. Dieses in euch segnen wir, und dafür sprechen wir euch unsere große Anerkennung und unseren großen Dank aus, denn ihr nehmt Einfluß einen jeden Augenblick auf die Schöpfung selbst.

Die Existenz eurer Wesenheit, noch ohne daß ihr denkt, fühlt oder etwas tut, nimmt bereits durch ihr Vorhandensein Einfluß auf alles, was ist. So ermuntern wir und so bitten wir euch, daß ihr weiter sucht und gewillt seid, euer menschliches Verständnis anzureichern mit Wissen und Verstehen weit über das Physische hinaus, damit verbunden werden kann, was getrennt wurde, damit der Mensch nach Hause finden darf zu sich selbst in seine Einheit und danach schlußendlich zu Gott.

Segen über euch! In großer Liebe sprach Santus im Namen derer, die anwesend sind, aus den unsichtbaren Gefilden. Gott zum Gruße!

Was ist Licht?

Jesus
6. Mai 2001 in Kißlegg

Hörbuch (CD)
ISBN 978-3-935173-27-8

Einstmals, ja einstmals, vor dem Anbeginn der Zeit, war alles Licht. Der Raum war durchdrungen von Licht. Licht aber ist Geist, und es schuf dieser Geist aus sich, aus seinem Licht, jedwedes Leben, alles, was ist. Und jedwede Seele war im Anbeginn ihres Seins reinstes, klares, ungetrübtes Licht. Und es zogen die Seelen aus, um sich selbst zu erfahren. Verstehet eine jede Seele wie einen geistigen Sonnenstrahl, der sich entfernt hat aus mitten einer großen geistigen Sonne, welche das Wesen Gott ist. So ziehen also die Seelen aus dem inwendigsten Licht, dem Geist und dem Bewußtsein Gottes hinaus durch Zeit und Raum, um sich selbst zu erfahren, und tragen die geistigen Sonnenstrahlen, welche sie selbst sind, in einen jeden Lebensbereich.

Das Licht der Seelen, welche ausgezogen sind, um sich selbst zu erfahren, hat sich aber im Durchwandern der Dimensionen, im Durchleben der tausendfältigen Erfahrungen verdunkelt. Und es haben die Seelen vergessen dieses, was sie sind, dieses, woher sie gekommen sind, und dieses, was der Urgrund und die Sinnhaftigkeit ist ihres eigenen Seins und des Durchwanderns der Dimensionen.

So ihr also durch eure tausendfältigen Ummantelungen vergessen habt, wer ihr in Wahrheit seid, bin ich gekommen, um euch abermals daran zu erinnern: Euer wahres Wesen ist ungetrübtes, reinstes, geistiges Licht. Licht aber, so ihr es im Geiste erschauen könntet, würde euch lehren, daß hier die Offenbarung des Wesens Gottes vonstatten geht. Licht also ist Geist. Geist aber ist vollkommenes, göttliches Bewußtsein, das Wissen und Verstehen um alle Dinge aus der unendlichen, unfehlbaren Intelligenz und Weisheit Gottes. Licht ist der sichtbar gewordene Ausdruck göttlicher Weisheit. So diese Weisheit aber vollkommen ist, trägt sie natürlicherweise die Liebe in sich, denn es ist vollkommene Weisheit ohne Liebe nicht möglich. Ebenso ist vollkommene Liebe ohne die Weisheit nicht möglich.

Das Wesen Gottes also in seinem Urprinzip drückt sich in Liebe und Weisheit aus. Aus diesem Urstoff, aus dieser geistigen Substanz, ist alles, was ist, entstanden. So das Licht beginnt, sein Wesen zu verändern, indem es ausströmt und sich entfernt vom Ursprung seines wirklichen Seins, so es also die geistige, göttliche Quelle, die Urzentralsonne, im Geiste verläßt, wird von Mal zu Mal, je weiter sich das Licht entfernt, der Strahl in sich schwächer. Dies ist, was die Lebensformen erfahren.

Da aber eine jede Seele geborgen war, da eine jede Seele in vollkommener Glückseligkeit innerhalb ihres eigenen Wesens und mit diesem auch innerhalb von Gottes Geist ruhte, weiß die Seele um den Zustand dieser vollkommenen Harmonie, dieses unerschütterlichen Friedens und dieser sich niemals begrenzenden Freiheit, die einer jeden Seele als geistiges Erbgut aus Gott in ihr Wesen gelegt worden ist. Eine jede Seele also kennt im Urwesen ihres eigenen Seins dieses, was Licht bedeutet, dieses, was Liebe bedeutet, und dieses, was Freiheit ist. So ihr also ausgegangen seid weiter und weiter von Mal zu Mal aus der Mitte dessen, was ihr in Wahrheit seid, habt ihr hierdurch Vergessen erfahren. So ihr aber vergessen habt, füllte sich der Raum um euch durch eure Unwissenheit mit Dunkelheit.

So dies also ein Prozeß des Schmerzlichen war, da die Seele zum ersten Mal berührt worden ist mit dem, was zuvor unbekannt und unvertraut gewesen ist, wurde in der Seele Angst geboren. Die Angst aber wiederum engte die Freiheit des Geistes ein. So begann die Seele durch Unwissenheit, durch Vergessen, durch das Sichentfernen vom Ursprung, sich tausendfältige Stricke und Schlingen zu bilden, welche die Seelen sich um sich selber woben.

Das Heimweh, das ein jeder kennt, das große Sehnen, welches ihr viele Male nicht mit Worten zu benennen vermögt und welches euer menschlicher Verstand nicht zu erfassen vermag, ist ebenjene Ahnung und geistige Dämmerung, die in eurem irdischen Menschsein sucht, sich Raum zu geben. Es ist der Anbeginn jener Erinnerung, daß ihr einstmals vollkommen ohne Angst, ohne Begrenzung und ohne Dunkelheit und ohne Schmerz und Not gelebt habt.

Ich aber bin gekommen, nicht um euch zu richten, nicht um euer Sehnen und euer Heimweh noch mehr zu vertiefen, da dieses euch viele Male quält. Ich bin gekommen, um euch zu erinnern, wer ihr in Wahrheit seid. Einstmals also waren im Anbeginn alle erschaffenen Seelen reinstes und vollkommenes Licht. Ein Teil dieser Seelen zog aus, durchwanderte Zeit und Raum und hat hierdurch die materielle Schöpfung erwirkt.

Ein anderer Teil der von Gott geschaffenen Seelen blieb aber beim Ursprung. Diese Seelen haben niemals ihr Licht verloren, was bedeutet, daß ihnen das Bewußtsein darüber, wer sie sind, darüber, worin die Sinnhaftigkeit allen Seins besteht, nie verlorengegangen ist. So also blieb ihr Licht, ihre Seele stets ungetrübt. Solche Seelen könnt ihr verstehen als die himmlischen Heerscharen, die da sind bei Gott, die da sind um Gott, die da sind aus Gott ebenso wie alles, was ist. Diese himmlischen Heerscharen haben erkannt, daß die höchste Glückseligkeit, die ein Wesen zu erreichen vermag, einzig und allein darin besteht, Gott, dem Schöpfer, zu dienen.

So werden schlußendlich auch all jene Seelen, die ausgegangen sind, um andere Lebensausdrucksformen zu erfahren, am Ende ihrer unzählbaren Entwicklungen zu der Erkenntnis gelangen, daß die höchste Glückseligkeit einzig und allein darin besteht, vollkommenes Licht und reine Liebe zu sein. Dieses Bewußtsein und diese Erkenntnis aber wird der Seele zeigen, daß Liebe und Weisheit ihr Glück und die Zufriedenheit im Dienen finden.

So seid ihr also in Phasen der Erfahrungssammlung, und ihr seid bemüht, euch in unterschiedlicher Weise zu betätigen, und ihr sucht euer Glück, sucht das Verständnis darüber, wer ihr seid, in der Weise dessen, was ihr tut. So wünscht die eine Seele, ein Heilender zu sein, und vermeint hierin Glückseligkeit zu finden, den Leidenden zu befreien von seinem Schmerz. Und wieder ein anderer vermeint, seine Glückseligkeit im Lehren zu finden, und ist bemüht, die Unwissenheit und das Vergessen der Suchenden durch seine Lehren aufs neue zu erwecken.

Viele der ausgezogenen Seelen haben bereits in dieser Phase ihres Seins und ihrer Entwicklung auch diese Liebe verloren – innerhalb der eigenen Berufung des Dienens am Leben, des Dienens zum Guten, am Menschen und allem, was ist – und sind bestrebt, nur die eigenen egoistischen Ziele zu verwirklichen, das menschliche Wesen in seinem egozentrischen Denken und Fühlen zu präsentieren. Dies sind jene Seelen, deren inwendigster geistiger Lichtstrahl sich um ein Vielfaches verdunkelt hat; und dies sind jene Seelen, die sich am weitesten entfernt haben von ihrer eigenen Quelle und ihrem wirklichen Wesen und Sein.

So also wirken die manifestierten Sonnenstrahlen, die da ausgehen aus dem, was Ursprung, was ewig, was Geist und was Gott ist, ein jeder für sich einzigartig, individuell, nach seinen Bedürfnissen, Zielen und

Wünschen. Die hieraus gewonnenen Erfahrungen verhelfen einer jeglichen Seele zu Erkenntnis, zu Wissen und zu Verstehen. Dies ist der Weg der Wahrheit, den eine jede Seele ganz für sich allein beschreiten muß, um auf ihre einzigartige, unwiederholbare Weise ihre Wahrheit, ihr Verständnis zu finden. So also ist dieser Weg ein gesegneter, ein guter, wenn auch viele Schmerzen und Dunkelheiten durchwandert und erfahren werden müssen.

Innerhalb eures irdischen Wissens auf der Ebene der Medizin ist euch vertraut, daß ein menschlich-irdisches Wesen in seiner äußeren, physischen Erscheinungsform zusammengefügt ist aus siebzig Billionen Zellen. Dies ist ein Wissen, welches begrenzt ist, denn die Zellen eures physischen Körpers bilden sich aufgrund der Erfahrungen, die eine Seele erlebt hat, gleich in welcher Lebensdimension, gleich in welcher Lebensform, in welchem Ausdruck. Eine jede durchlebte Inkarnation ist das Sammeln von Erfahrungen. Die gesammelten Erfahrungen einer Seele, eines Geistes inmitten dieser Seele, bilden aber im feinstofflichen Leibe des Wesens das, was ihr im Stofflichen die Körperzelle nennt.

Also trägt eine jede Körperzelle das Wissen, die Erinnerung und die Erfahrung aller durchlebten Entwicklungsstufen, die die Seele durchwandert hat. Warum vermag das Tier, welches in sich kein geistiges Bewußtsein, sondern einen begrenzten Verstand trägt, zu wissen, welche der Nahrungsmittel, welche der Pflanzen für es gut oder ungut sind? Niemals wurde ein Tier belehrt, und niemals hat eine Pflanze das geschriebene Wort gelesen, welche Substanzen benötigt werden aus der Luft, aus dem ätherischen Lebensbereich oder aber aus dem Erdreich, der festen Materie. Und dennoch weiß eine jede Pflanze für sich, ein jeder Baum und ein jedes Tier, was ihm zum Guten dient und was ihm schadet. Es ist das unbewußte Wissen, welches das tierhafte Bewußtsein wie auch den menschlichen Verstand aus dem Boden der eigenen Zellen erreicht. Ihr nennt dies beim Tier den Instinkt, und ihr sprecht beim Menschen von Intuition.

Die Seele also weiß, was sie benötigt, was ihr zum Guten dient und was ihr schadet. Dieses Wissen wird ihr zuteil aus dem eigenen Inneren. Eine jede Körperzelle ist das manifestierte Wissen tausendfältiger Erfahrungen, die während einer Inkarnation gesammelt worden sind. Lange bevor eine physische Seele sich zu bilden vermag, bedarf es unzähliger Entwicklungsphasen. Und es beginnt die physische Seele den Weg ihrer

Entstehung, ihrer Entwicklung als ein einzelnes Atom. Und dieses einzelne Atom sammelt im Durchwandern von Zeit und Raum Erfahrung durch das, was es durchlebt. Also waren die Atome einstmals verdichtet, gebunden in einer Lebensausdrucksform des Dampfes, des Wassertropfens.

Und so die Seele, das Atom, im Urbeginn seiner Entstehung alles gelernt und verstanden hat, was möglich ist zu begreifen und zu erfahren in der Lebensausdrucksform eben dessen, worin es sich integriert hat, hat sich dieses Atom bereichert und aus seinem Verständnis weitere Atome gebildet. Deshalb ist jedwede Schöpfung und Lebensausdrucksform in sich weise, wissend und intelligent und verhält sich aus diesem Wissen entsprechend; weiß sich also, auch wenn dieses Wissen unbewußt ist, alles aus der Nahrung zu entnehmen, alles aus der Luft zu filtern, was benötigt wird, um in der Existenz zu sein. Alles Leben ist hochintelligent, auch wenn die äußeren Erscheinungsformen in ihrer Präsentation dies viele Male verbergen.

So die Seele also ihr eigenes Licht verdunkelt hat und hierdurch Vergessen erfährt darüber, was sie ist, beginnt das Bewußtsein solch einer Seele sich zu identifizieren mit ihrer augenblicklichen äußeren Erscheinungsform, zu identifizieren mit ihrem inneren Empfinden, welches aber nicht aus ihrem wahren Wesen, sondern lediglich aus ihrer äußeren Begrenzung geboren ist. So also verliert sich der Mensch, so also empfindet der Mensch sich abgetrennt, so also empfindet der Mensch sich schwach, ausgeliefert. So also sehnt der Mensch sich nach seiner Heimat zurück.

Solange das menschliche Wesen sich selbst verführt und sein Glück zu finden versucht in dem Verwirklichen seiner eigenen, egoistischen Pläne und Wünsche, wird solch ein Mensch wohl Erfolg im Irdischen haben, im Inwendigsten stets aber die Einsamkeit, das Abgetrenntsein erspüren. So aber ein menschliches Wesen beginnt, die Sinnhaftigkeit ernsthaft in allem zu suchen, was bei ihm ist, wird es schlußendlich in die Erkenntnis und in den Wunsch gelangen, nicht nur für sich selbst leben zu wollen, nicht nur für sich selbst arbeiten zu wollen, sondern ein Diener zum Guten zu sein. Und so diese Erkenntnis eine Verwirklichung findet durch den Umsatz in sichtbare Taten, beginnt solch ein Mensch auch im Inwendigsten Erfolg und Glück zu erfahren.

Wißt also, alle, die ihr gekommen seid, weil ihr das Heimweh und das Sehnen in euch spürt, weil ihr wünscht, Besseres zu tun, weil ihr beschlossen habt zu verändern, das Dunkel aus euren Seelen zu entfernen: Unzählbar sind die Schätze, die ein jeder von euch gesammelt und als eine Erkenntnis, ein Verstehen und ein Wissen auf dem Boden der Zellen verankert hat. Jedwedes Lebewesen ist aus Gott und um dessenthalben natürlicherweise intelligent. Jedwedes Lebewesen ist Weisheit und Liebe und vollkommen frei. Versteht eure Zellen als die lebendige Bibliothek, die ein jeder für sich selbst angelegt hat und die ein jeder für sich selbst beständig erweitert. Eure Erfahrungen sind eure Lehrer. Eure Leben waren und sind eure Schulen. Eure Wünsche und Träume und Pläne sind eure Wahrheit. Und erst wenn ihr mutig seid, dies zu verstehen und dies zu leben, werdet ihr wieder frei sein.

So ihr also euer Licht in dem Bewußtsein eurer Seelen verdunkelt habt, seid fortan darüber nicht mehr traurig. Denn auch dies ist lediglich das Lernen durch gelebte Erfahrung. Denn nur diese ist euer Geist und eure Seele bereit, als Wahrheit zu verstehen und anzuerkennen. Bis hierher also habt ihr zu euch genommen dies, was Gift ist, dies, was eure Willenskraft gebunden hat, dies, was euer Licht getrübt hat. Und es ist wichtig, daß ein jeder von euch versteht, daß dies nur ein begrenzter Zustand ist in seinem Zeitablauf. Jeden Augenblick ist es einem jeden von euch möglich, sich von diesem, was eure Seelen verdunkelt, von diesem, was euch betrübt, abzutrennen.

So eure Willenskraft eingeschränkt ist, da ihr in euch diesem Macht gegeben habt, was euch die Kräfte raubt, da ihr euch zuführt nicht dieses, was euch stark und klar macht, sondern jenes, was euren Geist betrübt und eure Stärken schwächt, und ihr vermeint, nur kämpfen zu können aus der Klarheit eures Geistes, aus der Kraft eurer Stärken, diese aber nicht mehr für euch verfügbar sind in uneingeschränkter Weise, hat ein jeder von euch die Möglichkeit, um diese Kraft und um die Klarheit seines Geistes zu bitten.

Bittet, so wird euch gegeben. So ihr bittet um etwas, das euch zum Segen dient, habt ihr das heilige Versprechen, daß es nach eurem Wunsch geschehen wird. So dieses Bitten aus einem ehrlichen, aufrechten Herzen zum Thron Gottes gelangt, ist dies ein Gesetz, daß gegeben wird. Bittet also dort, wo ihr in euren eigenen Möglichkeiten beschränkt seid. Seid bemüht, dieses, was euch möglich ist, mit allen Kräften zu vollführen, innerhalb eurer Entwicklungsphasen alles zu tun, was euch zum

Guten dient. Und um dieses, was ihr nicht fähig seid, aus euch selbst zu vollziehen, bittet. Um dieses bittet, und es wird euch gegeben.

Habt nicht über euch ein Verurteilen und bewertet nicht den, der neben euch ist, ob seiner Schwächen, die ihr erkennen könnt. Anerkennt und versteht alles als eine gewollte, notwendige Erfahrung mit dem Wunsch, von Mal zu Mal besser verstehen zu können, euch selbst zu begreifen.

So der Mensch also frei ist in seinem Willen, so er sich also das Leid gesucht hat und den Lebensboden der Materie, ist dies eine Schule, die er gewählt hat, um durch die hier erfahrenen Erfahrungen eine Unterscheidung in seinem Geist tun zu können. So das Licht nur Licht ist und niemals umgeben wird oder berührt wird von der Dunkelheit, weiß das Licht nicht sich selbst zu erkennen und zu verstehen. So also habt ihr hineingegriffen in die Gifte, um zu erfahren und zu verstehen, welch eine Macht in diesen Dingen liegt. Ihr habt euch aber in dem falschen Denken verloren, daß diese Gifte stärker sind als ihr. Dies allein ist, was im Unguten ist. Jedwedes andere war und ist eine gewünschte, notwendige Erfahrung.

Steht also in eurem Geiste auf und erhebt euch aus diesem falschen Denken, daß ihr diesen Abhängigkeiten unterlegen seid, daß eure Willenskraft nicht fähig ist, sich von diesen Mächten zu befreien. Sucht auf der materiellen Ebene jedweden unguten Einfluß aus euch zu entfernen. So ihr wünscht, daß eure Seelen zurückkehren in den Zustand des ungetrübten, reinsten, glänzenden Lichtes, so ist dies ein Prozeß der Reinigung, der auf allen Ebenen vollzogen werden muß.

Gebt also eine vollkommene Reinigung und eine Entfernung all dessen, was schattenhaft in eurem Körper ist, und gebt dann in euren Gedanken und Empfindungen, in euren Worten und Taten ebenso die Reinigung. Achtet darauf, in welcher Weise ihr sprecht, in welcher Weise ihr handelt. Beobachtet eure Gedanken und Gefühle und beginnt auch hier zu reinigen. So wird ein jeder bald vollkommen frei sein.

Die Freiheit, die Liebe, das Wissen und Verstehen werdet ihr niemals in einer äußeren Welt finden können. Denn diese dient lediglich als der Boden, der benötigt wird zum Sammeln der Erfahrungsschätze, die wiederum zur höheren Erkenntnis dienen. So aber eine Seele zurückkehrt, also wieder mehr und mehr ungetrübtes Licht wird, wird dieser Zustand aus sich selber dafür Sorge tragen, daß auch im äußeren Lebensraum und auch im äußeren physischen Körper solch einer Seele nach und nach Harmonie, Kraft, Klarheit und Vollkommenheit zurückkehrt.

Versucht einmal, mit eurem menschlichen Verstand zu erfassen, wieviel Wissen in einem jeden von euch ruht, so ihr nun gelernt habt, daß eine jede Körperzelle die manifestierte Wahrheit, der manifestierte Erfahrungsschatz eines durchlebten Lebens ist. In euren Zellen ist das Wissen verankert um die biologischen, um die chemischen, um die geistigen Strukturen der Pflanzenwelt, des Reichs der Mineralien, der Welt des Ätherischen, des Reichs der Tiere. Denn ihr habt all dieses selbst durchwandert. Ihr habt euch integriert in all dieses, was ist. Und ihr habt es durch die Integration, durch das Verbinden mit anderen Atomen und Bewußtseinsfunken in eine sichtbare äußere Lebensform gebracht.

So also seid ihr hochintelligente, wissende Schöpfer. Und einzig und allein das Vergessen und der Schmerz, daß ihr euch entfernt habt von eurer geistigen Heimat, von eurem Ursprung, hat euch verführt, euch in Illusionen, in ein scheinbares Glück, in weltliche Befriedigung zu stürzen, um das Sehnen und das Heimweh nicht mehr zu spüren. Und so habt ihr auf euch Leid gezogen. Doch auch dieses Leid ist ein notwendiges und ein gesegnetes. Und es ist einzig und allein die Gefahr, daß ihr stehenbleibt, daß ihr euch verliert in diesem Vergessen und Verstehen darüber, wer ihr seid.

Licht, so es aus Gott in ungetrübter Weise hinausströmt in den Kosmos, in alles, was ist, ist jene Kraft, die alles am Leben erhält. Jedwede physische Sonne vermag aus sich selbst nur zu strahlen und diese Wärme zu erzeugen, weil sie fähig ist, in großem Maße dieses geistige Licht in sich aufzufangen, es tieferzutransformieren auf die Ebene der Physis, es umzuwandeln in das euch vertraute und sichtbare Sonnenlicht. So also soll euch die physische Sonne eine Erinnerung sein, daß es einen Urquell gibt, eine Sonne, die um ein Vielfaches heller und größer ist, so wie eure Seelen im Ursprung um ein Vielfaches heller und größer sind und dann begrenzt werden durch den physischen Leib.

So versteht die gesamte materielle Schöpfung. Im Inwendigsten und im Ursprünglichen ist und bleibt alles göttliches Licht. Dieses Licht aber ist das Wesen Gottes – Liebe und Weisheit in seiner ungetrübten, vollkommenen Form, welches sich als ein Geistesfunke in einer jeden Körperzelle, gleich welcher Lebensausdrucksform, verankert hat.

So ist es an jedem einzelnen von euch, ob ihr auf der Ebene eures menschlichen Denkens euch identifiziert mit dem äußeren Wesen, eurer Hülle, die euch zum Lernen und Erkennen dient, oder aber mit dem inwendigsten göttlichen Kern, der in einem jeden von euch verankert ist. Das Bekenntnis, welches ihr hier vollführt, bestimmt sodann euer Leben. So ihr also die Aufmerksamkeit und Kraft, euer Denken und Fühlen und euren Glauben einzig und allein auf das äußere Menschliche, Vergängliche und Begrenzte lenkt, werdet ihr entsprechend diesem Zustand leben, empfinden und denken und tun. So ihr aber beginnt, die vollkommene Göttlichkeit im Inwendigsten eures Seins anzuerkennen, wird sich dieses Bewußtsein mehr und mehr auch auf der Ebene eurer Physis manifestieren. So also ist es möglich, daß die Materie erleuchtet wird, daß sie ihren Aufstieg, ihre Verfeinstofflichung erfahren kann.

Ihr alle seid Licht. Licht aber ist Geist. Geist aber ist ewig, Geist ist grenzenlos, Geist ist bewußt. Es drückt der göttliche Geist sein Wesen aus im vollkommenen, geistigen, nichtmateriellen Reich als ein Licht, welches erstrahlt in einer Helligkeit und Kraft, die dem physischen Auge unerträglich ist. Um aber auch den physischen Lebensformen nahe zu sein, um auch diesem Lebensbereich das Licht zu geben, hat dieser göttliche Geist sein Wesen, welches Liebe und Weisheit ist, hinabgegeben, angepaßt an die Gesetze des Lebensraumes dort, wo Wesen verankert sind.

So also versteht die göttliche Weisheit, da sie sich tiefertransformiert, als die Kraft, die euch vertraut ist als die Elektrizität. Und versteht das Wesen Gottes, welches die Liebe ist, so diese tiefertransformiert wird auf dem Boden des Physischen, als den Ausdruck und die Kraft des Magnetischen. Und so ihr also durch Erfahrung gelernt habt, daß ihr diese beiden Kräfte nicht voneinander trennen könnt, da das eine das andere bedingt und aus sich selbst gebiert, so sind Liebe und Weisheit nicht zu trennen. Göttliche Kraft ist Leben selbst. Das Wesen und der Geist Gottes ist in allem, was ist.

So ihr also den Kräften des Magnetismus begegnet, so ihr also dem Wirken der Elektrizität begegnet: Erkennt darin den göttlichen Geist, welcher sich hinabbegeben hat, um euch auch in dieser Form und auf dieser Ebene zu dienen.

Also seid und wart ihr niemals verlassen von Gott. Licht umgibt euch allenthalben. Licht ist in euch allenthalben. Auch wenn die äußere Erscheinungswelt durch ihre Handlungen, durch ihr falsches Denken Dunkelheit erschafft, vermag diese Dunkelheit die göttliche Weisheit und die göttliche Liebe, vermag diese Dunkelheit das Licht niemals zu betrüben.

Eure Freiheit, eure Heimkehr und euer Glück werden sein, wenn ihr euch anerkennt als dies, was ihr seid, und aus diesem Bewußtsein lebt auch auf dem Boden der Physis, und wenn ihr bestrebt seid, nicht für euch selbst zu leben und zu arbeiten, sondern wenn ihr willens seid, eurem Schöpfer zu dienen. Dies bedeutet, stets das Gute zu suchen.

Aus dem Reich der festgebundenen Seelen, die den Boden der physischen Erdenwelt längst verlassen haben, aus dem Reich jener, die sich befreit haben aus allen Gebundenheiten, aus dem Reich derer, die niemals ihr eigenes Licht der Seele betrübt haben, erreichen euch tausendfältige Blicke. Denn so ihr euch hinabbegeben habt in diese eure geschaffenen Gefängnisse, welche das Leiden sind, welche die Begrenzungen durch eure Körper sind, so ist dies nicht nur die Schule der Selbsterkenntnis, die Schule der Wahrheit – es ist der Boden des Mutes. Und ihr werdet geachtet und hoch geehrt von denen, die da niemals verlassen haben den Ursprung, das Licht und das göttliche Sein.

So die Engel in sich und für sich vollkommen rein sind, wurde ihnen jedoch niemals die Erfahrung der Verdichtung, der Verdunkelung und des physischen Schmerzes zuteil. Niemals wurde ihnen zuteil die Erfahrung des Abgetrenntseins. Und es weiß eine jede vollkommene Seele aus dem Licht, so sie zuvor niemals den Boden der Materie betreten hat, um den Mut, dessen es bedarf, um sich in diese Bereiche des Lebens zu begeben. Es weiß ein jede solch reine Seele um den Kampf, den es zu bestehen gilt. Und so ist es ihre Entscheidung, diesen Weg nicht zu gehen, im Licht zu bleiben, der Dunkelheit niemals zu begegnen. Ihr aber seid Mutige. Ihr seid Kämpfende. Und ich bin gekommen, um euch zu unterstützen, daß ihr Überwinder werdet all dessen, was euch hier bindet.

So wie ich überwunden habe den Schmerz, wie ich überwunden habe den physischen Tod, so wie ich überwunden habe die Dunkelheit, ist es einem jeden von euch möglich, es mir gleichzutun. Alles ist euch möglich, wenn ihr euch bekennt zu dem, was ihr in Wahrheit seid. Und so lege ich einem jeden tief in sein menschliches Verständnis und in sein menschliches Herz: Ihr seid Licht, vollkommenes, göttliches Licht. In euch ist Liebe und Weisheit. Euer Geist ist ewig. Und ihr seid auf ewig frei. Niemand vermag euch zu binden als einzig und allein der irdische, menschliche Geist in euch selbst.

Aus dem Bereich der Unerlösten, aus dem Bereich der Erlösten und aus dem hellstrahlenden Lichtreich der unbefleckten Engel gehen die Liebesgrüße hinab zur Erdenwelt – zu euch, den Überwindern. Legt jedwede Traurigkeit und jedes Verzagtsein ab. Alles, was bei euch ist in Form der Fesseln, in Form der Gifte, in Form des Schmerzes, seid ihr fähig zu überwinden. Dort, wo es mangelt, sei dies im Physischen, sei dies im Geistigen, und ihr nicht fähig seid, aus euch selbst hier die Schritte und für euch selbst die Hilfen zu sein, dort bittet frohen Mutes und getrost um dieses, was es bedarf, auf daß ein jeder von euch Heilung und Freiheit finde.

Einstmals, ja einstmals wart ihr alle reinstes, unbeflecktes Licht. Und ihr seid ausgezogen, um euch selbst zu erfahren. Einstmals, ja einstmals werdet ihr zurückkehren in vollkommener Freiheit, in Wahrheit und in Liebe. Und es wird dies ein Fest sein im Reich derer, aus denen euch der Liebesgruß erreicht, aus denen euch die Blicke verfolgen. Und ihr werdet empfangen werden als die Überwinder. So also hat keiner unter euch das Anrecht, den mahnenden Finger wider sich selbst oder den neben ihm zu erheben. Denn alle seid ihr mutig. Alle seid ihr auf dem Weg, einstmals als Überwinder heimzukehren.

Auch ich habe mein Licht in dem Bereich der Dunkelheit und in der Ebene des Fleisches manifestiert, und so weiß niemand besser als ich um die Größe und das Schwere, welches es zu besiegen gilt auf dem Weg des Überwinders. Deshalb also bin ich bei euch, damit ihr nicht verlorengeht in eurem Schmerz, in eurem Vergessen.

Segen über euch!

Die Flügel des himmlischen Vaters sind ausgebreitet über euren Häuptern. So also seid ihr beschützt und beschirmt. Die Liebe derer, die euch voraufgegangen sind, begleitet euch in unsichtbarer Weise. Meinen Geist aber, mein Licht und meine Stärke lege ich jedem in sein Herz. So er mich ruft, will ich ihm Wegbegleiter sein, so daß auch meine Kraft und mein Licht in einem jeden von euch wirken kann. So also bin ich bei euch, wie ich es einstmals verheißen habe: Ich werde bei euch sein bis ans Ende aller Tage.

Wenn ihr also überwunden habt, wird das Zeit-Raum-Gefüge sich für euch auflösen, denn euer Bewußtsein wird sich in einer Weise ausgedehnt haben, daß jedwede Begrenzung nicht mehr existiert. So also gibt es niemals ein Ende. Aber es wird eine Auferstehung geben in ein höheres und besseres Verständnis darüber, wer ihr seid. Und dies bedeutet, daß die Strukturen der Zeit und die Begrenzungen der unterschiedlichen Dimensionen und Räume euch kein Vergessen und keinen Schmerz mehr aufzuerlegen vermögen. Dies ist die Freiheit, nach der ihr gerufen habt.

Und so ihr vereint seid mit all dem, was euch vertraut ist von alters her, welches ihr liebt und welches ihr kennt und welches ihr verlassen habt; so ihr also dahin zurückkehrt, seid ihr daheim. Geht also eure Wege mutig weiter. Achte und liebe ein jeder sich selbst und gebe diese Achtung und Liebe weiter an alles, was ist. Und vergeßt niemals: Ihr seid Licht. Euer wahres Wesen ist Liebe und Licht. Und euer Geist ist unbegrenzt und frei.

Segen über euch!

Es lieben euch die himmlischen Heerscharen. Es freuen sich die bereits Erlösten. Und es schauen hoffnungsvoll jene, die noch gebunden sind, aus den körperlosen Seelenbereichen mit offenem Herzen hin zu euch. Geht also und werdet Überwinder, auf daß ihr frei werdet.

Gott, der Vater, ist mit euch. Die Engel begleiten eure Wege. Erwartet werdet ihr im Sehnen von denen, die euch voraufgegangen sind. Und mit euch und bei euch ist allezeit euer Bruder, euer Freund, euer Mitstreiter, mit euch ist alle Zeit Jeschua. Gott zum Gruße!

Die Bedeutung der Ernährung

Santus
6. Mai 2001 in Kißlegg

Hörbuch (CD)
ISBN 978-3-935173-29-2

Ich bin es, Santus, aus dem Bereich der geistigen Ärzteschaft, der gekommen ist, um wiederum das Vorrecht wahrzunehmen, euch aus unseren Erkenntnissen, aus unseren Lehren, aus unserem Verständnis dieses weiterzugeben, wovon wir wünschen, daß es euch zum Segen und zur höheren Erkenntnis dienen soll. So will ich also sprechen über dieses, was ihr das Essen nennt.

Jedwede Lebensform ist angewiesen auf eine Zufuhr von Energie. So sich diese Lebensform im Physischen präsentiert, muß ebenso die Nahrung, die Zufuhr dieser Energie, sich in einer physischen Form befinden, nicht allein um den Leib in seiner Kraft und in der Möglichkeit seiner Körperfunktionen zu erhalten, sondern auch um innerhalb dieser Lebensdimension weiterhin manifest bleiben zu können.

Jedwede Lebensform steht in einer energetischen und geistigen Verbindung zum äußeren Lebensraum. Dies bedeutet, daß die Schwingungsrhythmen der eigenen Kraftfelder angeglichen, angepaßt, angemessen sind an den Schwingungsbereich des äußeren Raumes. So also eine Seele sich im Physischen ausdrückt, ist diese lebensfähig ebenso nur im physischen Lebensraum. Und es ist dieses, was ihr die Anziehungskraft nennt, eben die Tätigkeit, der sichtbar gewordene Ausdruck des Resonanzgesetzes. Ihr schwingt im gleichen Rhythmus wie euer Lebensraum dies aus dem Bereich der magnetischen Felder inmitten des Planeten tut und wie die elektrischen Spannungen aus dem Raum euer ätherischen Atmosphäre sind.

Ihr steht also in Resonanz und ihr seid verbunden. Und um dessenthalben seid ihr an diesen Raum festgebunden. Enthebt ihr euch der physischen Nahrung, wird euer physischer Körper sich natürlicherweise hierauf in seiner atomaren Struktur verflüchtigen. Dies bedeutet, daß die zusammengefügten Elemente der Atome, welche euren Körper formen, den Abstand zueinander zu erweitern beginnen. Auf diese Weise ist solch ein Mensch fähig, mehr der geistig-energetischen Nahrung in sich aufzunehmen, und er beginnt hierdurch bereits eine Verbindung herzustellen zu den höherschwingenden Lebensdimensionen, die dem Schwingungsbereich des Physisch-Materiellen übergeordnet sind.

Allezeit sind Engel zur Erde gesendet worden, die befähigt sind, für einen begrenzten Zeitraum ihren Geist und ihre Seele in die äußere Hülle eines physischen Körpers zu kleiden. So diese Engelboten auf der Erde im physischen Lebensausdruck verweilen, sind sie angewiesen, sich während dieser Zeit dem Schwingungsrhythmus dieses Lebensraumes anzupassen, um hier in einer Verbindung, in einer Anziehung und in einer Resonanz zu sein. So also werden diese Engelboten sich einer physischen Nahrung bedienen müssen, um manifest in dieser materiellen Ausdrucksform verbleiben zu können.

Weil ihr euch nun aber in einer großen Umstrukturierung, nicht nur innerhalb eures persönlichen Bewußtseins, sondern innerhalb des globalen Bewußtseins befindet, und weil dieser Prozeß sich auch im Äußeren des Lebensraumes selbst aktiviert hat, ist es möglich, daß ihr jetzt zu dieser Zeit nun fähig seid, ohne die physische Nahrung zu sein. Denn ihr seid aufgrund der eigenen Lebensprogrammierung in eurer Zellstruktur in einem höheren Bewußtsein eingestellt und bereit, eine höherschwingende Lebensdimension zu betreten. Dies bedeutet nicht, den physischen Leib abzulegen, sondern dies bedeutet, Transformation nun in einem bewußten, gewollten und vor allen Dingen selbst herbeigeführten Zustand zu vollziehen.

Dieser Lebensraum, in dem ihr euch manifestiert habt, befindet sich seit etlichen Zeitläufen in der Umstrukturierung der eigenen Schwingungsmuster, in einem Übergang von einem Lebensausdruck in einen feineren, höheren Schwingungsbereich, in ein feinstofflicheres Sein, in eine feinstofflichere Erscheinungswelt. Es vollziehen also die hier manifestierten Lebensformen parallel zum äußeren Lebensraum gemeinsam, Hand in Hand, einen tiefgreifenden Transformationsprozeß. Deshalb ist es möglich, daß der physische Mensch nun innerhalb dieser Entwicklung und Transformation sich der materiellen Speise entheben kann.

Dennoch ist der Rat aus unseren Bereichen, daß ein jeder sich bemühe, sich den Bedürfnissen und Notwendigkeiten aus dem Natürlichen zu beugen und dem gerecht zu werden, was segensreich ist. Ihr werdet, ein jeder für sich, nach dem Grad seines Bewußtseins und nach der Reife seiner Seele intuitiv die Weise eurer Nahrung, die Form eurer

Ernährung, in dem Maß und zu jenem Zeitpunkt nach und nach umstellen, da dies erforderlich ist, da dies euer Körper euch aus sich selber kundtut.

So ihr nun zum einen Teil verführt seid, zuviel der materiellen Speise in euren physischen Körper zu geben, ist dies nichts weiter als ein Reflex, den der Mensch zu vollführen versucht, welcher ihm vertraut ist aus einer anderen Lebensform, aus einer anderen Lebensdimension.

So die Seele keinen physischen Körper hat und der materiellen Nahrung nicht bedarf, nimmt sie also Speise, kosmische Lebenskraft durch all ihre Poren des Ätherleibes und durch die energetischen Zentren in sich auf. Das bedeutet, daß die Seele nicht einen Augenblick der Zeit verliert, um darüber nachzudenken, ob Energie benötigt wird. Das Gefühl, Hunger und Durst zu spüren, ist nicht vorhanden, denn die Seele befindet sich in einem Lebensraum, aus dem sie beständig in einer Selbsttätigkeit der eigenen und der äußeren Mechanismen eben genau jene Elemente zu sich nimmt, derer sie bedarf – ein Vorgang, der ganz aus sich selbst geschieht.

So aber die Seele noch nicht herangereift ist zu einem Einzelindividuum, welches bewußt ist, sondern sich noch in der Phase der Entstehung befindet, was bedeutet, daß sie Zeit und Raum durchwandert, um durch Erfahrung in anderen Lebensausdrucksformen sich Wissen und Bewußtsein über sich selbst zu verschaffen, ist das Atom damit vertraut, Nahrung, Erkenntnis und Information aufzunehmen, indem sich das Atom integriert. Es integriert sich in eine äußere Form, verbindet sich mit anderen Atomen, wird Teil eines Ganzen und lebt sodann in einem System und wird gespeist ebenso ohne das eigene Wollen, ohne das eigene Wissen und Bedürfnis.

So nun eine Seele in sich jung an Erfahrungen ist und beginnt, sich in ihre Individualität zu entwickeln, beginnt sie die materielle Lebensdimension zu betreten. Wenn also ein Kind geboren wird, beobachtet ihr, daß dieses Kind augenblicklich in dem Bestreben ist, alles, was es zu erfassen vermag, in seinen Mund zu führen. Und es ist dies das intuitive Lernen und Sich-ernähren-Wollen, indem es integrieren will.

Das Atom hat sich zuvor in eine Substanz integriert, wurde Teil derselben und hat sodann in sich das Äußere aufgenommen und hierdurch sich ernährt und gelernt, die äußere Lebensform in ihren Strukturen und Bedürfnissen zu verstehen. Nun aber sind Atome zusammengefügt zu einem biologischen System des Menschen, und es erinnern sich die Atome und sind augenblicklich in dem Wunsch, sich integrieren zu wollen, sich bereichern zu wollen, lernen und verstehen zu wollen. Da nun aber dieses Bündnis zusammengefügter Organe den Prozeß der Bewußtwerdung zum Individuum zu beschreiten begonnen hat und nun seine Atome nicht in eine andere, weitere Form einfügen kann, versucht die Seele diesen Prozeß in einer Umkehrung zu vollführen. Sie will also die äußeren Lebensformen in sich einfügen und weiß dies im Stadium des kleinen Kindes nicht anders zu vollführen, als sie in den Mund zu nehmen mit dem Wunsch, sie zu essen, um sie auf diese Weise im eigenen Zellgefüge zu integrieren.

Der Wunsch nach übermäßigem Essen ist der Ausdruck einer Seele, die bekundet, zu wenig jener Nahrung und Substanzen zu erhalten, die für Geist und Seele lebensnotwendig sind. Und es ist ebenso der Ausdruck einer tiefen Verzweiflung, die sich offenbart, weil solch eine Seele zu lernen und zu verstehen wünscht, nicht wie dies auf eurer physischen Erdenwelt durch begrenzte, unwissende Lernsysteme möglich ist. Es wünscht solch eine Seele, lernen, verstehen und begreifen zu wollen aus der Wahrheit, und sucht sich zu integrieren in dem, was sie zu verstehen wünscht. Und es besteht dieses Integrieren stets darin, Atome in sich einzufügen.

So also sind Menschen, die bestrebt sind, viel der Nahrung zu sich zu nehmen, in ihrem menschlichen Wesen als sensibel anzufinden. Es ist ihre Sensibilität eine andere Form des Ausdruckes und des Bedürfnisses, geistig-energetische und seelische Substanzen, Nährstoffe aufzunehmen. So sie den Weg vergessen haben und nicht finden können, sich diese benötigten Speisen und Stoffe im Psychischen zu verschaffen, suchen sie sich auf materiellem Weg eine Befriedigung zu geben.

Denkt allezeit daran: Eure Atome haben durch Integration all dies gelernt, was existiert. Wir alle haben Dimension für Dimension und Lebensform für Lebensform als Atom durchwandert. Wir haben uns integriert und durch die Integration Wissen und Verstehen erlangt über das Reich der Tiere, der Pflanzen, der Mineralien und über alles, was ist. Und so der Mensch – herangebildet als eine vollkommene Seele, als bewußtes, erwachendes Individuum – nun in den Bereich der irdischen Menschenwelt kommt, sind die natürlichen Reflexe, die ihr bei euren Säuglingen beobachten könnt, die ihr bei allen sensiblen Menschen beobachten könnt, lediglich der Ausdruck einer Verzweiflung, hier wiederum nachzuvollziehen, was vertraut ist von alters her. Da sie sich selbst nicht in die Materie integrieren können, weil sie nun selbst Materie geworden sind, versuchen sie, die Materie in sich zu integrieren.

So also ein Bedürfnis nach Nahrungsaufnahme besteht, obschon weder Hunger noch Verlangen hiernach aus körperlicher Sicht vorhanden ist, ist dies dem Menschen ein unbewußter Akt, auf diese Weise einen Ersatz zu finden für die Form des Lernens, für die Form der geistigen Ernährung, die ihm hier auf der Erde so sehr erschwert wird. Dies also ist der Urgrund, warum Menschen, die in einer hochsensiblen Weise ihr eigenes Wesen geprägt haben und versuchen, ihren Wissensdurst zu löschen, diesen aber nicht auf der Erde befriedigen können, bemüht sind, dies über die physische Nahrung zu tun.

So nun also mehr der Nahrung in den Körper gegeben wird, als die physische Form für ihre Tätigkeit und ihren Erhalt benötigt, werden diese aufgenommenen Nahrungsteile manifestiert, gespeichert. Und es liegt die Gefahr für den Menschen darin, daß er sich hier einen Boden erschafft, in welchem er die Gifte, die er eben über diese Nahrung, aber auch in anderer Form zu sicht nimmt, festhält.

So ihr also atmet und der Raum eures Äthers nicht nur den benötigten Sauerstoff enthält, sondern eine Vielzahl der von euch erschaffenen Gifte; so ihr also eine Vielzahl von Substanzen zu euch nehmt aus dem Bereich der Medikamente; und so ihr also eine Vielzahl von Nahrungsmitteln zu euch nehmt, die in sich ebenso das Gift tragen, werden die hier in den Körper eingeführten Gifte abgelagert, und es sind ebendiese Zellen, die ihr das Fett nennt, jener Boden, der diese Gifte festzuhalten vermag.

So ist der Rat von Santus, daß all jene, die bei sich zuviel des Gewichtes haben, nicht beginnen, sich des Essens zu erwehren, sondern suchen, sich die geistige Nahrung, das Wasser des Lebens zuzuführen. Und so hier in genügendem Maße den Bedürfnissen der Seele und des Geistes entsprochen worden ist, soll der physische Mensch in der Auswahl seiner Nahrungsmittel und der Flüssigkeiten, die er in physischer Form zu sich nimmt, den allerhöchsten Anspruch stellen. Seid wählerisch und gebt eurem physischen Körper nur das Reine und das Beste und tut dies mit Freude und in dem Bewußtsein, daß es dazu dienen soll, den physischen Leib in seiner Harmonie, in seiner Kraft, in seiner Gesundheit zu erhalten.

Damit ihr weiterhin mit eurer Mutter Erde und der Heimat des physischen Daseins in einer natürlichen, harmonischen Zirkulation und Verbindung bleiben könnt, beginnt, eure Speisen und Getränke auf das kritischste auszuwählen und zu überprüfen, und werdet euch jeden Augenblick dessen gewahr, daß im Inwendigsten dieses äußeren irdischen Gefäßes ein heiliges Licht wohnt, welches ihr nicht betrüben sollt.

So eßt und trinkt in dem Maß, wie ihr Hunger verspürt, und erkennt den Hunger und den Durst und das Bedürfnis nach Schlafen und das Bedürfnis nach Zärtlichkeit und körperlichem Austausch als die natürlichen, lebensnotwendigen Signale, die eure Seele über die Sprache des Körpers an den menschlichen Verstand vermittelt, und werdet diesen mit Maß und Ziel, in Ehrfurcht, in Liebe und in Freude gerecht.

Es ist also das übermäßige Essen ein Ersatz für dieses, was der physische Mensch nicht auf dieser Erdenwelt zu finden glaubt. Und es ist leider die Wahrheit, daß die wahren Lehren und die reinen Speisen in nur geringem Maß auf eurer Erde in dieser Zeit zu finden sind. Es ist dies aber eine Zeit, die einen neuen Morgen angekündigt hat. Und es ist dies eine Zeit, da der Erdenmensch begonnen hat, aus einem geistigen Schlaf zu erwachen und nach und nach sich zu erinnern. Und dies bedeutet, daß in etliche Köpfe der Menschen auf dieser Erdenwelt bereits eine Erkenntnis, ein Wunsch und eine Entscheidung gegeben worden ist, auf dieser Erdenwelt dafür Sorge zu tragen, jene Nahrungsmittel zu kreieren, die heilend, ausgleichend und entgiftend sind.

Es sind ebenso Menschen erwacht, die die geistige Speise ohne das Gift zu reichen wissen, ohne die Unwahrheit. So also wird der Tisch auf der Erdenwelt wieder gedeckt, und es soll der physische Mensch beginnen, alles, was ist, in einer kritischen, aufmerksamen Weise zu prüfen, um dann für sich zu entscheiden, was ihm zum Guten, was ihm zum Unguten dient.

Jeder Mensch ist in seiner Ausdrucksform, in seinem Wesen einzigartig und unwiederholbar. Aus diesem Grund vermag jeder Mensch nur für sich selbst allein zu entscheiden, zu empfinden, was, wann und wieviel er benötigt, um seinen Körper, seinen Geist und seine Seele in Harmonie und Gesundheit zu erhalten. Weil nun aber die Vielzahl der eingenommenen Gifte die Empfindungen des Menschen in großem Maße gestört hat und weil die biologischen Rhythmen und Energieabläufe vom Menschen nicht mehr wahrgenommen werden, ist er kaum noch befähigt, zu erkennen, wieviel Schlaf er benötigt, wieviel Speise er benötigt und welches von alledem in welcher Form ihm zum Guten dient.

So also ist der erste Schritt, den Blick nach innen zu richten, um auf ein neues die Sprache des Körpers zu erlernen und die Signale der Seele, die über den Körper an den Menschen vermittelt werden, verstehen zu lernen und dieser inneren, individuellen, natürlichen Uhr der Bedürfnisse zu folgen – daß ihr also dann eßt, wenn aus dem Körper das Signal des Hungers zu euch kommt; daß ihr dann eßt in dem Maß, bis ihr spürt, daß der Körper angefüllt und befriedigt ist, und nicht darüber hinaus; und daß ihr in dem Bewußtsein eßt, diesem eurem Körper nur das Gute zu geben.

Lernt also, eure Körpersprache auf ein neues wahrzunehmen, zu verstehen und dieser Sprache in angemessener Weise zu antworten, indem ihr euch so verhaltet, wie es euch zum Guten dient, und danach lernt, euren Körper zu lieben, ihn zu akzeptieren, gleich wie er sich im Äußeren zu präsentieren vermag. Denn ihr sollt nicht richten und urteilen über euch selbst und auch nicht über den, der neben euch ist. Dies habt ihr bereits vernommen.

Lebt dies auch auf der Ebene der physischen Ernährung. Akzeptiert euren Körper und darüber hinaus beginnt, euch in eurem menschlichen Verständnis zu erziehen, diesen Körper nicht nur anzuerkennen, seinen Bedürfnissen gerecht zu werden, sondern ihn zu lieben, indem ihr ihn als die sichtbare Erscheinungsform von göttlicher Liebe und göttlicher Weisheit versteht, indem ihr euch erinnert, daß ihr auf diesen Erdenboden gekommen seid, um den göttlichen Geist auch innerhalb der Materie zu verankern und diese hierdurch zu veredeln.

So ihr euren Körper liebt, wird er hierauf antworten, so wie er bereits geantwortet hat auf euer Verurteilen und auf eure Ablehnung. Nicht indem ihr in Extreme verfallt – daß ihr Phasen habt, wo ihr zuviel des Essens habt und danach wieder zuwenig – sucht Harmonie auch in eurem biologischen Geschehen zu befestigen, indem ihr lernt, auszuwägen und maßzuhalten und gleichmäßig dem Körper die Nahrung zuzuführen, ebendann zu jener Zeit, wenn er sie braucht.

Ihr sollt also wählerisch sein mit diesem, was ihr lernt, mit diesem, was ihr hört, was ihr entscheiden sollt, wohin ihr eure Ohren öffnet, denn auch dies ist eine Form der Ernährung, und indem ihr darauf achtet, welche Bilder, welche Eindrücke eurem physischen Auge begegnen, indem ihr in allem kritisch, wählerisch und selektierend seid – daß ihr aufnehmt und öffnet dann, wenn ihr spürt, seht und hört, dies ist zum Guten, und daß ihr verschließt und ablehnt, wenn ihr spürt, seht und hört, daß es euch zum Schaden ist. Es sucht also eure Seele durch euren Körper dies zu vermitteln, was nötig ist, auf daß alles – Geist, Körper und Seele – in Gesundheit, in Harmonie und im Ausgleich ist.

Nur ein Mensch, der sich selbst liebt, nicht in hochmütiger, egoistischer Weise, sondern nach dem von Gott gegebenen Gesetz, und hierdurch ein Bekenntnis seines Glaubens und seiner Liebe zur Schöpfung und zu Gott selbst gibt, wird gesunden, wird lernen, aus dieser Liebe zu sich selbst – indem er weiß, daß er durch diese Liebe Gott, dem Leben und der Schöpfung dient – nur dieses zu sich zu nehmen und jenes zu tun, was allem zum Guten dient.

So ihr also eure Speisen auswählt und aussucht und so ich euch ermuntert habe, anspruchsvoll und wählerisch zu sein, so ist damit nicht gemeint, daß jene Köstlichkeiten, die aus dem Komplizierten, aus dem Vielschichtigen geboren sind, diesem Anspruch gerecht werden. Eine Speise ist erlesen und gut, so sie rein ist und so sie die Fähigkeit hat, euch in das Gleichgewicht eures Wesens zu bringen, und so sie die Fähigkeit hat, eure physischen Kräfte zu erneuern, und so sie die Fähigkeit hat, euren Geist in einer Klarheit zu erhalten und eure Konzentration auszudehnen und zu vertiefen.

Dies sind die Anforderungen, die ihr an eure Speisen stellen sollt. Und so es euch nicht möglich ist, an solche Speisen zu gelangen, nehmt dies, was euch möglich ist zu bekommen, und segnet es und werdet euch der Schöpferkraft bewußt, die durch das göttliche Bewußtsein und den Gnadenfunken aus Gott in euch wohnt. Diesen aktiviert – und aus diesem inwendigsten Geistesfeuer der göttlichen Liebe und Weisheit lenkt die Kraft aus eurem Inneren durch eure Augen auf dieses, was ihr zu reinigen wünscht von allem, was schädlich ist. Sprecht ein Gebet. Segnet das Essen. Suche ein jeder selbst seine individuelle, ihm angenehme Form, in welcher Weise er diese Speise zu reinigen wünscht. Doch seid und bleibt euch allezeit bewußt, daß ihr Schöpfer seid und daß göttliche Kraft in euch vorhanden ist, welche umzuwandeln und zu reinigen vermag.

Dies ist, was Santus euch aus dem Bereich der geistigen Ärzteschaft über die Ernährung und über das Zuviel der Nahrungsaufnahme zu sagen hat.

So danke ich euch für eure geöffneten Ohren und ich danke euch darüber hinaus für eure geöffneten Herzen und den Entschluß, den ihr bereits gefaßt habt, meinem Rat zu folgen.

Segen über euch! In großer Freude und in Dankbarkeit nehme ich, Santus, der geistige Arzt, Abschied. Gott zum Gruße!

Das göttliche Prinzip der Barmherzigkeit

Raphael und Acralia
11. Mai 2001 in Kißlegg

Hörbuch (CD)
ISBN 978-3-935173-26-1

Gott zum Gruße! Ich bin Raphael und ich bin ebenso Acralia. Wir sind zwei und dennoch eins, ebenso wie Barmherzigkeit die Schwester der Gnade ist. Wie die Gnade nicht ohne die Barmherzigkeit zu wirken vermag, so vermag ich, Raphael, nicht ohne den Teil meines anderen Seins, Acralia, zu wirken.

In großer Freude heiße ich euch auf das herzlichste willkommen, denn ich bin gesendet, um euch über das Prinzip der Barmherzigkeit Verständnis zu geben. Denn eben mir ist dieser Bereich anvertraut. Und ich bin unablässig einen jeden Augenblick meines Seins bemüht, dieser hohen Aufgabe in Ehrfurcht, in Liebe und in Freude gerecht zu werden.

So ihr also nun beisammen seid, so ihr zusammengerückt seid im engen Kreise eures Hierseins*, erkennt hierin bereits die erste Stunde des Lernens, denn da wir uns in den kommenden Stunden auseinandersetzen werden darüber, was Barmherzigkeit ist und in welcher Weise sie wirksam ist, in welcher Weise sie von einem jeden von euch empfangen werden kann, in welcher Weise ihr sie dann weitergeben könnt, so wird euch dies nur möglich sein, wenn ihr willens seid, euch in gegenseitiger Liebe und Achtung anzunehmen, euch anzuerkennen und ebenso in ein ungeteiltes Einssein zu verschmelzen, wie dies bei der Gnade mit der Barmherzigkeit der Fall ist, wie dies bei der Liebe mit der Weisheit ist, und wie dies der Fall ist zwischen Acralia und mir, dem Raphael.

Erst aus dem vollkommenen Einssein, in Liebe verbunden, ungetrennt mit dem Wesen Gottes und so in die Wirksamkeit aller göttlichen Gesetze eingebunden, ist es uns Engelwesen und ist es euch Menschen auf der Erdenwelt möglich, Barmherzigkeit zu empfangen oder aber Barmherzigkeit zu geben. Und eben dies ist die Sinnhaftigkeit dieses Lernens, daß ein jeder, der hierher gekommen ist, nicht nur für sich selbst Barmherzigkeit erfahre, sondern daß ihr lernt, diese in großem Maße

* Im Kreis der Teilnehmer des TerrAmor-Seminars.

weiterzugeben über die Grenzen des Sichtbaren und dieser stofflichen Welt hinaus in jene Bereiche, die eurem physischen Auge noch nicht offenbar geworden sind.

So ihr also helfen wollt, weil ein jeder sich berufen hat, ein Diener zu sein, und weil ein jeder wünscht, in dieser oder einer anderen Form den Dienst der Liebe zu tun, muß zuvor das Gesetz – nach eurem Verständnis die Bedingung – erkannt und verstanden werden, damit euer Liebesdienst und euer Helfenwollen sich nicht nur auf die Kraft des Willens berufen muß, sondern sich der Größe und der Macht der Barmherzigkeit zu bedienen weiß. So ihr einen Raum baut, der euch die Heimat, das Zuhause geben soll, und ihr hierüber ein Dach des Schutzes errichtet aus euren Gebeten, aus euren Wünschen, aus dem Wissen und Verstehen um den Lauf und das Gesetz der Energie, und dennoch ihr nicht in eurem Herzen fähig und willens seid, Barmherzigkeit in eurem Leben zu üben, so wird dieses Dach des Schutzes aus den Energien, aus den Wünschen und aus den Gebeten nur in begrenzter Weise fähig sein, diesen Dienst zu tun.

Barmherzigkeit zu leben bedeutet nicht, den materiellen Reichtum zu teilen. Barmherzigkeit bedeutet nicht, Hilfe zu geben, weil dies aus eurem verstandesmäßigen Einsehen notwendig und wichtig ist. All dies sind nur die äußeren Formen, da Barmherzigkeit in eine Tätigkeit gelangt. Barmherzigkeit ist vielmehr, im Innersten des eigenen Herzens ein so großes Mitgefühl zu erfassen für einen, der da glaubt, verloren zu sein, für einen, der da glaubt, niemals Gnade erlangen zu können, ausgeschlossen zu sein von Hilfe, von Hoffnung und Liebe. Und so ihr lernt, solch einem Menschen in einer ungeteilten Barmherzigkeit gegenüberzutreten, was bedeutet, daß euer Herz augenblicklich erfaßt wird von einer übergroßen Liebe, von einer übergroßen Weise des Wünschens, diesem Menschen Segen und Hilfe zu sein, um ihn aus seiner Not zu befreien, so ist die Tiefe und die Reinheit eures Wunsches, helfen zu können und helfen zu dürfen, die eigentliche Barmherzigkeit, die ihr im Geiste in Tätigkeit gesetzt habt. Und sodann kann und wird dieses Gesetz aus sich selber für euch und für den, der diese Barmherzigkeit empfangen soll, wirken.

So also ein Mensch durch sein Handeln und Leben Leid, Not, Kummer und vieles mehr auf sich gezogen hat und so dieser Mensch nun im Durchleben der Ernten all seiner Aussaat ist und sich mehr und mehr in

Tränen und in Schmerzen verstrickt, so daß es ihm aus dieser Dunkelheit nicht möglich ist, den Weg, die Rettung, die Veränderung zu erkennen; und so ihr hinantretet an so einen Menschen und ihr von außerhalb erkennen könnt, was sich hier vollzieht, und ihr wünscht um eures Verstandes, um eurer Ehre willen, hier ein Helfer und ein Diener zu sein, so wird diese Hilfe nur teilhaftig sein, so wird dieser euer Wunsch und so werden eure Taten nur wenig und begrenzt hineingreifen können in das Leben dieses Menschen.

So ihr euch aber erbarmt und so euer Herz augenblicklich den Schmerz teilt, der da empfunden wird, ohne daß ihr euch darin verliert; so ihr gelernt habt, über das Mitgefühl das Leid des anderen zu besiegen; so ihr gelernt habt, daß die große Trauer und der große Schmerz nicht fähig sind, euch ebenfalls hinabzuziehen ins Reich des Vergessens, sondern daß ihr standhaft bleibt, daß ihr nicht leidet, sondern daß ihr fühlt, daß ihr versteht und daß ihr nicht richtet und urteilt, sondern daß ihr euch erbarmt – so bedeutet Erbarmen in diesem Augenblick, mit allen Fasern eures Seins zu wünschen und diesen Wunsch über alles zu setzen, was ihr augenblicklich zu empfinden und zu denken fähig seid; daß ihr also wünscht aus ganzem Herzen, daß dieser Seele Rettung zuteil werde. Dies ist Barmherzigkeit.

So habt ihr das Gesetz der Barmherzigkeit berührt und dadurch bewirkt, daß dieses Prinzip sich augenblicklich nach seinem innewohnenden Gesetz betätigt und also für euch und für diesen Menschen zum Guten wirken wird, so daß alsbald die Lösung, die Rettung zutage tritt. Dies also ist Erbarmen, daß ihr in dem Augenblick, da ihr einer Seele gegenübertretet, die da im Leiden ist, euch selbst in euren Bedürfnissen, in euren eigenen Nöten und Wünschen vollkommen vergeßt und nur noch ein einziger Wunsch in euch lebt, diesem Menschen helfen zu dürfen, für diesen Menschen mit allen Fasern eures Seins die Hilfen zu erbitten. So lebt ihr Barmherzigkeit und so tritt Gnade in das Leben dieses leidenden Menschen ein, der augenblicklich nicht mehr dem Gesetz von Ursache und Wirkung unterworfen ist, sondern dem dann geholfen werden kann, aus den Verstrickungen seiner eigenen Bande herauszutreten und frei zu sein.

So ihr also ein Dach erbaut aus dem geistigen und göttlichen Licht, so ihr Energien zusammenfügt und sie in das Gesetz des Schutzes befehlt und ihr dies tut nur aus einem verstandesmäßigen Denken und Wünschen, da ihr es nur vollzieht aus der Überzeugung eures linearen Denkens, kann und wird dieser Schutz nur ein bedingter sein, denn aus dem Bedingten ist er geboren, und eben deshalb kann und wird diese Weise seines Wirkens bedingt sein.

So ihr aber in bedingungsloser Barmherzigkeit mit allen Fasern eures Menschseins wünscht, daß dieses von euch errichtete geistige Schutzdach nicht nur euch zum höheren Wohl, zum Segen und zum Schutz dient, sondern eurem himmlischen Vater zur Ehre gereichen soll und allem Leben, was ist, zum Guten dienen soll; so hierdurch die Schöpfung gesegnet und geschützt ist, so habt ihr euch erbarmt, denn ihr habt nicht an euch selbst nur gedacht, sondern habt gewünscht, allem ein Diener des Segens und des Schutzes zu sein.

So habt ihr euch erbarmt all dessen, was an Leiden und Dunkelheit um euch und auf dieser Erde ist – obschon ihr wißt, weil ihr gelernt und verstanden habt, daß ein jedwedes Leid und jedwede Dunkelheit ebenso nach dem Gesetz sich vollzieht und nur dort Anker werfen kann, wo das Gesetz verletzt wurde, wo die Menschen aus sich selbst aus unterschiedlicher Begründung dieses Leid auf sich gezogen haben. So habt ihr dennoch hier Barmherzigkeit walten lassen, und ihr verurteilt diese Menschen nicht über ihre Fehltritte und schließt sie nicht aus eurer Gemeinschaft aus und entzieht ihnen nicht eure Liebe, sondern erbarmt euch in ebenjener Weise, die vollkommen ist.

So also erbaue ein jeder unter euch für jene Wohnstatt, in der er sich manifestiert hat, ein Dach des Schutzes nicht aus dem Bestreben, allein hier geschützt und abgeschirmt zu sein von all dem, was euch unliebsam ist, sondern es erbaue ein jeder ein Dach des Schutzes über seinem Haupt, über dem Kreis seiner Familie und über seiner Wohnstatt mit dem Ansinnen, hier einen Ort zu erbauen, der allem Leben zum Segen und zum Schutz dient, so daß euer eigenes Sein, so daß der Kreis eurer Familie, so daß eure Heimstatt das lebendige, sichtbare Zeichen des göttlichen Segens ist. Und so ein Mensch von außerhalb hineintritt in diesen Kreis des Segens und weilt unter dem Dach des Schutzes, welches aus Liebe und Weisheit und durch die Kraft der Barmherzigkeit gewoben worden ist, so wird einer jeden Seele durch diesen Zutritt in euer Haus ebenso Segen und Barmherzigkeit zuteil.

Es ist die Barmherzigkeit ein goldener Schlüssel, welcher viele für euch noch verschlossene Bereiche zu öffnen weiß. Und obschon ihr vieles gelernt habt und obschon ihr tausendfältig bemüht gewesen seid, hierhin und dorthin zu gelangen, in ein höheres Verständnis, in eine bessere Form des Lebens, ist euch dies viele Male nicht geglückt, denn ihr habt euch den Schlüssel der Barmherzigkeit noch nicht erworben. Es ist also Barmherzigkeit nicht das Teilen des eigenen Reichtums, der eigenen Güter. Wollt ihr wahrhaftig barmherzig sein, gebt nicht den halben Mantel, gebt nicht die Hälfte des Holzes, um hieraus Wärme zu gewinnen, und gebt nicht die Hälfte des Brotes, um den Hunger des anderen zu stillen – gebt ungeteilt und ungeachtet der eigenen Bedürfnisse dies, was bei euch ist, gebt es in Liebe aus Barmherzigkeit und fürchtet nicht einen Augenblick, daß ihr deswegen selbst eine Not oder einen Schaden erleiden werdet.

So also ist die Barmherzigkeit höher noch als das Vertrauen, und es weiß die Barmherzigkeit Welten zu bewegen und Dimensionen zu verändern. Es ist in allen Dimensionen stets ein Ort der Barmherzigkeit errichtet.

Einstmals im Anbeginn der irdischen Zeit war auch auf dieser Erdenwelt ein Ort der Barmherzigkeit. Dieser ist euch vertraut als das Paradies, welches der Garten Eden genannt wurde. Hier war göttliche Barmherzigkeit manifestiert und sichtbar in der äußeren Erscheinungswelt, denn alles war vollkommen und war in Reichtum und Fülle vorhanden, was dem Menschen nötig war, um seinen physischen Leib zu erhalten, um seine Seele zu erfreuen und seinen Geist auszudehnen und weiter zu lernen. Es hat der Erdenmensch sich dieser Gnade, dieser Barmherzigkeit nicht würdig erwiesen. Dennoch gibt es auf dieser Erdenwelt einen Ort, wo Barmherzigkeit allezeit wirksam ist, wo der Erdenmensch Gnade, wo er Barmherzigkeit und Erlösung finden kann und finden darf.

So also gibt es in den astralen Welten, in jenen Bereichen, da die Seelen ohne den physischen Körper sind, ebenso einen Ort, wo Barmherzigkeit und Gnade manifestiert sind, um all jenen Seelen, die in Reue und aus großer Not bittend herantreten, Erlösung zuteil werden zu lassen. So wißt, es ist dies ein Ort im astralen Bereich, den wir Bethesda nennen, ein Garten von großer Herrlichkeit und Schönheit, so daß die Seelen ihn erschauen und gleichsam an dieser Schönheit und durch diese Schönheit gesunden. Mitten in diesem Garten ist ein See, aufgefüllt mit klarstem Wasser. Es ist das Elixier der Wahrheit. Und so eine Seele hinabtaucht in diesen kristallenen See, wird hierdurch augenblicklich jede Not und jedes Leid gelöscht. So werden also alle Schmerzen und Leiden vergessen und es gesunden die Seelen in jedweder Form in allen Teilen ihres eigenen Seins, die hinabtauchen dürfen in die kühlenden Fluten dieses kristallenen Sees im Garten Bethesda.

Ich, Raphael, stehe an den Toren des Gartens von Bethesda und wache mit meinem flammenden Schwert, so wie einstmals ein Cherubim wachte mit flammendem Schwert an den Toren des Gartens Eden. Und ich, Raphael, stehe ebenso an der Schwelle hin zur fünften Dimension und bewache mit dem flammenden Schwert der Wahrheit dieses, welches das Reich der göttlichen Gnade ist.

So ihr also das Gesetz der Barmherzigkeit begreifen wollt, so rate ich euch, dieses Gesetz zu tun, was bedeutet, daß ihr Barmherzigkeit lebt, daß ihr sie übt. Wir haben ein großes Feld des Übens für euch ausgebreitet.* Deshalb spreche ich in dieser Weise zu euch. Denn ihr müßt wissen, der See im Garten Bethesda ist verschlossen, und keiner Seele ist es möglich, dorthin zu gelangen aus eigener Kraft. Es bedarf einer Gnade, daß diese Tore geöffnet werden. Und auch mir, Raphael, obschon ich diesen Ort bewache, ist es nicht erlaubt, die Tore von Bethesda zu öffnen.

So aber Gott, der himmlische Vater, das Leiden, die Not und die Verzweiflung sieht, und so Gott, der Vater, erkennt, daß diese Kinder in der Dunkelheit so tief in ihrem Schmerz verloren sind, daß sie nicht aus eigener Kraft fähig sind, um diese Gnade zu bitten, sendet also der himmlische Vater Seine Boten aus. Also bin ich, Raphael, mitten unter euch, um euch zu bitten, daß ihr Barmherzigkeit übt an jenen Seelen, die da vergessen sind, die da verloren sind im eigenen Schmerz und die nicht fähig sind, sich ihrer Leiden zu entheben.

Ein großes Heer jener Seelen, die einstmals an ihren physischen Leib Hand angelegt haben, um ihrem irdischen Dasein ein Ende zu bereiten, wartet seit Unendlichkeiten von Zeitabläufen, gekettet an die Dunkelheit, gebunden an das Vergessen, verloren in der Verzweiflung. Und so sie nicht wissen um den See in Bethesda und so sie nicht wissen um eine Gnade und Barmherzigkeit, die möglich ist, bedarf es eines barmherzi-

* Im Laufe dieses Seminars wurden die Teilnehmer in eine Übung geführt, in der sie Barmherzigkeit anwenden konnten.

gen, offenen Herzens, bedarf es eines bittenden Mundes, bedarf es einer willigen Seele, die bereit ist, all dies im Namen der verlorenen Seelen zu tun.

Ich spreche zu euch im Namen dessen, der mich gesendet hat. Und es ist dieser jener, der Barmherzigkeit nicht nur gelebt hat, sondern der sie selber ist. Also wird jener kommen. Und so ihr fähig und willens seid, euch in gegenseitiger, ungeteilter Liebe untereinander zu verbinden, wird er euch führen in jenen Bereich der verlorenen Seelen, auf daß ihr lernt, in diesen Ebenen zu wirken, auf daß ihr tätig werdet als Diener und Helfer, zu denen ihr euch berufen habt, und daß ihr sie hinauf in das Licht zieht, aus dem Schlamm der Dunkelheit – jene, die da rufen so lange schon.

So also wird der König der Könige kommen und die Tore von Bethesda öffnen, und ihr werdet sie hineinführen – jene, die glauben, daß sie auf ewig verloren sind. Und ihr sollt sie hinabtauchen in das Wasser der Wahrheit, auf daß sie verstehen, wer sie sind, und Gott wird abwischen jedwede Schuld und jedweden Schmerz. Und ihr sollt hierbei Diener und Helfer sein. Und dies wird möglich nur, so ihr Barmherzigkeit übt.

Ich, Raphael, bitte euch also, daß ihr in den Stunden dieses gemeinsamen Lernens und Wirkens bedächtig seid in allem, was ihr tut. Meidet den Einfluß des Alkohols, so ihr in diesem Bereich wirken wollt im Segen. Meidet jedes Wort der Unliebe und verweist jeden unlauteren Gedanken aus eurem Kopf. Und seid bestrebt noch mehr als zuvor, euch untereinander als Brüder und Schwestern anzuerkennen und euch als solche zu begegnen. Verbindet euch in euren Herzen und laßt diesen Wunsch, Barmherzigkeit selbst zu erfahren und Barmherzigkeit selber zu tun, das Licht dieser Tage sein, welches euch den Weg dieser Arbeit erleuchtet.

Es wird Bethesda also nur geöffnet, so hierum gebeten wird um der Barmherzigkeit willen, nicht um selbst einen Vorteil zu haben, nicht um eine Neugier zu befriedigen und nicht um das Wissen zu erhöhen und das Lernen auszudehnen und das Verstehen zu vergrößern. Einzig und allein aufrichtige, uneingeschränkte Barmherzigkeit wird es ermöglichen, daß Gott, der himmlische Vater, bereit ist, diese verschlossenen Gnadentore zu öffnen, um jenen Seelen Einlaß zu gewähren, die gefangen durch Kummer und Schmerz und eigene Schuld im Dunkeln wandeln.

Dies ist die Stunde, da ihr lernen und verstehen sollt, daß Glückseligkeit und der höchste Lohn, den es zu empfangen gilt, nicht im Bereichern und Erfüllen der eigenen Wünsche liegt, sondern daß es eine Glückseligkeit gibt, die nicht zu übertreffen ist und die einzig und allein im Dienen zu erfahren ist, da ihr gebt aus ungeteiltem Herzen und euch selbst darüber vergeßt, da ihr wünscht aus der Tiefe eures Seins, diese Seelen zu befreien.

Denn allesamt sind es Seelen, die gelitten haben schon während der Erdenlebenszeit, die in jener Zeit weder Liebe noch Hilfe noch Erkennen und Verstehen erfahren haben. Und es ist ein großer Teil jener, die glauben, verloren zu sein, aus diesem Leben gegangen, weil die Gesetze dieser menschlichen Welt und dieses, was Pflicht, Aufgabe und scheinbare Verantwortung ist, unerfüllbar gewesen ist. Es sind diese Menschen fortgegangen aus diesem physischen Leben, weil sie das Licht verloren haben, weil die Hoffnung erstarb und weil kein Ausweg mehr zu sehen war.

Ihr aber, die ihr in großem Maße Licht und Liebe aus den geistigen Dimensionen empfangen habt, die ihr viele Male Gnade erfahren habt, seid nun gerufen, all dies, was ihr selbst empfangen habt, selbstlos und barmherzig weiterzugeben. Gebt Zeugnis von der Liebe und dem Licht, indem ihr selber dieses Licht in der Dunkelheit jener, die verzweifelt sind, seid. Gebt eurem himmlischen Vater Dank und Ehre, indem ihr Barmherzigkeit übt, indem ihr erhobenen Hauptes hineintretet in dieses Reich der Vergessenen, indem ihr leuchtet gleich wie ein Stern und besser noch als eine große Sonne, so daß diese Seelen nicht glauben müssen, sondern wahrhaftig sehen: Es gibt das Licht, es gibt die Liebe, und es lebt die Barmherzigkeit. So seid ihr also Diener, und es wird euch dieser Liebesdienst nie gereuen. Der Lohn hierfür wird einer sein, für dessen Beschreibung Menschenworte nicht genügen.

So segne ich euch im Namen des Königs der Könige. So segne ich euch im Namen dessen, der da ist das Wasser im See Bethesda: das Wasser der Wahrheit. Und ich segne euch im Namen dessen, der da ebenso ist Liebe und Barmherzigkeit.

Wir haben ein Vielfältiges vorbereitet, um gemeinsam mit euch dieses Fest der Befreiung zu tun. [* nachfolgende Seite] Nun nutzt auch ihr die Stunde, auf daß ihr euch würdig erweist und euch ebenso vorbereitet. Meidet also den Einfluß des Alkohols und meidet jedweden Gedanken des Unguten und verbindet euch untereinander und miteinander in Liebe und habt für einander stets Barmherzigkeit.

Segen über euch! Es sprach in tiefem Berührtsein und dennoch in großer Freude Raphael und Acralia. Gott zum Gruße!

* [vorhergehende Seite] Die Befreiung verzweifelter Seelen in den astralen Welten aus ihrem hoffnungslosen Zustand durch einen gemeinsamen Akt der Barmherzigkeit.

Das heilige Elixier der göttlichen Weisheit

Zuriel und Helia
10. Juni 2001 in Kißlegg

Hörbuch (CD)
ISBN 978-3-935173-31-5

Gott zum Gruße! Ich bin Zuriel-Helia, welcher als Bote vor jenen Toren steht, hinter denen die göttliche, vollkommene Weisheit manifestiert ist. Ich bin der Wächter, der berufen, der befähigt und befugt ist, das Reich der göttlichen Weisheit zu bewachen, den Ein- und Ausgang all dessen, was dieses Tor durchwandert, mit meinen Augen zu begleiten.

Ich, Zuriel, bin nicht nur ein Wächter. Ich bin ebenso ein Bote, der gewiesen ist, die göttliche Weisheit überall dorthin zu begleiten und dort zu manifestieren, da die Menschen gewachsen und reif geworden sind, dieses geheiligte Elixier auf ein Neues in das Bewußtsein des eigenen Wesens aufzunehmen und diese göttliche Weisheit sodann zu manifestieren und auszudehnen in jeder Zelle des Seins.

Es ist Helia jener Teil meines Wesens, den ich einstmals ausgesendet habe in die geistigen Sphären jener Welten, die euch als Sonnen vertraut sind. So also hat ein Aspekt meines Seins, während ich meinen heiligen Dienst der Wachsamkeit und des Aussendens als Zuriel vollzogen habe, andernorts Erfahrung gesammelt. Und so ist jener Aspekt meines Wesens, der nun an meine Seite zurückgekehrt ist als Helios, die Ergänzung meines Selbst, welche in den sphärischen und geistigen Ebenen aller Zentralsonnen gelernt hat, Weisheit im Ausdruck des geistigen Lichtes, im Wesen der wirkenden Kraft zu verstehen. Helia also wurde geschult in großer und tiefgreifender Weise von Helios, denn es ist die Weisheit stets ein Ausdruck sichtbar gewordener Kraft, die aus dem Geiste göttlichen Wissens und Verstehens kommt.

Die Menschen auf der Erde haben die Schwingung meines Bewußtseins vergessen, obschon ich einem jeden Erdenmenschen bis auf den tiefsten Grund seines Wesens vertraut bin. Aber die Qualität der Erdenzeit, die ihr alle viele Male durchlebt habt, hat euch mit ihren Schwingungen der Materie so sehr überdeckt, daß meine feinen Energien und Bewußtseinsausströmungen nur schwer in die Erinnerung eurer Seele zurückkehren konnten.

So ist Zuriel-Helia in großer Freude, heute das Anrecht genießen zu dürfen, euch auf ein Neues in eurem Unbewußten, in eurer Erinnerung berühren zu dürfen. Denn diese Erde hat verhindert, daß ihr lernen konntet, in einer Weise zu verstehen und zu begreifen, daß euch hieraus nicht nur Wissen, Intelligenz, verstandesmäßige Logik, sondern höhere Erkenntnis und göttliche Weisheit zugänglich war.

So wart ihr also über viele Zeiträume gebunden, gefangen von den dichten und tiefen Schwingungen dieser Erdenwelt, die euch eine Knechtschaft auferlegt hat, euren Geist zu spalten und jenen Teil in euch zu vergessen, der eben das Höhere, das Wissendere, das Verstehendere ist. Und ihr wurdet eingeschränkt in eurer Weise des Lernens, Begreifens und Verstehens. Denn euer Verständnis wurde geprägt durch die Strukturen dieser materiellen Schwingung. Dies also ist der Grund, warum ihr Zuriel-Helia beinahe vergessen habt.

Es ist euch vertraut und niemals das Vergessen hierüber gekommen, wer Michael ist, weil Michael einer ist, der da kämpft, und ihr auf der Erde gerufen wart zu kämpfen. Deshalb ist Michael einem jeden vertraut. Und es ist Uriel einer ebenso, der euch vertraut ist, da ihr auf der Erde die Ordnung lernen müßt und da ihr ohne das Einhalten der Ordnung nicht befähigt seid, weitere Schritte hin zur Weisheit zu tun. Die Weisheit aber aus Gott ist euch schwer zugänglich gewesen, eben weil die Energien auf der Erde träge sind.

Nun da ihr euch aber berufen habt, euren Geist zu öffnen, diese irdischen Fesseln und Grenzen zu sprengen, so ist dieser geistige Beschluß aus euch nicht ohne Wirkung geblieben. Eben deshalb ist Uriel, ist Michael, sind alle jene meine Brüder aus dem Geiste bei euch und mit euch, um euch in die Weisheit und schlußendlich in die Liebe zu führen.

Wißt aber, daß die Weisheit an sich als eine Braut zu verstehen ist, die sich vorbereitet für jenen großen Tag, da sie vermählt werden will und soll mit ihrem Bräutigam, der dieser Braut das Allerhöchste ist, was es zu erstreben gilt. Und es ist der Bräutigam dieser Braut die Liebe. So aber hier ein Verschmelzen und die Hochzeit stattfinden soll, muß die Braut vorbereitet werden. Und es ist eben dies jener Prozeß, daß die Braut durchwandert all die Stufen, um ein höheres Verständnis der göttlichen Ordnung zu erlernen, die sich in allen Bereichen und allen Universen, also sodann auch auf der physischen Erde, vollzieht. Und es lernt die Braut, um würdig für die Vermählung zu sein, ihren Willen in einer rechten Weise zu schulen, ihn in Demut anzuwenden und dennoch diesen eigenen Willen nicht knechten und unterdrücken zu lassen von jenen, die ebenbürtig sind, sei dies im Fleische oder im Geiste ebenso, und dennoch über dies hinaus den eigenen geheiligten, gereinigten und freien Willen in Freude unter den höheren Willen des himmlischen Vaters zu stellen.

Und sodann lernt die Braut, die sich vorbereitet für ihren großen Tag, in allem, was sie tut, gleich, wo sie sich befindet, ernsthaft zu sein, ihr ganzes Wesen, ihr Bewußtsein und ihre Kraft in alle Dinge ernsthaft hineinzulenken und ernsthaft sich zu bemühen, alles zu ergründen, was da ist – nicht um sich zu bereichern an eben jenem begrenzten Wissen, welches aus menschlichem Denken und aus den menschlichen Vorstellungen entspringt, sondern um das Höhere, das Allumfassende zu begreifen und zu verstehen.

Und so die künftige Braut an diesem Punkt angekommen ist, sind bereits viele Schulungen durchwandert, und es ist eben die Ernsthaftigkeit nicht nur der Ausdruck ihres Erkennens ob der Wichtigkeit dieses Prinzips, welches es zu verstehen, welches es zu leben gilt; sondern die Ernsthaftigkeit ist der Ausdruck des inneren Erkennens, daß all dies, was ist, einer höheren Bedeutung, einer größeren Ordnung, einem mächtigeren Willen folgt. Und aus dieser Ernsthaftigkeit heraus sucht die künftige Braut das Prinzip und das Gesetz der Ernsthaftigkeit in sich selbst zu integrieren.

Und es wird hieraus schlußendlich der Wunsch und das Sehnen geboren, wieder im Höchsten, im Reinsten und im Ungeteilten zu sein. Es ist der Anbeginn, daß die Seele wünscht, alles zu überwinden, alles Gewesene hinter sich zu lassen, um endlich zurückzukehren, eins zu werden, so wie es im Ursprung gewesen ist. Und es ist dieses Einswerden und Zurückkehren eben die Hochzeit, da Weisheit und Liebe sich vereinen.

So also die Ernsthaftigkeit nicht nur als Gesetz verstanden worden ist, sondern bewirkt hat, daß der Mensch bereit ist, das Irdische, Materielle und Begrenzende hinter sich zu lassen, um in Höheres, Geistigeres aufzusteigen, so wird die Braut viele Male geprüft durch das Gesetz der Geduld. Die Geduld ist jener Prüf- und Lehrmeister, der euch befähigt, größeres Vertrauen und tieferen Glauben zu entfalten hin zu dem Bräutigam, der euch erwartet. Und es wird euch Geduld auferlegt und abverlangt viele Male, damit ihr lernen müßt, dies loszulassen, was euch an Begrenzung bindet. Und dies sind die tieferen Schwingungen der materiellen Erdenwelt.

All die Ängste, die euch aus den Nöten des Materiellen geboren worden sind, werdet ihr überwinden und auflösen lernen müssen. Und es ist hierbei die Geduld jener Prüf- und Lehrmeister, der euch befähigen wird, am Ende dieser Schulung eben durch die Erfahrung der Geduld, durch die Erkenntnis, daß ihr begrenzt seid in eurem menschlichen Tun und Sein, euch endlich ab- und hingeben zu können an eine höhere Macht, eben an euren Schöpfer.

So werdet ihr in Lebenssituationen geführt, da ihr trotz eures ehrlichen Bemühens und eurer vielfältigen Anstrengungen nicht fähig seid, die Situationen, die euch bedrängen, aufzulösen. Es will der Lehrer der Geduld euch hierdurch übermitteln, daß ihr, nachdem ihr nach euren Möglichkeiten und Fähigkeiten alles getan habt, sodann aufgefordert seid, jedwede Vorstellung, jedwede Erwartung loszulassen, daß ihr die Verantwortung abgebt und daß ihr beginnt, Vertrauen, Liebe und Glauben zu entfalten für ebenjene höhere Macht, die bei euch und mit euch ist.

Und so ihr nicht mehr erwartet und nicht mehr Begrenzungen erschafft durch menschliche Vorstellungen, sondern vollkommen offen und frei euch hingebt im Vertrauen und aus der Liebe zu Gott, so wird die Geduld ein erkämpfter Wesenszug sein, der fortan bis in alle Ewigkeit eure Seelen und euren Geist zieren wird. Und es wird diese Geduld, die ihr euch erworben habt durch Schmerzen, leuchten wie ein ungetrübter Diamant in der Krone des ewigen Lebens, die ein jeder von euch eben am Tag der Hochzeit empfangen wird.

So ihr also die Prüfungen, die euch der Lehrmeister Geduld auferlegt, bestanden habt, so ihr also vertrauen könnt, so ihr alle Sorgen, Ängste und furchtsamen Erwartungen loslassen könnt und so ihr fähig seid, trotz alldem, was sich um euch im Unguten und scheinbar Bedrohlichen bewegt, mit einem hoffnungsfrohen Lächeln und einer unerschütterlichen Gewißheit auf euren himmlischen Vater zu vertrauen, zu wissen und zu glauben, daß Er euch niemals zuschanden kommen lassen wird – dann, wenn diese Frequenz in eurem menschlichen Bewußtsein manifestiert ist, seid ihr reif, als neue Bürger in das Reich der Barmherzigkeit einzuziehen, um dort als Könige und Priester zu leben und zu regieren und dieses Reich der Barmherzigkeit zu manifestieren, zu gestalten.

Und so ihr also im Reich der Barmherzigkeit weilt, so ihr also Bürger dieser Dimension geworden seid, werdet ihr all dieses, was ihr euch erworben habt – die höhere Erkenntnis um die Ordnung, das Wissen und Verstehen um den Willen, die Bedeutung der Ernsthaftigkeit und die große Stärke der Geduld – in diesem Reich der Barmherzigkeit offenbaren. Ihr werdet es leben aus einem Verständnis, welches ihr euch erworben habt durch gelebte Erfahrung an euch selbst. Und ihr werdet in diesem Reich der Barmherzigkeit die Barmherzigkeit selbst leben und tun.

So also wird aus diesem eurem neuen Lebensreich die Frequenz der Gnade in alle Himmel gesandt und wird sodann all jenen Reichen zum Segen, zum Trost, zur Hilfe und zur Erlösung dienen, die nach euch zu anderen Zeiten ebenso ein Reich der Barmherzigkeit begründen werden, die da noch lernen in der Ebene der Ordnung, die da noch verhaftet sind in der Erfahrung, die es zu tun gilt durch den Willen.

Dies ist, was geschehen wird. Dies ist der natürliche Werdegang und der geistige Wachstumsprozeß des Universums und des Lebens selbst. So wie ihr diesen Weg beschritten habt, die Stufen zu erlernen und die göttlichen Grundeigenschaften durch Erfahrung zu erleben und zu verstehen und diese sodann als eine Schwingungsfrequenz in eurem Bewußtsein zu manifestieren, so werden viele nach euch diesen Weg in gleicher Weise gehen. Denn auch euch sind viele voraufgegangen in ebendieser Entwicklung und auf diesem Weg.

Um also sich die Frequenz der göttlichen Weisheit erwerben zu können, bedarf es dieser Stufen, die unumgänglich sind, so die Braut zu ihrem Bräutigam finden will. Die Weisheit also ist im ersten gelebte, sichtbar gewordene Demut. In dieser Demut zeigt die Seele, so sie die Weisheit erworben hat, ihre Geduld, weil sie gelernt hat, das Prinzip der Geduld als eine geistige Kraft und eine seelische Zier zu verstehen und zu gebrauchen und dies in Würde zu tragen.

Und es ist ebenso die Weisheit, welche die Ernsthaftigkeit in allem Sein und in allem Tun ausdrückt – jedwedem eine Bedeutung beizumessen und allem, was ist, in Ernsthaftigkeit zu begegnen; den, der neben und mit euch ist, ernst zu nehmen in all seinen Nöten und Bedürfnissen, in seiner Schönheit ebenso wie in seinem noch Unerlösten. Und es ist ebenso die Weisheit, die den eigenen freien Willen ausdrückt, der durch seine Freiheit befähigt ist, in unbegrenzter Kraft zu wirken und dennoch aus ebendieser Weisheit zu erkennen, wann es Zeit ist, den eigenen Willen zu tun oder aber den höheren, göttlichen Willen in und durch sich wirken zu lassen.

So also drückt die Weisheit ebenso, da sie manifestiert ist im Wesen der Braut, das Selbstverständnis des Prinzips der Ordnung aus, denn die Weisheit wird nicht das Gesetz der Ordnung übertreten, weder im Irdischen noch im Geistigen. Und so die Weisheit alles gesammelt und erworben hat, in sich trägt und in sich manifestiert hat und all dies durch sie zum sichtbaren Ausdruck und zum Segen allen Seins wird, dann ist die Braut bereitet, sie ist geschmückt mit ihrem Hochzeitskleid, und es ist der Schmuck, den sie trägt, eben das Resultat ihrer gelebten Ordnung, ihres richtig verstandenen und eingesetzten Willens, ihrer Ernsthaftigkeit, ihrer Geduld und ihrer Barmherzigkeit.

Und sodann, da die Braut geschmückt ist und es noch einen Schritt zu tun gilt, daß denn das Prinzip der Liebe ebenso nicht nur anerkannt und verstanden, sondern gelebt wird, sich zum Ausdruck bringen kann in der Braut und durch die Braut – so also wird der Bräutigam erscheinen, welcher der Christus ist. Denn das Leben des Christus ist die Liebe. Und so die Weisheit sich zum Christus gesellt, so ist die Braut vollkommen, so ist sie daheim.

Heimzukehren in die Einheit bedeutet, würdig und reif zu werden, den Christus in sich zu offenbaren, Weisheit und Liebe zu offenbaren, Weisheit und Liebe zu sein. Weisheit und Liebe zu sein aber wiederum heißt, die Stufen dieser Lebensschule siegreich erklommen zu haben.

Dann also, so der Christus verankert ist, so Liebe und Weisheit zum Ausdruck kommen durch die Braut, erscheint der Bräutigam abermals. Es ist dies die Hochzeit nicht im Persönlichen. Es ist dies die Hochzeit in den Himmeln, von der euch gekündet war vor vielen Zeiten. Diesen großen, geheiligten Akt an dieser Stelle zu offenbaren ist mir aber noch nicht erlaubt. Dies wird euch zu einem Zeitpunkt erreichen, da ihr hierfür geöffnet seid und da ihr fähig seid, dieses große Mysterium und Geheimnis, welches bald aufs neue geoffenbart werden wird, in euer menschliches Verständnis aufzunehmen.

Seid also in großer Freude, denn der Weg, den ihr hinter euch gelassen habt, war dornenreich und schmerzvoll und wird einem jeden von euch zum Reichtum und zum Segen dienen. Es ist dies der Schmuck der Braut, der als Seelenzierde durch alle Dunkelheit in alle Himmel hineinleuchtet. Es sind die Sterne am Firmament, die ihr erschauen könnt, die überwundenen schmerzlichen Erfahrungen, aus denen ihr als Sieger und Überwinder hervorgegangen seid; die manifestiert sind am Himmel, sichtbar und leuchtend in göttlicher Kraft, und die all jenen zum Trost und zur Wegweisung dienen, die euch folgen werden. So schmückt ihr also das Himmelszelt. Und das Firmament zeugt von euren Spuren, die ihr hinterlassen habt und die auf ewig unauslöschlich sind.

Zuriel-Helia wacht über den goldenen Schlüssel, welcher die Tore zur göttlichen Weisheit verschließt. So ihr angekommen seid bei diesem Tor, will ich euch herzlich empfangen, und in Freude werde ich dann jenem Wink folgen, der mir gegeben wird von eurem Bräutigam, der da selbst die Weisheit ist. Und sodann werde ich aufschließen und ihr werdet eintreten und in dieser göttlichen Weisheit sein.

Lebt die Weisheit in dem Bewußtsein, daß alles aus dem Geist auch im Irdischen eine Entsprechung hat. Kämpft nicht um scheinbare Gerechtigkeit, sondern seid allezeit nur danach bestrebt, die Stufen, die Eigenschaften des göttlichen Wesens in euch zu manifestieren. Sucht nicht das Recht zu erwerben nach menschlicher Art und Weise. Dies gilt, so ihr noch auf der Stufe der Ordnung, des Willens und der Ernsthaftigkeit seid. So ihr aber Barmherzigkeit in euch manifestieren wollt und diese durch euch wirken soll, muß die Weisheit alles in euch beflügeln. Sucht also nicht nach dem Irdischen eure Aufgaben zu tun, sondern setzt darüber die Frequenz der Barmherzigkeit, die Kraft der Geduld. So wird die Weisheit bald in euch und bei euch sein.

So werden heute die Tore jenes Reiches geöffnet, in welchem die Quelle, der Ursprung der göttlichen Weisheit verankert ist, damit die göttliche Weisheit hinaustreten kann ganz unbegrenzt, um euer Menschsein zu erreichen.

Dies ist der Gnadenakt und dies ist das Geschenk, welches euer himmlischer Bräutigam euch heute durch mich sendet. Es ist das Geschenk des Bräutigams an seine Braut, die sich da vorbereitet. Und es drückt dieses Geschenk des Bräutigams sein Wohlgefallen aus, welches er an euch gefunden hat.

So also will ich, Zuriel-Helia, diesem Wohlgefallen an euch meine Liebe und meine Freude über all dieses hinzufügen. Segen! Ich nehme Abschied. Die Weisheit des Allerhöchsten sei und bleibe mit euch allezeit. Gott zum Gruße, Zuriel-Helia.

Der Weg der Schöpfung

Uriel und Urea
23. Juni 2001 in Kißlegg

Hörbuch (CD)
ISBN 978-3-935173-34-6

Welch ein geheiligter Augenblick, welch ein gesegneter Tag, da wir aufs neue das tiefe Geheimnis der Schöpfung offenbaren dürfen! Ich, Uriel-Urea, heiße euch herzlich willkommen im Namen dessen, der mich gesendet hat, im Namen dessen, aus dem alles ist.

Gott zum Gruße, die ihr euch begrenzt habt in euren Kräften und Möglichkeiten, weil ihr eure Seelen umgeben habt mit irdischem Fleisch, und die ihr sodann meint, deshalb nicht mehr frei zu sein. Wir bewachen eure Träume, in welchen eure Seelen bemüht sind, die irdischen Fesseln zu sprengen und die weltlichen Grenzen zu überwinden. In diesen Augenblicken erhebt sich eure Seele aus dem irdischen Gefäß eures Körpers und strebt sehnsuchtsvoll der Heimat entgegen. Und wir empfangen euch mit ausgebreiteten Armen, euch, die ihr unsere Kinder seid, aus Gott gezeugt, durch uns geoffenbart und in die Erscheinung getreten; die ihr hinabgestiegen seid in die Materie, um dadurch den großen Erlösungsplan zu vollziehen, alles loszulösen, was gebunden ist, alles zu erhellen, was im Dunklen verborgen ist, und zu erlösen, was vergessen geglaubt ist und verloren scheint. Hierfür habt ihr mit vielen Schmerzen bezahlt.

Es war und es ist Liebe der Grund gewesen, warum ihr uns verlassen habt. Eine tiefe, nicht mit menschlichen Worten zu benennende Liebe gab euch jene große Kraft und jenen großen Mut, aus dem Licht, aus der Sicherheit und der Wärme eurer Heimat fortzugehen.

Ich, Uriel-Urea, bin der Sprechende für all jene geistigen Eltern, die neben mir sind, und ich bin gewiesen, euch das Geheimnis heute aufs neue zu offenbaren, denn auch wir Engel – obschon wir von Anbeginn unserer Erschaffung in unserem Wesen vollkommen ähnlich dem Bilde Gottes gestaltet waren – mußten durch viele Stufen der Bewußtwerdung Reife und Erkenntnis erwerben. Wir, die Erstgeborenen aus dem Geist Gottes, waren in unserer Erscheinungsform, in unserem Wesen vollkommen rein. Wir waren und sind Licht, gesammeltes Leben aus Gott, eingefangene Weisheit aus Gott, manifestierte Liebe des Schöpfers, vereint als Wesen im Ausdruck der Engel, der erstgeborenen Söhne Gottes.

Unser Wesen also war äußerlich vollkommen, innerlich aber unbewußt. Und auch wir haben Äonen benötigt, um unser Bewußtsein zu entwickeln und alles zu verstehen, was da ist.

Gott, Urgrund allen Seins, unzählbar in Seinen Erscheinungsformen, unfaßbar in Seinem Wesen, war am Anbeginn der Zeit für uns Engel sichtbar im dunklen Raum der Leere als ein helles Licht. Und obschon der Geist Gottes, das Leben selbst, eine immerwährende, niemals endende, sprudelnde Quelle des Lebens ist und sich in unseren geistigen Gefilden offenbart als die ewigwährende Sonne des Lebens selbst, haben wir diese große Sonne, Quelle des Lebens, nur als ein kleines Licht erschaut, denn zwischen unserem Schöpfer und uns, den erstgeschaffenen Söhnen, war ein Raum der Leere, der Dunkelheit. Dies war der geistige Zustand unseres Bewußtseins in jener Zeit: äußerlich vollkommen, inwendig jedoch unwissend und leer.

Und Gott, unser Schöpfer, welchen wir als weitentferntes Licht nur wahrnehmen konnten, offenbarte uns Sein eigenes Wesen, offenbarte uns das Geheimnis der Schöpfung. Und wir begannen zu verstehen, und wir begannen, Bewußtsein in uns zu sammeln, und siehe: Der Raum zwischen Gott, dem Schöpfer, und uns, der einstmals dunkel und leer gewesen war, wurde erhellt, weil wir nach und nach erkannten und verstanden. Durch unsere Bewußtwerdung waren wir fortan also befähigt, das in uns aus Gott angesammelte Licht, aus welchem unser Wesen gestaltet ist, nach außen strömen zu lassen und damit den Raum um uns zu erhellen.

Als das Wissen und Verstehen um die göttlichen Gesetze der Liebe, der Ordnung, der Weisheit in unserem Bewußtsein manifestiert gewesen ist und dieses Bewußtsein hierdurch in seiner Kraft und Größe gewachsen ist, waren wir also befugt und befähigt, aus uns selbst ebenso die Schöpfung zu tun. So wie Gott einstmals zum physischen Erdenmenschen sprach: «Füllet die Erde und machet sie euch untertan!», sprach lange zuvor der Schöpfer zu uns, den erstgezeugten Söhnen, ähnlich Seinem Ebenbild: «Füllet den Raum und machet ihn euch untertan durch die Kraft Meiner Liebe, durch die Macht Meiner Weisheit!» Und es entstand die geistig geschaffene, geschöpfte Welt.

Jedweder Planet, jede Sonne, die ihr physisch erschauen könnt, hat zuvor nur in einer geistigen Form existiert, und sie wurden geschöpft aus Gott, durch uns in eine Offenbarung gebracht, und waren bestimmt, Wohnwelten, Bewußtseinsschulen allen kommenden Lebens zu sein.

Wir haben alle Schulen durchwandert, und wir wurden belehrt. Da ist nicht ein kleinster Punkt oder Raum der Leere. Alles ist vollkommen ausgefüllt von dem göttlichen Odem, der sich durch den Kosmos bewegt, und es ist dieser Odem die Manifestation der Ideen, der Gedanken und Wünsche, die aus dem Schöpfer gesendet werden und sich sodann aus diesen Gedankenpartikeln in Atome zusammenfügen. Diese geformten Atome müssen einer vorgegebenen Ordnung aus Gott folgen, so wie die Planeten dem Weg um ihre Sonne folgen müssen, der ebenso vorgegeben ist, festgelegt durch das göttliche Gesetz, welches sich aus Seiner vollkommenen Intelligenz und unfehlbaren Weisheit gestaltet.

Die von Gott durch uns geistig geschöpfte Welt, die sich durch die geistigen Planeten, Sonnen und Monde zu jener Zeit offenbarte, war also ins Leben gerufen worden, um diesen Atomen als Heimstatt und Schule zu dienen. So durchwanderten also die Atome den Ätherraum, die Planeten, die Monde, die Sonnen und alles, was da gewesen ist zu jener Zeit.

Jedes einzelne Atom trägt in sich den Plan und den Wunsch aus Gott, einstmals ein Mensch zu werden, vollkommen, ebenbürtig, wie der Schöpfer selbst. Dies ist der Wunsch, dies ist der Plan des Schöpfers.

Wir, Seine erstgezeugten Söhne, waren beauftragt, hierfür den Raum zu manifestieren. Als die ausgesendeten Atome durch Integration in das vorhandene Schöpfungswerk, welches zu jener Zeit nur im Geiste bestand, ihre Schulen vollendet hatten, als sie sich aus den Bündnissen der sie umgebenden geistigen Hüllen wieder losgelöst hatten, waren diese Atome reif geworden, um daraus weitere geistige Wesen zu formen. So also waren wir erstgezeugten Söhne Gottes beauftragt, die vorbereiteten Atome in eine Struktur zu formen, um daraus ein geistiges Wesen zu bilden, gleich unserem eigenen Selbst.

So wir also aus uns ein geistiges Wesen schöpften, aus der Masse des Raumes, die bereits belehrt gewesen ist, gaben wir durch unser Bewußtsein diesem aus Gott durch uns geschaffenen Wesen die Wesensform. Gott aber gab diesem Wesen aus sich das Feuer des Lebens, was bedeutet, daß Er Seinen Geist als den ewigen Lebens- und Samenkern in dieses Wesen versenkte. So also war im Anbeginn der Zeit eine Schöpfung geoffenbart in geistiger Weise, die sich gestaltete aus Sonnen, Planeten und Monden, aus denen göttliche Gedanken, Ideen und Wünsche entnommen wurden in Form von Atomen, die vorbereitet waren, geistige Wesen zu sein. Und diese Wesen waren ebenso wie einstmals wir, die erstgezeugten Söhne aus Gott, welche ihr Engel nennt, in einem Zustand der äußeren Vollkommenheit, doch inneren Leere. Und sie waren angewiesen worden, diese Leere aufzufüllen mit Bewußtsein und Verstehen.

So wurde dieses erschaffen, was euch als höheres Bewußtsein oder hohes Selbst vertraut und bekannt ist. Unzählige Geistwesen wurden auf diese Weise geschöpft und in die Erscheinung gerufen. Diese Geistwesen tragen in sich die Essenz, den Geist Gottes, welcher das Leben selbst ist. Diese Geistwesen sind aber ebenso nach dem Schöpfer geformt und geschaffen, und dies bedeutet, das Wesen Gottes ist integriert in einer jedweden solchen Lebensausdrucksform.

Obschon alle Wesen in unserer Geisteswelt vollkommen androgyn sind, nicht also männlich oder weiblich genannt werden können, trägt ein jedes Wesen in sich die Polarität. Dies bedeutet, das Wesen Gottes, welches sich zusammenfügt aus Liebe und Weisheit, ist manifestiert, ist der Urgrund des Wesens selbst in dieser geistigen Erscheinungswelt. Gott, der Schöpfer, ist nicht nur ewiges Leben, vollkommene Weisheit, immerwährende Liebe. Es sind dies Teile der Polarität, was ihr verstehen könnt als Mann und Frau.

Gott trägt in sich den Keim vom Mann ebenso wie den Keim der Frau, und es drückt sich das Männliche, Väterliche aus in dem göttlichen Bewußtsein der Liebe, und es drückt sich aus das weibliche Prinzip im Wesen Gottes als die Weisheit. Und ebendieses polare Gesetz, die Manifestation Seines eigenen Wesens, fügte Er einer jeden neuen Schöpfung ein. So also sind wir alle, da wir vollkommen bewußt sind, weder männlich noch weiblich und tragen dennoch beide Teile in uns vollkommen ungeteilt. Dies aber gibt uns die Möglichkeit, unser Wesen zu teilen.

Doch wißt wohl: Der Geist eines Wesens ist nicht teilbar. Wohl ist die äußere Erscheinungsform des Geistes in seiner Substanz ausdehnbar. Diese Substanz, welche ausdehnbar ist, bereichert sich beständig, indem sie weitere Atome an sich zieht. Diese Atome wiederum befähigen den Geist, weiteres Bewußtsein in sich zu integrieren. So also ist der Geist ein Wesen, welches in sich unteilbar, ewig eins ist und bleibt, dessen äußere Wesensstruktur aber sich beständig ausdehnt, vergrößert. Und diese äußere Struktur vermag sich in viele Schöpfungen zu integrieren. Dennoch ist und bleibt der Geist ein ungeteiltes Wesen.

Der Geist selber aber ist befähigt, die in ihm angelegte Seele nach außen treten zu lassen. Und diese Seele eben ist ein Teil des Wesens, welches teilbar ist. So also habe ich, Uriel, einstmals jenen Teil meines Geistes, der die Seele ist, aus mir hinaustreten lassen. Und ich habe diese Seele geteilt, so wie Gott, der Schöpfer, in späteren Zeitabläufen die Seele des Adam geteilt hat, um daraus die Seele der Eva zu formen. Und so habe ich meine Seele geteilt, und fortan war ich, Uriel, in Erscheinung getreten mit meiner Urea. Urea also ist der rechtmäßige, mir zugehörige Teil meines Seins. Uriel und Urea sind jene beiden Duale, die, so sie sich verbinden, in den einen Geist zurückkehren, der unteilbar ist – dies, was ihr das hohe Selbst nennt.

Euer hohes Selbst ist unteilbar. Aber dieses euer hohes Selbst vermag aus sich die Seele in das Äußere des Raumes zu integrieren und dann in diesem Raum die Seele zu teilen. Es werden also männlich und weiblich getrennt, und das Androgyne ist augenblicklich aufgehoben.

So also sind wir nach eurer menschlichen Vorstellung Mann und Frau. In Wahrheit aber sind wir der Ausdruck göttlicher Liebe und göttlicher Weisheit in geteilter Form. So wir aus unserem hohen Bewußtsein wirken, wird das Gesetz der Liebe, das Prinzip der Weisheit vereint. So ich aber aus diesem höheren Bewußtsein meine Seele nach außen stelle, um diese zu teilen, habe ich die Liebe von der Weisheit getrennt, und dennoch wirken beide gemeinsam.

Diese Trennung der Seele vollzieht sich in allen Lebensräumen jeden Augenblick auf allen Ebenen, denn die Zellteilung, die euch aus dem physischen Körper innerhalb der biologischen, natürlichen Abläufe vertraut ist, ist nichts anderes als ein Nachvollziehen der Teilung, um dadurch weiteres Leben gewinnen zu können.

So also die Seele des Uriel und die Seele der Urea nun voreinander standen, im Äußeren getrennt, im Inwendigsten durch den Geist jedoch auf ewig verbunden, waren beide fähig, aus sich selbst weitere Seelen hervorzubringen. Und es begann Urea, und es folgte Uriel diesem Schöpfungsprozeß und teilte weiterhin die Seele, und es entstand eine Vielzahl der Seelen. So entstammen die Seelen der Erdenmenschen dem Schöpfungsprozeß der ersten Söhne aus Gott, die diesen Prozeß im Auftrag des göttlichen Willens unter Seinem weisenden Auge und wachenden Gesetz vollzogen haben.

Ihr, die ihr hier anwesend seid, wißt, daß ihr den Familien der erstgezeugten Söhne aus Gott angehörig seid. Es waren und sind diese sieben an ihrer Zahl. So entstammt der eine dem Samen des Uriel und der Urea. So entstammt ein anderer dem Michael und der Elia. Wieder ein anderer unter euch entstammt einem meiner Brüder, die wir berufen, die wir befähigt sind, diesen kosmischen Raum mit Seelen zu füllen, um dem Auftrag aus Gott gerecht zu werden, der da lautet: «Füllet den Raum!»

Dennoch ist jede Seele aus Gott geschöpft, denn die Atome, aus welchen eure Seelen zusammengefügt sind, entstammen Seinem Atem. Und Sein Atem wiederum entstammt den Lungen des Schöpfers. Der Wunsch, die Idee, eine Seele zu formen, ist ein Gedanke aus Gott, und so dieser Gedanke den Raum durchwandert, um Bewußtsein zu erschaffen und dann fähig zu sein, als Seele geboren zu werden, geht dieser Wunsch als Aufgabe an uns weiter.

Wir ersten Söhne des Schöpfers füllen den Raum mit Seelen, doch wir sind eure Eltern nur in gewissem Maß, so wie ihr irdische Eltern nur in gewissem Maße Vater und Mutter eurer physischen Kinder seid, denn ihr wißt, daß dieses Kind nur durch euch, aber nicht von euch kommt. Von euch kommt nur die äußere Hülle. Ihr gebt durch euer Menschsein, durch den Samen und das Ei, die äußere Form. Das Leben kommt von Gott. Die Seele aber kommt durch uns.

So vollzieht ihr auf eurer Erde den Akt des Erschaffens, indem ihr dem Auftrag gerecht werdet: «Seid fruchtbar und mehret euch und füllet die Erde!» Und ihr füllt sie an mit physischen Menschen. Zuvor aber wurden diese physischen Menschen im Geiste gezeugt, und aus diesem wiederum wurde die Seele herausgerufen, um sich auf den Weg zu machen, ein physischer Mensch zu sein. So also, wie durch euch, aber nicht von euch die Menschen kommen, so kommen die Seelen durch uns, doch nicht von uns. So versteht uns als eure geistigen Eltern, doch setzt über dieses alles stets und ewiglich einen ewigen himmlischen Vater. Gott, der Schöpfer, also ist der Vater all dessen, was ist.

Die Atome, welche euren physischen Leib zusammenfügen, jene Atome, die euren Seelenkörper strukturieren, und jenes geistige Wesen, das ihr über all diesem seid, ist die Manifestation einer göttlichen Idee. Daß ich, Uriel-Urea, lebe, daß ihr, die Erdenmenschen, lebt, daß ihr seid, wurde verwirklicht über viele Wege der Schöpfung. Dennoch ist ein jeder von uns die einzelne Idee, der Wunsch des Vaters.

Erdenmensch, erkenne und erschaue dich als einen erfüllten Wunsch der göttlichen Idee. Gott, der Vater, wollte, daß du bist. Gott, der Vater, träumte einstmals, lange noch bevor Uriel-Urea war, von dir. Und Er malte sich in Seinen Träumen ein Kind aus, vollkommen, rein und schön, so wie Er selber es ist. Und Gott erträumte viele Kinder. Und ein jedes Kind liebt Er gleich, ohne Unterschied. Einem jeden Kind gab Er das Erbrecht für Seine eigene Herrlichkeit. Jedem einzelnen Kind gab Er vollkommene Gestalt. Jedes Kind war und ist in Seinem Geist ein göttliches, vollkommenes Wesen.

Obwohl aber das Kind Gottes oder das Wesen in seiner äußeren Erscheinung vollkommen und göttlich ist, muß das Bewußtsein des Wesens entfaltet, entwickelt und angesammelt werden. Denn so der Gedanke aus Gott das Wesen Gottes verläßt, um in den Raum hinauszutreten, ist das Wesen fortan nur noch unbewußt an die vollkommene Intelligenz und unfehlbare Weisheit des Schöpfers angeschlossen. Das Wesen muß in seinem Inneren diese Weisheit, das Verstehen und das Bewußtsein aus sich selbst erwerben, um dann aus dieser Position des Äußeren Gott erkennen, erschauen und verstehen zu können.

Und dann, so dies geschehen ist, wird das Wesen gerufen, Gott, seinen Schöpfer, zu lieben. Dies ist ein Gebot, das allem Leben und allen Wesen gleichermaßen, ohne Unterschied gegeben ward: «Liebe deinen Schöpfer wie dich selbst!» Aber das Wesen, so es im äußeren Erscheinen vollkommen und göttlich ist und im Inneren sich Bewußtsein, Erkenntnis und Verstehen erworben hat und um dieses Gesetz weiß und befähigt ist, sich selbst in seiner Position, in seinem Sein zu erkennen, hat den freien Willen, diesem Gebot des Schöpfers zu folgen oder aber sich abzuwenden und von Ihm zu gehen.

Es ist also der Schöpfungsvorgang ein lange währender Prozeß, der es allen Lebewesen ermöglicht, einen vollkommenen, unbeeinflußten und freien Willen zu entwickeln, um dann aus dieser uneingeschränkten Freiheit des eigenen Willens die Entscheidung zu tun, Gott zu lieben oder aber sich von Ihm abzuwenden. Denn Gott, der Schöpfer, wünschte sich Kinder, die ihn aus eigenem Willen lieben.

Ich Urea-Uriel, habe im Geiste viele Seelen gezeugt. Ihr, die ihr mich jetzt spürt und die ihr jetzt wahrnehmt eine Liebe und ein Sehnen, ihr seid also meinem Samen entsprungen. Etliche andere unter euch sind dem Samen Michaels entsprungen. Ihr werdet im Werdegang eures geistigen Erwachens aus euch selbst den Weg zu uns finden, daß ihr nicht fragen müßt: «Bist du der Vater und du die Mutter?» Das Band der Liebe, welches uns auf ewig eint, wurde niemals durchtrennt. Ihr habt euch nur vermehrt.

Im Rhythmus des Lebens habt ihr eure Seelen geteilt, um den Raum zu füllen mit Leben. Dies ist gemeint, wenn wir zu euch sprachen, daß ihr vieldimensional seid. Ihr habt ein Wesen, einen Geist, aus welchem viele Seelen hervorgegangen sind. Diese alle sind untereinander Brüder und Schwestern, und sie erkennen sich am inwendigsten Band der Liebe, welches sie auf ewig eint. So ihr also auf der Erde Menschen begegnet, die euch verstehen, noch bevor ihr gesprochen habt, so ihr sie liebt, scheinbar ohne jeden Grund, so ihr euch angezogen fühlt von ihrem Wesen, so sind dies wohl Schwestern oder Brüder eurer Seele.

Die geistige Familie, nach der ihr euch so sehnt, hat sich in Teilen ebenso wie ihr auf diesem physischen Erdenboden manifestiert. Und so ihr reif geworden seid, werdet ihr ihnen begegnen, ganz ohne Anstrengung und ohne eigenes Dazutun. Der Weg der Bewußtwerdung bedeutet, sich von Mal zu Mal höher zu entwickeln, in besseres Erkennen und Verstehen. Und dies bewirkt natürlicherweise eine beständige Veränderung der Frequenzen, die in eurem Bewußtsein manifestiert sind.

So also die Brüder und Schwestern eurer Seele, die ein und demselben Geist entsprungen sind, ihre Entwicklung vollziehen, werden sie sich zur Zeit und Stunde natürlicherweise anziehen. Die Schwingungen des Bewußtseins werden sich angleichen, ähnlicher werden von Mal zu Mal, mit jeder Inkarnation. Mit jedem weiteren Reifeprozeß, der sich vollzieht und dann abgeschlossen wird, verändert sich die Frequenz des Bewußtseins, bis schlußendlich alle Seelenanteile sich wiederfinden und vereinen können, weil die einheitliche Frequenz des Geistes, des Bewußtseins selbst, die Seelen an sich gezogen hat, um sich sodann zu vereinen.

So werdet ihr also dereinst vor einem Wesen stehen, da ihr alle einstmals von euch entsendeten Seelenteile eingesammelt und wieder integriert habt, bis ihr da seid Liebe und Weisheit, bis ihr da seid Mann und Frau in geistiger Form, bis ihr voreinander steht und wißt: Dies ist der rechtmäßige Teil meines eigenen Seins, der mir zu meinem Ganzen, zu meiner eigenen Einheit verhilft. Und so dies der Fall ist, werdet ihr euch vereinen, Liebe und Weisheit werden verschmelzen, und euer höheres Wesen, der Geist, das geistige Bewußtsein wird euch aufnehmen.

So wie sich die Zellen dereinst teilten, um durch diese Zellen neues Leben hervorzubringen, werden die Seelen sich wieder vereinen und zurückkehren in die Einheit. Und es dient das Teilen und Ausströmen lediglich, um gleichzeitig auf allen möglichen Ebenen neues Erkennen und höheres Bewußtsein zu erwerben. Dies sind die Schulen. Der Geist, der vollkommen und göttlich ist, aber im Anbeginn im Inneren leer gewesen ist, ist bemüht, sein Bewußtsein zu erhellen, und sendet deswegen aus sich soviel, wie möglich ist, um zeitgleich in unterschiedlichen Lebensausdrucksformen und Lebensdimensionen durch gelebte und praktische Erfahrung die Gesetze des Lebens, die Gebote des Schöpfers zu verstehen, sie zu begreifen. So wie das einzelne Atom im Anbeginn als vollkommener, göttlicher Wesensteil, aber dennoch unbewußt, bestrebt ist, sich durch Integration in eine äußere Lebensform einzuschließen und hierdurch alles zu lernen, was möglich ist, so ist der Geist ebenso bestrebt, Seelenanteile aus sich auszusenden und zu integrieren, um zu lernen, was möglich ist, und dann – bereichert durch Wissen und Verstehen – zurückzukehren.

Das Leben also war eine Einheit und begann aus einer einzelnen großen Zelle, die da ist der Ursprung, der Schöpfer selbst. Und der Sinn des Lebens besteht vor allen Dingen darin, das Leben zu vermehren, denn es ist das Leben ewig, unendlich. So also teilt sich die eine Zelle, und aus der einen werden zwei, und aus den zweien werden viere, und sie gehen aus, um alles zu durchforschen durch Integration, und sie kehren zurück, um aus der Vielfalt die Einheit wieder aufs neue zu beleben. Und hierdurch wächst die Einheit und dehnt sich beständig aus.

Das große Eine, welches aus sich selbst Gedanken, Ideen und Wünsche hinausgesendet hat, welche sich sodann zu Atomen und dann zur gesamten Schöpfung formten, kehrt zurück und trägt alles Erfahrene, alles bewußt Gewordene in den Raum der Einheit. Und so dehnt sich die Einheit aus und wird größer von Mal zu Mal und sendet von Mal zu Mal mehr der Ideen, Wünsche und Gedanken in den Raum.

Dies ist der Weg der Schöpfung.

Ich, Uriel-Urea, habe euch nur einen kleinen Teil geoffenbart aus der Entstehungswelt der geistigen Schöpfung. Ihr werdet aber lernen, auch eure physische Schöpfung zu verstehen. Und ihr werdet erkennen, daß ihr jene seid, die diese geschaffen haben.

Nun laßt das euch Geoffenbarte in eurem menschlichen Verständnis wirken. Gebt diesem Raum und Zeit, daß es sich in eurem logischen Denken manifestieren kann. Denn weitere Offenbarungen werden folgen, so ihr dieses, was bisher gesprochen worden ist, auf der Ebene eures Menschseins gänzlich verstanden habt.

So nimmt Uriel-Urea für den Augenblick Abschied, um euch in die Frequenzen eures irdischen Daseins zu entlassen. Es berühren euch liebend die geistigen Hände derer, die euch Mutter und Vater sind. Die liebenden Gedanken jener, die euch im Urwesen eures Seins vertraut sind als Brüder und Schwestern, umfangen euch. Es sollen die menschlichen Bürden, die irdischen Lasten erleichtert werden durch den Trost, der euch erwachsen soll aus allem, was wir euch geben, damit ihr versteht. Aus diesem Trost, aus dem Wissen, daß wir bei euch und mit euch sind, erbaut euch eine Kraft, euren irdischen Weg weiterzugehen. Laßt euch nicht verzehren von dem Heimweh eurer Seelen, welches euch viele Male von dieser physischen Welt abberufen will, denn eure Aufgaben sind noch nicht erfüllt.

Durch uns fließt die Liebe, die euch umfängt, durch uns fließt jene Weisheit, die in eurem höheren Bewußtsein bereits verankert ist. Wir haben heute die Aufgabe, diese Liebe und diese Weisheit eurem menschlichen Wesen anzupassen, sie in Frequenzen zu formen, die eurem menschlichen Geist und menschlichen Wesen annehmbar und möglich sind.

Wir lieben euch sehr.

Es grüßt die himmlische Heimat, und es winken Bruder und Schwester und Vater und Mutter ebenso. Dies waren die Worte durch Uriel-Urea. Gott zum Gruße!

Gott, Luzifer, die Erde und wir

Jesus
24. Juni 2001 in Kißlegg

Hörbuch (2 CDs)
ISBN 978-3-935173-32-2

Der Vater und ich sind eins. Alle Lebewesen sind eins. So also ist alles mit Gott verbunden. So ich und der Vater eins sind, seid auch ihr und der Schöpfer eins. Dennoch ist ein Unterschied, der darin besteht, ob ihr erwählt, Gott als euren Schöpfer oder aber als euren himmlischen Vater anzuerkennen. Denn in ebenjener Weise wird Er euch begegnen.

Wenn ihr bemüht seid, Seine Gesetze und Gebote zu halten, die geschaffen worden sind, um alles Leben zu schützen, denn aus diesen Gesetzen wurde die Ewigkeit geboren, damit alles seinen Bestand habe, so werdet ihr stets ein Wesen sein, welches im Leben diese Ordnung als wohltuenden Segen erfahren wird. Kein Mangel, kein Leid kann euch sodann berühren, und ihr werdet durch diese eure Geisteshaltung, die Gebote des Schöpfers zu achten und Seine Gesetze zu leben, am Erhalt aller Dinge, die da sind, mitwirken. Dies ist, was die unzählbaren Engelscharen von Anbeginn ihres eigenen Seins tun.

So ihr aber wünscht, in Gott, dem Schöpfer aller Dinge, darüber hinaus einen ewigen himmlischen Vater zu erfahren, wird euch die unübertreffliche Herrlichkeit des Vaters selbst und all dessen, was da ist, begegnen.

Gott ist ein Schöpfer der Liebe. Niemals vermag ein Wesen aus sich selbst diese Liebe zu übertreffen. Niemals vermag ein Wesen aus sich selbst Seine Herrlichkeit zu überbieten.

Einen gab es, den Gott aus sich selbst geschaffen hat im Stande der Ebenbürtigkeit. Dieselbe Herrlichkeit, dasselbe Licht, ebensolche Macht und Größe, wie Gott selbst dies in sich trug und aus sich selber ist und bleibt von Ewigkeit zu Ewigkeit, gab Gott, der Schöpfer, dem Luzifer. Luzifer aber erkannte nicht, daß die Macht, die Herrlichkeit und das Licht in seinem Wesen nur das eingesammelte, ausgestrahlte Wesen aus Gott selbst war, und Luzifer begnügte sich nicht mit dem Stande der Ebenbürtigkeit. Sein freier Geist strebte, sich über das Allerhöchste, Allerherrlichste und Allermächtigste zu erheben. Und es wußte Luzifer keinen anderen Weg, dies zu bezeugen und zu bekunden, als er suchte,

Gott, seinen eigenen Schöpfer, zu zerstören, um dann Seinen Platz einzunehmen.

So also schuf Gott das Gesetz der Materie, und fortan wurde ein jeder Gedanke des Luzifer nach diesem Gesetz geformt. Und Luzifer begann, gleich wie Gott selbst, aus sich Wesen zu schöpfen, um sich gleich seinen späteren Brüdern Sonnen und Welten zu erschaffen, denn er wußte um das Gesetz und das Prinzip der Schöpfung. Und so seine Schöpfung vollendet ward und er in alter Machtbegierde entbrannte, war dies jener Augenblick, da er durch sein dunkles Denken das Gesetz der Materie in Gang setzte.

Diese Gedankenpartikel, aus bösem Willen und dunkler Absicht begründet, folgten also dem Gesetz von Ursache und Wirkung, und augenblicklich verlangsamte sich die Bewegung, welche ihr Schwingung nennt, in seinem Geist. So also nahm Luzifer sich selbst gefangen, sein Geist wurde verdichtet, all seine Schöpfung trat aus dem Zustand des reinen Geistes, aus dem Vollkommenen in die Materie, in das physisch Sichtbare über. Und mit jeder Verdichtung, die Luzifer aus seiner Machtbegierde vollzog, erstarrte sein eigener Geist, und von Mal zu Mal war Luzifer unfähiger, seinen einstmals großen und mächtigen Geist auszudehnen, den Raum auszufüllen, um zu erschaffen und danach zu zerstören, denn es ist dies bis auf den heutigen Tag das Wesen und das Ansinnen Luzifers: zuerst ins Leben zu rufen, zu erschaffen, um es dann aus Machtbegierde zu zerstören, um sich selbst und der Welt zu beweisen, welch ein großer Geist er ist, welche Macht und Herrschaft bei ihm und in ihm ist.

Gott aber ist das Leben, und so in allem, was ist, Sein Geist eingewoben ist, also auch in dem des Luzifer, und so Luzifer aus sich selber erschafft, gleich wie ein Gott, so ist dennoch in seiner Schöpfung der Keim, der Geist und das Leben aus Gott. Und Gott schützt also das Leben, auch wenn es durch und aus Luzifer geschöpft ist. Dies ist, was Luzifer erzürnt: daß er in seiner eigenen Schöpfung dennoch nicht der Herr, der Herrscher ist. Alles Leben ist in Gottes Hand gelegt, und Gott schuf die Wesen, damit es auf ewig sei. Nicht um ein Ende oder einen Tod zu finden, wurden die Seelen geboren, wurden die Geister geschöpft. So also war und ist Luzifer, der sich selbst zum Satan benannt hat, gefangen in und durch seinen eigenen Geist, festgebunden im Mittelpunkt dieser eurer Erdenwelt. Es ist diese Erde also das Reich des Luzifer, und es ist dieses Reich gebunden durch seinen bösen Willen, der aus sich selbst die Verdichtung schafft.

Die Erde selbst aber, bevor ihr das Bewußtsein des Satan eingepflanzt wurde, wurde erschaffen nicht von einem der ersten Engel, der ersten Söhne, nicht aus dem Geist und Willen des Luzifer, sondern von Gott, dem Schöpfer, selbst.

Viele Planeten, Sterne, Sonnen und Monde, die ihr erschauen könnt, wurden von jenen erschaffen, die ihr Engel, Seraphim, Elohim nennt. So ein erstgezeugter Sohn Gottes für sich selbst alles Bewußtsein erworben hat, um Gott, das Leben und sich selber zu verstehen, und aus dieser Erkenntnis und dem gewonnenen Bewußtsein strebt, weiter ein Diener des Herrn zu sein, so wird ihm bald ein Amt übergeben, und es ist dies das Amt des schöpferischen Tätigseins. Und so die Schöpfung von Gott vollzogen wird durch solche erstgezeugten geistigen Söhne, die unbefleckt und rein geblieben sind, so wird, da dieser Engel sein Amt in Würde und zum Segen all dessen, was ist, vollzogen hat, ihm weitere Macht gegeben und höherer Segen zuteil. Und es werden ihm Welten anvertraut, die dieser erstgezeugte Sohn aus Gott bei sich hat, um sie aus seiner Verantwortung, seiner Macht und seinem Geist zu erhalten, zu pflegen, darauf zu achten, daß die göttlichen Lebensgesetze ungehindert in dieser ihm anvertrauten Wohnwelt im Segen wirken können und allem Leben zu stetigem Aufstieg und Höherem dienen. So ist in allen Himmeln eine unumstößliche Ordnung und Hierarchie, die den Gesetzen aus Gott folgt.

Die Erde aber schuf Gott nicht durch Seine Engelwelt, sondern ganz aus sich selbst. Und Er entnahm dem kosmischen Raum, dem Äther, jene Substanzen, die da benötigt werden, um das Physische sichtbar zu gestalten. Und Er schuf diese irdische Wohnwelt in einer Vollkommenheit. Über viele Zeiträume vollzog sich dieser Prozeß des Gestaltens dieser Erdenwelt. Um diese vollkommene Wohnstatt dem Luzifer zugänglich zu machen, entnahm Er aus dem Geist des Luzifer die Partikel Seiner Seelenessenz. So gestaltete sich die Erde nach und nach zu einem Teil nach göttlichem Vorbild und Wunsch, zum anderen Teil aber nach den Machtbestrebungen und dem Willen des Zerstörerischen aus dem Geist des Luzifer.

Auf keinem anderen Planeten, an keinem anderen Ort im ganzen Kosmos werdet ihr einen Ort finden können, da sich die Polarität in solch einer Größe und Deutlichkeit offenbart und betätigt. Schatten und Licht, Böse und Gut werden nirgends im Raum in solch einer Klarheit offenbar, wie dies hier auf dieser Erde geschieht.

So die Erde gestaltet war – und dies war, wie gesagt, ein langer Prozeß – und so die Seelenpartikel des Luzifer integriert waren in die Atmosphäre, die den Erdenball umgab, begannen sich sogleich im atmosphärischen Bereich die Elemente zu erheben, und es suchte der Geist Luzifers die Ordnung aus Gott zu zerstören. Hitze, Stürme durchzogen diese Welt. So wurde der Planet an seiner Oberfläche geformt zu mächtigen Bergen, zu tiefen Tälern, zu weiten Gewässern, zu sanften Ebenen.

Beschaut diese Welt und ihr werdet den Kampf zwischen Gut und Böse von Anbeginn erschauen. Wo ihr Landschaften seht, lieblich und schön, wo alles blüht, wächst und gedeiht, was dem Menschen zum Erhalt seines physischen Lebens dient, dort wirkte und wirkt der Geist und Odem des Schöpfers. Dort, wo ihr karge, nackte Felsen, hartes Gestein und ödes Land seht, erschaut ihr den erstarrten Geist des Luzifer. Seine Herzenshärte wird euch sichtbar in all dem, was starr und unbeweglich ist. Dort, wo große, öde Wüsten das einstmals fruchtbare, aus Gott geschaffene und gesegnete Land überziehen, haben sich Menschen verführen lassen, dem Geiste Luzifers zu dienen. So also war und ist dieser Planet Erde dem Kampf von Schatten und Licht, von Gut und Böse, ausgesetzt.

Nachdem die Oberfläche des Erdenballs ausgekühlt war von den erhitzten Umwälzungen, die aus dem Inwendigsten der Erde gekommen sind, so das Gleichgewicht und die Harmonie des Planeten befestigt waren, wurde die Welt der Pflanzen manifestiert. Und auch hier war das Wirken des Schöpfers vollkommen. Doch ebenso war ein Wirken aus Luzifer in Seinen Akt verflochten. So waren jene Pflanzen, die da einstmals dienten, Speise und Nahrung zu sein, aus Vollkommenheit gestaltet. Neben diesen Pflanzen des Guten aber gab es die Pflanzen, die Gifte in sich trugen, die da vorbereitet waren, in späteren Zeiten Leben zu verschlingen. Denn die Seelenpartikel des Luzifer, die diesem Erdenball die Essenz seines Geistes gaben, fanden ihre Erscheinungsform in materieller Weise auf diese Art.

Als die Schöpfung der Pflanzenwelt vollendet war und Gott, der Schöpfer, aus Seiner Gedankenwelt, aus Seinem Ideenreichtum, die Tierwelt ins Leben rief, die dazu bestimmt war, dem späteren Erdenmenschen zu dienen, ihm zur Freude zu gereichen und ihn zu schützen, so war es eben Luzifer, der demgegenüber Arten der Tiere erschuf, die da gleich seinem eigenen Wesen böse und herrschsüchtig waren. So war vor vielen Zeiten dieser Erdenball bewohnt und gestaltet aus dem Urwüchsigen. Woran ihr euch erinnern könnt, an jene großen Tiere der Urzeit, die das Land verwüsteten, die da suchten, das Göttliche auszulöschen – dies war der Kampf von Schatten und Licht.

Und in jenen frühen Urzeiten wurde ein Mensch geschöpft, den Luzifer aus seinem Geiste, aus seinem Wesen entnahm. Und es waren jene damaligen Menschen die sichtbar gewordenen Mutationen aus dem Tier. Es gab also einen Menschen zuvor, es gab eine Schöpfung zuvor. Lange bevor Gott jenes Wesen schuf, welches euch als Adam vertraut ist, gab es eine Schöpfung auf der Erde, die im Kampf gewesen ist, denn es war dem Luzifer erlaubt, seinen Willen zu betätigen, und er war in jener Zeit, und ist es immer noch, in großem Maß ergrimmt über sein Gefangensein, obwohl er selbst sich in die Materie verbannte, denn seine Gedanken des Bösen haben ihn nach und nach verhärten lassen. So also gab es einstmals einen Vormenschen, der in vieler Weise dem Tier noch ähnlich war.

Als aber das Böse aus Luzifer sich weiter zu verbreiten suchte, griff Gott, der Schöpfer, ein, und wieder reinigten gewaltige Stürme und mächtige Feuergewalten und große Wasserfluten diesen Erdenball, den Gott über alles liebt. Und all dieses wurde vernichtet, was unbewußt, böse und lebensfeindlich gesonnen war. Und so die Erde abermals gereinigt war, denn solch tiefgreifende Bewegungen durch die Macht der Elemente hat dieser Planet viele Male erfahren, war die Seele des Planeten selbst durch diese vielen Prozesse in ihrem Bewußtsein gereift und geläutert. Und obschon im Mittelpunkt dieser Erde der Geist des Satan gefangen ist, ist die Erde selbst, die ihm als Heimstatt gegeben ist, in ihrer Seele gereift und gereinigt.

Und so war es möglich, da die Erde vorbereitet war, nun vollkommenes Leben aus Gott aufzunehmen. Und Gott griff abermals in den Ätherraum hinein und in das Reich der Erde und nahm von dort die Atome all jener Substanzen, die benötigt wurden, um einen irdischen Leib zu erschaffen. Und Gott schuf diesen ersten Urmenschen der Erde, welchem er den Namen Adam gab. Weil nun aber Adam aus der Erde entnommen war in seinem Leib, gab es von Anbeginn seines Daseins an die Brücke zum Geist der Erde und so zu Luzifer.

So ist Adam in seiner äußeren Gestalt geschaffen aus den Seelenpartikeln des Luzifer. Doch so Adam erwachte, als Gott ihm den Geist, das Leben gab, war Adam – wie alle Wesen am Anbeginn und Erwachen ihres eigenen Seins – unbewußt. Und so konnte das Wesen, der erste Mensch Adam, unbeeinflußt von der Vergangenheit aus einem eigenen freien Willen das Leben gestalten.

Es war dies der erste Schritt, den gebundenen, gefangenen Satan zu befreien, indem Gott, der Schöpfer, aus Satans Seele jene Teile formte, die den äußeren Körper des Adam ergaben. So wurden nach und nach der Seele des Satan Teile entnommen, und daraus wurde eine neue Schöpfung vollzogen. Und es wurde dieser Schöpfung stets der reine Geist aus Gott als lebendiger Odem eingeblasen. Dies war und ist der Plan Gottes: alles Gefallene zu erheben, alles Dunkle zu erhellen und wieder in die Vollkommenheit des Ursprünglichen und Reinen zurückzuführen.

Adam bekam seinen lebendigen Odem aus Gott selbst. Die Eva aber war ein Teil des Adam, genommen aus seinem Fleisch, genommen aus seinem Geist, und so war sie in ihrem Wesen dem Schöpfer, Gott, weiter entfernt als der Adam. Und so war es leichter, die Eva zu verführen. Der Geist, welcher gebunden ist im Innersten der Erde, wirkte durch die Eva wider den Adam, diesen zu verführen, das Gebot des Schöpfers, welches das Gesetz zur Erhaltung des ewigen Lebens ist, zu übertreten.

Als Adam und Eva erkannten, welch einer Verführung sie zum Opfer gefallen waren, als sie gewahr wurden, daß sie selbst nun ein Teil des Verführers waren, war die Reue darüber groß. Und so ist ein Teil, der sich aus Satan im Menschen von Adam und Eva geoffenbart hat, in die Erlösung gelangt.

Der Geist, das Bewußtsein des Satan selbst, ist aus sich noch nicht willig und bereit, zu Gott, seinem Schöpfer zurückzukehren. Aber die aus ihm entnommenen Seelenpartikel, aus welchen die sichtbare, materielle Schöpfung geformt ist, sind bereits befreit, befinden sich auf dem Weg zu ihrem Schöpfer zurück. So wird schlußendlich, da einmal die Seele des Satan aufgelöst ist, der Geist des Satan seiner eigenen Seele folgen müssen. Dies aber ist ein Zeitpunkt, den Luzifer ganz aus sich selber bestimmt. Denn auch ihm ist hierüber der freie Wille nicht genommen.

Die Menschen, die durch Adam und Eva kamen, um diese Erde zu bevölkern, waren ein geteiltes Geschlecht. Denn durch Eva kamen Menschen auf diese Erdenwelt, die im geistigen Reich aus der Familie des Luzifer entstammten. Es kamen aber ebenso durch Eva auf diese Welt Seelen, die der göttlichen Familie der Engel entstammten. Und so wurde das Gleichgewicht dieser Erde aufrechterhalten. Und es diente die Nachkommenschaft aus den geistigen Familien der Erlösung der Erde und bahnte dem verlorenen Sohn den Weg zu Gott zurück.

Als aber die Nachkommen aus Eva, welche dem Ursprung nach den geistigen, göttlichen Familien entstammten, mehr und mehr der Macht des Luzifer unterlagen und die Erde in einer Dunkelheit von Unwissenheit und Schmerz versank und die Seelen vergaßen, daß es ein ewiges Leben, einen ewigen, unfehlbaren Gott und die große Macht der Liebe gibt, als sich der Erdenmensch verloren glaubte, zog Gott selbst zur Erde hinab. Und Er nahm das Kleid des Fleisches auf sich und kam als Sein eigener Sohn. Und Sein mächtiger Geist durchdrang den ganzen Erdenball. Er brachte Licht ins Dunkel. Und so zog Er jene, die beinahe verloren waren, hinauf in Seine Liebe, in Sein Licht.

Viele gebundene, gefangene Energie hat Er befreit. Und es war die Aufgabe des Sohnes, welcher als ein Teil aus Gott auf die Erde gekommen ist, den Geist des Vaters, den Geist Gottes, in dieser Erde zu verankern. Nun habt ihr wohl im Mittelpunkt dieser Erde den Geist des Satan. In der Atmosphäre und auf der Erde selbst aber habe ich, Jesus, den Geist des Vaters manifestiert. Dieses geistige Licht, welches der lebendige Christus ist, dient euch allen jederzeit zur niemals versiegenden Quelle des Lebens, der Liebe und der Weisheit.

Es kam Gott in Seinem Sohn aber nicht nur in jener Zeit auf die Erde, um die Menschen zu erhöhen, um die Menschen zu erinnern und ihnen das Leid zu erleichtern, ihnen den Weg zu weisen, der vergessen war. Gott kam, um Luzifer zu begegnen, und gab ihm Macht und Möglichkeit, ihn im Fleische scheinbar zu beherrschen. Denn im Anbeginn jener Zeit, da Adam und Eva auf der Erde als Menschen weilten und die ersten Nachkommen dieses Urmenschenpaares um ihren Schöpfer wußten, nahm Gott etliche Male die Gestalt des Erdenmenschen an. Und Er ging zu Seinen Menschen und unterwies und unterrichtete sie in den Gesetzen des Lebens.

Dennoch war es Satan stets, der den Erdenmenschen verführte, bis sich beinahe der ganze Erdenball im Glauben und in der Liebe von seinem Schöpfer und Gott abwendete. Dies war der Triumph und scheinbare Sieg des Satan. Gott aber kam in Seinem Sohn, und so der Satan, der

Widersacher, sich beständig aufs neue erhob, die Macht vor Gott zu präsentieren, suchte den Schöpfer zu übertreffen, gab Gott Satan die Möglichkeit, Ihn selbst in Seinem Fleisch zu besiegen. Dies ist ein Geheimnis und ein Mysterium, das bis zum heutigen Augenblick vom menschlichen Bewußtsein noch nicht verstanden worden ist. Es war und ist die große Liebe Gottes, die sich dem Satan unterworfen hat, ihm Macht und Möglichkeit gab, auch Ihm, dem Allerhöchsten, den Schmerz zuzufügen.

So nahm Gott also den Schmerz des Irdischen auf sich und ließ eine Macht über sich wirken, die der Seinen um ein Vielfaches unterlegen war. Dennoch ließ Er in allergrößter Demütigung dies geschehen, um dem Luzifer zu zeigen: Du bist ein Teil aus Mir, auch wenn du dich abgewendet hast, und Ich liebe dich dennoch. Es war der tiefe Wunsch und es war der Versuch, Luzifer, den großen Geist des Lichtes, zur Liebe, zur Einsicht zu bekehren.

Ich, das Wesen Jesus, der all dieses getragen und geoffenbart hat, der ich mit dem Vater eins bin auf ewig und niemals getrennt war auch nur für einen Atemzug oder Augenaufschlag, habe aus tiefer Liebe Luzifer zur Umkehr gerufen. Und ich gab mein irdisches Leben, um euch, den Kindern aus Gott, zu zeigen, daß der Tod überwindbar ist. Und ich gab mein irdisches Leben, um dem Luzifer seine Macht zu gewähren, seinen Willen wider mich zu betätigen. All dies habe ich geduldet.

Und als ich* sprach in jener Stunde, da das physische Leben meinen Körper verließ: «Mein Gott, mein Gott, warum hast du mich verlassen?», habe ich nach meinem Teil gerufen, von dem ich wünschte, daß er bei mir ist im Licht und in der Schönheit. Denn gleich mir selbst habe ich Luzifer erschaffen als einen Gott, und ich habe ihn gerufen. Doch er hat mich nicht erhört.

Also rufe ich euch. Verlaßt ihr nicht euren Gott! Vergeßt niemals die Liebe, die euch Form und Wesen gab!

Der Vater und ich sind eins. Alle Lebewesen sind eins. Denn so wie der Mensch, so sind auch die Engel und die Sterne und der Mond aus

---

* Das «Ich» bezieht sich hier nicht auf Jesus, sondern auf seinen Vater; das heißt, als *durch* Jesus sich der Geist Gottes offenbarte und dieser *durch* Jesus sprach: «Mein Gott, mein Gott, warum hast Du mich verlassen?», da rief der göttliche Wesensaspekt Liebe nach seinem Wesensaspekt Licht (Luzifer), weil dieser ihn verlassen hatte.

dem Geiste Gottes erschaffen. Es ist der Unterschied einzig und allein im Willen, den die Schöpfung bei sich hat. Es ist dieser Wille eine große Macht, die ihr alle in euch tragt. Es ist dieser Wille aber auch allezeit für einen jeden von euch eine ebensolche große Prüfung. Denn mit diesem Willen entscheidet ihr euch für oder gegen Gott, für oder wider das Leben.

Wenn ihr euren Willen verkauft, um dann der Angst zu dienen, seid ihr dem Ruf Satans gefolgt, und ihr habt euch in diesem Augenblick wider euren Schöpfer entschieden.

Dies ist die Stunde der Offenbarung. Denn vor euch stehen Zeiträume, die bedeutend sind. Denn diese Erde wird ihre Erlösung finden und all jene mit ihr, die da berufen, die da geprüft sind. Keiner wird ungeprüft in ein höheres Leben eingehen können. Nehmt deshalb all die Leiden, die noch bei euch sind, in Demut an. Diese Leiden waren und sind eure Lehrmeister, euch von all dem zu läutern, was Satan aus sich in euch manifestiert hat. Und hieraus, aus diesem großen Läuterungsprozeß, werden jene Seelenzierden geboren, die eure Kronen des ewigen Lebens schmücken. So wie ich ein Überwinder bin, müßt auch ihr Überwinder werden. Und dies wird euch ein leichtes sein, wenn ihr eurem himmlischen Vater, eurem Schöpfer, dient und nicht dem Satan.

Satan trägt viele Masken. Er begegnet euch in Hilfsbedürftigkeit und lenkt euch ab, den eigenen Weg zu vollziehen. Und ihr opfert aus euch die Kraft und die Zeit, die bei euch ist, um dem Unerlösten zu folgen. Achtet darauf. So ihr einen Menschen vor euch habt, der leidend ist und bedürftig, daß ihr ihm gebet nach euren Möglichkeiten die Hilfen, doch achtet darüber hinaus, ob dies nicht die Maske des Satan ist, der euch verführt, euch festzuhalten sucht, daß ihr gebt und gebt, weil ihr meint, hier eine Not zu lindern, und nicht bemerkt, daß dieser Notleidende sucht, nicht aus sich selbst das Leid zu bekämpfen, sondern euch bindet an sich, und ihr vermeint aus der Mildtätigkeit gewiesen zu sein, diesen Dienst zu tun.

Euer irdisches Leben ist ein ewigwährender, wirkender Prüfstein. Und das Gesetz der Polarität zwingt euch, ein Unterscheidungsvermögen zu entwickeln, daß ihr erkennen und erschauen müßt die Situation, da ihr helfen müßt, weil Gott ein Geist und Wesen der Liebe ist, so müßt auch ihr nach seinem Vorbild helfen, lieben und mildtätig sein, aber ihr müßt ebenso unterscheiden und euren klaren und reifen Geist wirken lassen, wie weit die Hilfe, die ihr gebt, ein Nutzen und ein Segen ist oder aber ein Festbinden im eigenen Schritt, um dann nicht mehr den Fortschritt zu tun.

Dies sind die Prüfungen und viele darüber hinaus. Seid wachsam und wäget ab. Bedenkt stets das Gesetz der Polarität. Bedenkt stets das Gesetz der Liebe und handelt dann nicht aus menschlichem Vermeinen und folgt nicht den Erwartungen und scheinbaren Pflichten dieser Erdenwelt, sondern hört auf die Stimme eures Geistes und eurer Seele, die in euch spricht und die euch stets den rechten Weg zu weisen weiß.

Verzichtet auf Ansehen und Ruhm in dieser äußeren Welt. Seid bestrebt zum ersten, euer Himmelreich zu befestigen, welches eure Heimstatt auf ewig ist. Häuft euch nicht Schätze im Irdischen an, sondern sucht, eure Lebenskronen zu zieren mit Edelsteinen, die unvergänglich sind und die da Zeit und Raum durchstrahlen und alles Dunkel erhellen und die da sind Liebe, Güte, Barmherzigkeit, Langmut, Frieden, Freundlichkeit, Verständnis. Deshalb seid ihr in diese Welt gekommen, um euch die Krone des ewigen Lebens nicht zu erringen, aber diese zu zieren, da ihr wünscht, Könige und Priester zu sein, um an der Seite eures himmlischen Vaters mit mir dem Leben zu dienen.

Kostbar, unbezahlbar ist die Kraft, die euch erwächst, so ihr diese Welt überwindet. Und ihr habt überwunden, wenn ihr in euren Leiden nicht zerbrecht, wenn ihr Barmherzigkeit lebt, dort, wo euch Unrecht widerfahren ist, wenn ihr liebt, obschon ihr betrübt und in den Schmerz gestoßen wurdet. Wenn ihr verzeiht und versteht und euch über all dies erhebt, seid ihr Überwinder, gleich wie ich einer bin.

Teuer erkauft seid ihr von der Erdenwelt. Euer himmlischer Vater weiß dies wohl, und so ihr überwunden habt, werdet ihr eingehen durch die geöffneten Perlentore, und es werden euch jene empfangen, die Vater und Mutter, Bruder und Schwester im Geiste sind. Sie werden das Lied der Überwinder singen, und jene Perlentore sind die Sphären, die ihr durchwandert habt im endlosen Zyklus des Werdens, und es ist eine jede der Perlen, aus welchen sich die Tore formen, eine einstmals geweinte Träne meiner Kinder.

Eure Wünsche nach einer besseren Welt, nach Liebe und Gerechtigkeit bleiben nicht unerhört. Die geistigen Elixiere eurer Gedankenwelt – da ihr wünscht, im Vollkommenen zu leben, daß alles Leben und jedes Lebewesen erlöst und glücklich sei – wurden aufgefangen von denen, die bei euch sind im Geiste allezeit und die euch jetzt in diesem Augenblick liebend und tröstend umfassen. Kein Schmerz, den ihr jemals erfühltet, wurde umsonst durchlebt und erfahren. In diesem geistigen Läuterungsprozeß hat eure Seele eine Vielzahl Geistesfunken geboren aus der tiefsten Reinheit, derer ihr in diesem Augenblick fähig wart. Und all diese Seelenfunken aus eurem Läuterungsprozeß wurden gesammelt, und es bauten die Engel daraus eine herrliche Stadt, das Neue Jerusalem.

So also seid ihr nicht nur Weltenbeweger, ihr habt errichtet das Neue, das Reine. Während euer irdischer Körper und eure Erfahrungsseele in dieser Zeit durch Dornen und Disteln gewandert sind, haben eure Seelen das Neue erschaffen. Und es ist dies die Bestimmung und der Lohn ebenso dieser Erde, daß sie erhoben wird in ein höheres Sein. Die geistige Stadt Jerusalem, die da einen Körper anziehen will, die ihr verstehen sollt gleichsam wie eine Seele, die aus euren Wünschen geboren worden ist, wird, so die Erde abermals auf ein neues vollkommen gereinigt ist, sich auf der Ebene des Physischen niederlassen. Und meine Überwinder, die von der alten Erde teuer erkauft worden sind, werden im Neuen Jerusalem weilen. Und Gott wird abwischen jede Träne, und der Tod wird nicht mehr sein.

«Siehe, ich mache alles neu. Und sie werden ihre Schwerter zu Pflugscharen schmieden. So rufe ich euch zu: All dies, womit ihr kämpftet auf dieser Welt, vernichtet es!» So es die bösen Worte waren, die gleichsam wie Schwerter die Seelen der Menschen durchbohrten, so es Unversöhnlichkeit gewesen ist, die eure Herzen verhärtet hat, weil man euch verletzt und geschunden hat, nehmt auch dieses Werkzeug des Krieges, welches in geistigen Kriegen genutzt wird, und vernichtet es. All diese Schwerter schmiedet zu Pflugscharen, was soviel bedeutet, daß ihr im Innersten all jene Wesenszüge umkehren sollt, die ihr im Unguten manifestiert habt aus dem Schmerz und dem Leid, das euch widerfahren ist.

Nehmt all diese geistigen Waffen und schmiedet daraus die geistige Pflugschar. Und mit dieser pflügt den neuen Acker eurer Hoffnung, den aufs Neue zu besäen ich, Jesus, heute gekommen bin mit dem Samen eines größeren Verstehens, mit dem Samen der Hoffnung, mit dem Samen der Kraft, der euren Glauben auf ein neues bestärken soll.

Der Vater und ich sind eins. Alle Lebewesen sind eins.

Ihr, die ihr meine Worte hört mit physischen Ohren, die ihr diese meine Worte versteht, lenkt nun euer Gehör in das inwendigste Ohr, dorthin, wo eure Seele zu hören vermag, und öffnet dieses inwendige Ohr jenen, die neben euch sind im Geiste. Ihr wurdet vorbereitet in unterschiedlicher Weise und über Zeiträume, die euer menschlicher Verstand nicht zu erfassen vermag, um diese meine heute aufs neue gesprochenen Worte zu verstehen. Jene aber, die neben euren geistigen Familien heute und hier als Gäste gegenwärtig sind, haben diese Worte zuvor nicht vernommen. Diese Rede ist neu jenen Seelen. Sie wurden nicht geschult. Sie kommen von anderen Welten, sie haben das Tal der Tränen auf dem Planeten Erde nicht betreten.

Aus ihren Herzen vernehmt nun mit eurem inwendigsten Ohr die Worte des Dankes und nehmt wahr in eurem inwendigsten Herzen die Liebe, die euch aus diesen Seelen zufließt, jetzt in diesem Augenblick. Denn sie erkennen und anerkennen euch als die Überwinder und die Erlöser, die mir nachfolgen. Und es wird ihnen jetzt offenbar und verständlich in ihrem eigenen Geist die Größe all dessen, was geschieht, daß die Erde jener Ort ist, wo Schöpfung vollendet wird, wo Gebundenes erlöst wird, und daß nirgendwo ein anderer Ort existiert, wo die Entscheidungen getroffen werden.

Seid nun also versöhnt über all die Leiden und Schmerzen, die ihr erfahren habt, denn einstmals habt ihr beschlossen, mir zu folgen, und ich habe euch zuvor gekündet, daß dieser Weg schmal, beschwerlich ist. So trauert nicht, daß sich meine Worte erfüllten, denn ihr wußtet alles zuvor. Alles, was bis hierher unvergeben, unvergessen aus dem Leidvollen in euch ist: Gebt es jetzt frei, löst euch davon los, daß es euch nicht weiter begleite und euch beschwere auf dem Weg nach vorn.

Wenn ihr irdische Güter verliert und wenn die scheinbaren Sicherheiten sich um euer menschliches Dasein aufzulösen scheinen, dann seid ihr in der Phase der Prüfung, und ihr seid gerufen, euch zu entscheiden, ob ihr dem Satan dienen wollt, was bedeutet, dann in der Angst zu sein – oder daß ihr dem dient, dem nachzufolgen ihr gelobt habt. Gebt diesen irdischen Dingen von nun an nicht mehr die große Bedeutung, denn einzig und allein deshalb hat diese Erde Macht über euch, da ihr ihnen Bedeutung beimeßt.

Obschon Luzifer, der nun als Satan gebunden ist, mächtig, groß und stark ist, seid ihr über diese Macht um ein Vielfaches erhaben. Die Kraft des Luzifer, die Macht seines Wesens reicht nicht aus, um nur ein einziges der Gotteskinder zu besiegen. Denn die Liebe, die ihr aus eurem freien

Wesen für Gott empfindet, und der Glaube, der euer Wesen bestärkt, sind tausendfach größer und stärker als all dies, was bei Satan ist. Dies weiß der gefallene, gebundene Engel wohl, und so sinnt er, euch mit List zu verführen. Seid also wachsam, denn ihr seid gekommen, nicht um die Beute des Satan zu werden, sondern vielmehr den verlorenen Sohn nach Hause zu führen.

Jerusalem wartet auf euch. Und es warten auf euch jene, die euch Vater und Mutter und Bruder und Schwester aus dem Geiste und aus dem Ursprung sind. So ihr also Kinder Gottes genannt werdet, seid ihr jene, die das Reich erben sollen, um es als Könige und Priester zu regieren an der Seite des Höchsten selbst. So ich euch benenne als Bruder und Schwester, wenn ich als Jesus bei euch bin, so seid ihr die Überwinder, die jenen Weg vollziehen, den ich einstmals ging.

Denn es wird gewißlich die Stunde kommen, da ihr sagen werdet: «Tod, wo ist dein Stachel? Hölle, wo ist dein Sieg?» Und ein wissendes Lächeln wird eure Seele mit einem Glanz überstrahlen, welcher sichtbar sein wird in aller Dunkelheit. Und so wird die Auferstehung eures höheren Bewußtseins inmitten der irdisch-menschlichen Hölle vielen Menschen auf der Erde Beispiel, Segen und Kraft und Trost und Quelle sein. Und viele jener Seelen, die da außerhalb des physischen Körpers in den Ebenen der Dunkelheit weilen, werden sich am Glanz und Strahl eures Lächelns ergötzen.

So werdet ihr nicht nur die Kinder Gottes und die Überwinder des Unerlösten sein, ihr werdet Segensträger und Heilende sein ganz ohne das Kraut aus der Natur, ganz ohne das Pulver der Chemie. Und ihr werdet nicht Hand auflegen und Worte der Heilung sprechen. Ihr selbst werdet durch dieses, was in euch ist und aus euch strahlt, segnen und heilen.

Nun ist der Augenblick gekommen, da das Wesen des Jesus, der euch Beispiel, der euch Freund und der euch Bruder ist, Abschied nimmt. Meine Liebe bleibt bei euch allezeit. Haltet eure Kronen fest, welche durch euren Willen und auf eurem Willen begründet sind. Laßt sie euch nicht von Satan entreißen!

Der Segen des Vaters berührt nun eure Herzen. Aus den Gefilden der Unendlichkeit der Seelenwelten winken euch jene, die als Gäste hier gewesen sind. Auch sie nehmen Abschied und kehren an jenen Ort zurück, da ihre Lebensschule sie erwartet. Und es nimmt Abschied nun ebenso die geistige Familie, der ihr entstammt. Doch es bleibt und verweilt an eurer Seite das geistige Wesen des Schutzes. Die ewigwährende Liebe des Vaters umfängt euch. Laßt Freude bei euch sein.

Es grüßt euch, der einstmals Jesus von Nazareth gewesen ist. Es grüßt euch der Überwinder. Gott zum Gruße!

Fragestunde I mit Herakles

Herakles beantwortet Fragen der Seminarteilnehmer *Hörbuch (2 CDs)*
24. Juni 2001 in Kißlegg *ISBN 978-3-935173-33-9*

Nun also haben sich die Reihen gelichtet in den Ebenen, die euren Augen noch unsichtbar sind. Die vielen geladenen Gäste sind heimgekehrt, und so ist es mir, Herakles, möglich, auch ein Wort, viele Gefühle und meine Energie zu senden. Gott zum Gruße, die ihr heute Vielfältiges gefunden habt, wovon ihr einstmals vermeintet, es verloren zu haben. Die Wahrheit, trinkt die Wahrheit in großen, zügigen Schlucken. Gott zum Gruße!

Demütig verneige ich, Herakles, mein Haupt vor euren gereinigten Herzen, die vorbereitet sind, Großes zu empfangen.

Die Wahrheit ist jene geistige Kraft, aus welcher die ewige Freiheit gewoben wird. Eben diese Freiheit glaubtet ihr verloren zu haben. Ihr suchtet und fandet, und ihr sucht weiter und findet weiter. Darüber werdet ihr geliebt. Darüber ist der Segen des einen, unvergänglichen, ewigen Schöpfers ausgebreitet.

In vielen Leben bin ich, Herakles, euch begegnet. Nun, da ich wieder bei euch sein darf und da ich das Wachsen, welches sich in einem jeden von euch vollzogen hat, erschauen kann, schweigt meine Seele still. Anmut, Schönheit erschaue ich in euren Seelen. Und ich wünschte viele Male, euch einen Spiegel zu reichen, der euch die Wahrheit des eigenen Wesens offenbart.

Denn blickt ihr in diesen Spiegel der Wahrheit mit euren menschlichen Augen, seht ihr das Äußere nur. Heute aber, an diesem großen Tag des Erkennens und weiteren Verstehens, wird dieser Spiegel klarer sein, in den ihr künftig blicken werdet. Getrübt durch euer menschliches Vermeinen, wurde das Glas der Wahrheit euch zum Abbild vieler Zweifel. So dient ein jedes Lernen und besseres Verstehen, diesen Spiegel eurer Wahrheit zu klären. Die trüben Substanzen verlieren sich nach und nach, und am Ende werdet ihr in diesen Spiegel schauen und fähig sein, nicht den äußeren Menschen, sondern die inwendig erleuchtete Seele zu erblicken.

So begnügt euch also heute damit, daß ich, Herakles, euer Spiegel bin. Indem ich mich also vor eurer anmutigen Seele verneige, wißt, daß ihr gewachsen seid in eurer Seelengröße. Gesegnet sind eure Fragen. Gesegnet werden die Antworten sein, und dieser Segen soll allenthalben allem, was ist, was kommt und was sein wird, zum ewigen Leben, zum strahlenden Glanz und zu unaufhörlicher Freude sein.

Groß war mein Hoffen, als diese Geistesschule mir an meine Brust gelegt ward, daß die Menschen sich öffnen, aus dem geistigen Schlaf erwachen, erkennen und verstehen sollen, um dann zu wachsen zu größerem und höherem Sein. Mit Bangigkeit habe ich, Herakles, in diese Geistesschule hinabgeblickt manches Mal, ob ihr den Rat annehmen werdet, ob ihr die Hilfen ergreifen werdet, ob ihr antworten werdet auf die Liebe, die von uns zu euch gegeben ist. Und ich begann, sanft, behutsam und zaghaft, das Band der Liebe aus meinem Herzen zu weben zu jedem Einzelnen von euch, und von Mal zu Mal, da ich euch begegnet bin, liebte ich euch mehr.

So ist es die größte Freude und der höchste Lohn eines Lehrers, seinen Schüler wachsen zu sehen. So danke ich, Herakles, euch für diese Freude. Nun denn, wir wollen es nicht bei dieser einen Freude belassen. Gönnt eurem alten Lehrer davon noch mehr. Wachst also weiter. Und nun kommt und gebt eure Fragen frei.

Lieber Herakles, ich habe eine Frage zu den Kindern unserer Zeit und zu ihrer stetig wachsenden Begeisterung für Computerspiele, Nintendo und diese Dinge. Wir als Erwachsene können diese Faszination selten teilen und empfinden oft Sinnlosigkeit, aber auch Aggression, die da herüberkommt. Kannst du mir bitte sagen, aus der geistigen Sicht, was die Kinder empfinden und wie wir das sehen müssen? Vielen Dank.

Es ist dies eine Verführung mit tausendfältigen Gesichtern der Verlokkung, die den Geist der Kinder trüben will, die das Wachstum der Seelen behindert, und ihr habt auf dieser Erdenwelt aus Unwissenheit und blindem Ehrgeiz versäumt, eure Kinder in der rechten Weise zu erziehen. Ihr legtet Wert auf Anerkennung und dieses, was Leistung, Lob und Ehre genannt wird. Und so wurde in frühen Erdenlebensjahren die Seele verformt, belastet. In einseitiger Weise wurde das unausgereifte Gehirn des menschlichen Wesens verhärtet. Die Eltern waren unwissend und unfähig, die ihnen anvertrauten Kinder in ihren Seelen zu erziehen. So also wurden die Seelen in ihren feinen Schwingungen und Strukturen nach und nach verhärtet, da diese Kinder nicht die Lehre der Liebe, sondern die Lehre des Ehrgeizes erhielten.

Die Seelen wurden nicht erzogen und gelehrt im Wissen und Verstehen dessen, was Leben auf der Erde bedeutet nach der Weise der geistigen Sinnhaftigkeit, und so verstummten die feinen Instrumente der Seele in ihrer Tätigkeit, und es schweigt still die Stimme der Intuition. Doch es wird bestärkt der Wettkampf und das Bewerten. Und es wird gefördert dies, was ihr die menschliche Intelligenz nennt. Und all dieses, was aus jenen technischen Errungenschaften, Gerätschaften und Möglichkeiten gegeben wird, bewirkt ein noch tieferes Verhärten und ein noch größeres Ablenken vom geistigen Wachstum der Seele.

Die Maske des Fortschritts, die Maske der Technik und der Intelligenz, der Ehrgeiz, der die Umkehrung des natürlichen Sehnens nach Wahrheit und Wissen ist, wurde benutzt, um die Seelen in ihrem Wachsen zu behindern. Es weiß jenes Wesen, über welches heute und hier gesprochen worden ist, die Schwächen des Menschen zu nutzen. So ist der Ursprung ein teuflischer, denn all dies behindert die Entwicklung, die Ausbildung der geistigen Wahrnehmung, des klaren Unterscheidungsvermögens, und hindert die göttlichen Kräfte und die Weisheit aus Gott, sich im Menschen zu manifestieren.

Es ist ein weiterer Versuch, den Menschen an die Materie zu binden, seinen Geist zu degenerieren, seine Seele zu erstarren, damit er von Mal zu Mal unfreier werde und ganz von und aus der Technik und der Materie lebe.

Gebt ihr eure Aufmerksamkeit in allzu großem Maß in den Bereich der Technik und seid nicht weise, stark und achtsam genug, hier in einer klaren Unterscheidung die Arbeit in und mit der Technik zu vollziehen, so wird sie euch bald zu einem Sklaven machen, denn der Geist, welcher diese Technik geboren hat, beraubt euch des Lichtes, der Macht, die in einem jeden von euch verankert ist.

So wurden seit Zeitabläufen hochentwickelte Seelen durch euch als Eltern auf diese Erde gegeben, die gekommen sind mit dem Wunsch und mit dem Plan, die Materie zu durchlichten, die Seelen aus ihrer Erstarrung zu befreien. Dies aber weiß jener, der aus der Materie, durch die Materie und von der Materie lebt und sein Reich hierdurch begründet und befestigt hat. So also sucht er dies im Keim zu ersticken, was als große Kraft und Unterstützung auf diese Erdenwelt gelangte.

Es war die irdische Elternschaft nicht reif genug, nicht wissend genug, diesen Prozeß zu erkennen, da diese Kinder in ihrem eigenen Wesen stets nach mehr Wissen und Verstehen in natürlicher Weise verlangen. Und da die Eltern aus dem Irdischen hierüber viele Male überfordert wurden, war die Ablenkung durch die Technik ein willkommenes Geschenk, die eigene Unwissenheit zu verbergen, die Kinder abzulenken. Und so wurde hier ein großes Potential an Seelenkraft und geistigem Wissen gebunden. Viele Kinder auf eurer Erdenwelt befinden sich in einem geistig eingefrorenen Zustand. Und es ist ebendiese Weise in der Technik, die dieses Eingefrorensein am Leben erhält.

Aber viele Eltern sind bereits erwacht, und neue Seelen sind zur Erde hernieder gekommen. Und es wird nicht möglich sein, diese Kinder in ihren Seelen erstarren zu lassen und ihren Geist einzufrieren. Ihre Intelligenz, die nicht eine menschliche, sondern eine göttliche ist, wird sich über diese Technik erheben, und sie werden besser wissen als jene zuvor, ihre Kräfte, ihr geistiges Vermögen dem entgegenzusetzen, was bisher Verführung und Verderbnis gebracht hat.

So betrachtet also dies, was sich hier vollzieht, nicht mit Sorge und nicht mit Angst, obschon es in der Tätigkeit des Unguten ist. Da ihr dies bereits erkannt und durchschaut habt, seid weise: Eure Angst ist ein weiteres Machtpotential, welches ihr jenem Geist übermittelt, der hinter all diesem steht. Bleibt also gelassen und kehrt diesem den Rücken und seid vielmehr bestrebt, den Kindern in Liebe zu begegnen und von nun an bemüht zu sein, nachzuholen, was einstmals versäumt worden ist.

Gebt euren Kindern die Lehre und sucht ihre Seelen zu bilden und zu formen, indem ihr in ungeteilter Liebe all dies weiterreicht, was ihr selbst zuvor empfangen habt. Unterweist eure Kinder selbst in den Gesetzen des Lebens. Erzählt euren Kindern von der Größe des Schöpfers, von der Liebe Seines Sohnes, und gebt den Kindern ein Begreifen, wer sie sind, auf daß es niemals wieder möglich ist, daß ihnen das Rückgrat gebrochen wird.

Vielen irdischen Menschenseelen wurde in den Jahren ihrer Kinderzeit aus Unwissenheit, aus falschem Stolz und blindem Ehrgeiz der Rükken tief gebeugt, falsche Demut wurde gelehrt und Lüge als Wahrheit vermittelt. Ihr seid jene Generation, die diesen bitteren Kelch getrunken hat. Reicht also diesen Wermut euren Kindern nicht weiter. Seid mutig. Erschafft neue Systeme des Lernens und habt keine Angst davor, an Grenzen oder euch übergeordnete Mächte zu stoßen. So ihr aus Liebe handelt, seid ihr augenblicklich vor allem geschützt, und so ihr eure Ängste überwindet und euch im Mut erhebt, werdet ihr augenblicklich gesegnet.

Sucht also nicht einen Kampf anzutreten wider die Technik, denn so ihr zu kämpfen beginnt, habt ihr augenblicklich verloren. Setzt dem die Liebe und den Glauben, den ihr selber in euch tragt, entgegen und schafft aus euch selbst das Neue. Beachtet das Alte nicht, und es werden all jene Seelen zu euch finden, deren Rückgrat von jener Macht gebeugt werden will, die ihr aber durch Liebe und höheres Verständnis aufrichten werdet, auf daß der Mensch nicht mehr gebeugt gehe durch sein Leid, sondern mit erhobenem Haupt aufblicke zu seinen Eltern, die da sind im Irdischen, ebenso wie zu jenen Eltern, die da sind im Geiste, und zu jenem himmlischen Vater, der da über allem ist.

Fürchtet nicht die Technik. Schließt sie nicht aus eurem Leben aus. Doch gebt all diesem nicht die große Beachtung, sondern sucht einen Gegenpol des Besseren zu schaffen und lenkt die Kinder dorthin, da sie das Geistige, das Seelische für sich bestärken können. So wird dieser Bereich der Technik bald in seiner Macht, in seiner Auswirkung, in seiner Möglichkeit die gerechten und notwendigen Schranken finden.

Gott zum Gruße, lieber Herakles! Könntest du mir bitte erklären, welches die Rolle und die Bedeutung von China, dem Reich der Mitte, in der Welt ist? Ich danke dir.

Die Bedeutung des Landes, in welchem du in dieser Zeit deine Seele verankert hast*, mein Sohn, ist, daß du lernen wolltest, die Neutralität mit all ihren Facetten und den Werdegang dieses großen geistigen Prinzips zu verstehen. Also ist die Aufgabe des kollektiven Bewußtseins aller Seelen, die sich in deinem Lande manifestiert haben, Neutralität zu begreifen und diese sodann zu betätigen und als Bewußtsein und Kraft in diesem Land zu verankern.

---

* Die Frage wurde von einem Teilnehmer aus der Schweiz gestellt.

Die Bedeutung, die karmische Aufgabe des Volkes in China ist und war ursprünglich, Angst zu überwinden. Doch es hat dieses Volk bis zum heutigen Tag diese Aufgabe nicht erfüllt.

Einstmals, zu Beginn der Völkerbildung, im Entstehen der unterschiedlichen menschlichen Rassen, da eine kleine Schar auszog aus dem Haus und der großen Stadt Hanoch, die benannt war nach dem Sohn des Kain, der seinen Bruder erschlagen hat, ist aus dieser Stadt ein kleiner Stamm gekommen, der sich in jenem Reich der Mitte niederließ. Sie waren auf der Flucht vor ihrem König, der da Hanoch, der Sohn des Kain, gewesen ist. Sie waren geflüchtet aus Angst. Sie waren geflüchtet, um der Unterdrückung durch diesen mächtigen König Hanoch zu entfliehen.

Es waren sieben beherzte Männer nur, die sich da sieben der jungen Weiber nahmen, um Hanoch zu verlassen und dann das Reich der Mitte im Ursprung zu begründen. Und sie erwarben sich nach etlichen Kämpfen und Anfechtungen, die sie im Geiste ebenso wie in der materiellen Welt erlitten hatten, den Mut, und sie überwanden ihre Angst. Sie befreiten sich aus der Sklaverei und Dienerschaft des Hanoch. Dieser versuchte vergeblich, die einstmals abtrünnigen Hanochiten zurückzuholen in das Reich, damit sie weiter Knechte und Diener seien.

Diese kleine Menschenschar, die also durch Mut die Angst überwunden hat, begründete ursprünglich das spätere große und mächtige Reich China. Es war ihnen dies gelungen, weil sie ihrem geistigen Auftrag gefolgt waren. Und sie lebten zu Beginn dieser Begründung des Reiches in Frieden. Aber die Erfahrung der Angst, die Erinnerung an die Knechtschaft und Abhängigkeit war in ihren Zellen gespeichert, und dies gaben sie als geistiges Erbe weiter an ihre Nachkommenschaft. Seit diesem Urbeginn ist das chinesische Volk beständig bestrebt, sich hinter riesigen Mauern zu verbergen, um sich zu schützen.

Dieses Volk und diese Rasse hat, wie viele andere Völker, ihre karmische Aufgabe noch nicht gelöst, Angst zu überwinden, Mauern niederzureißen und sich als Teil eines Ganzen zu verstehen und Gott und das Geistige als das Höchste und Ewige anzuerkennen und Sicherheit dort zu finden. So strebt das kollektive Bewußtsein dieses großen Volkes mit großer Anstrengung und Mühe danach, sein Reich in einer Sicherheit zu befestigen, die es in einem Augenblick verlieren wird.

Du bist einer, der sich eingewoben hat in ein Volk, das seinen geistigen Auftrag erfüllt hat. So ist also dein Geist in diesen Teilen frei, und aus einer großen, tiefen Liebe und einem noch größeren Mitgefühl suchst du, diesem Volk zu helfen. Du bist viele Male in einer Traurigkeit, da du weißt, daß es den Menschen dort in diesem großen Reich der Mitte verwehrt wird, den Weg zu ihrem Schöpfer zu finden. Und du überlegst, und du suchst Wege und weißt keinen zu finden, um diesem Volk zu helfen.

Ich rate dir, mein Sohn, lasse alle äußere Mühe beiseite. Wende dich im Geiste an jene Seele, die den Namen Shihin trägt. Denn er war jener, der dieses Reich im Ursprung begründet hat und der diese kleine Gruppe der Menschen herausgeführt hat aus der Knechtschaft des Hanoch, einer, der die Angst überwunden hat, der aber zu einem späteren Zeitpunkt der Angst auf ein neues unterlag. Sprich also diese Seele an und richte sie auf und erzähle von deinem Gott, der dich liebt und der dir ein Leben gegeben hat, das du nicht schützen mußt durch große steinerne Mauern. Zeige ihm, daß du frei bist, daß du stark bist, auch wenn du dies selbst noch nicht vermeinst.

Deine Stärke, mein Sohn, ist deinem menschlichen Wesen noch nicht geoffenbart. Doch du wirst deinen Weg finden, den du so lange schon suchst, und dein Wirken wird im Geistigen und nicht im Äußeren sein. Erst zu einem späteren Zeitpunkt, mein Sohn, da die Kraft deines Geistes und die Größe deiner Seele einen Zutritt zu deinem menschlichen Wesen gefunden hat, wirst du reif und fähig sein, auch im Äußeren deines Lebens dich in dieses große Reich zu begeben und jenen eine Lehre zu vermitteln, die da in Angst und Hoffnungslosigkeit so lange schon danach dürsten.

Die geistige Aufgabe des großen Reiches der Mitte lautet, Angst zu überwinden, Vertrauen zu entwickeln, Mauern niederzureißen und zu erkennen, daß alle Lebewesen eins sind.

Segen über dich!

Ich möchte gerne eine Frage stellen, und zwar: Warum steht in der Bibel denn so wenig über die Reinkarnation geschrieben, so daß sich viele Christen darüber uneins sind? Kann ich daran glauben? Danke.

Dich, mein geliebter Sohn, begrüße ich besonders, denn du bist einer, der sich über einen langen Zeitraum vieles selbst verwehrt hat. Du hast dich deiner menschlichen Meinung unterworfen, und wir bitten dich sehr, daß du dich erhebst aus dem Bewußtsein, daß du klein und unbedeutend bist. Du hast begonnen, die Wahrheit zu verstehen, die Wahrheit zu finden.

Wisse: Dies, was euch als die Heilige Schrift oder, wie ihr es nennt, die Bibel, gegeben ist, ist nur ein schwacher Abglanz dessen, was die geheiligten Schriften ursprünglich waren. So wurden viele Teile aus dieser eurer Bibel herausgenommen, und es sind ebendies jene Teile, in denen der Prozeß der Wiedergeburt in klarer, unverwechselbarer Weise geoffenbart worden ist. Doch selbst in diesen euren abgewandelten Schriften war es den Schreibern nicht möglich, diese Wahrheit gänzlich aus dem Buch zu verbannen. Weil sie selbst unwissend waren, haben sie nicht bemerkt, daß sich diese Grundwahrheiten dennoch finden lassen.

So ihr also lernt, die Bibel in der richtigen Weise zu lesen, und so ihr willens seid, euch hierfür ernsthaft viel Zeit zu nehmen, werdet ihr diese Wahrheit finden, und ihr werdet fähig sein, dies als einen sogenannten Beweis zu verstehen. Dennoch raten wir euch: Laßt davon ab, dieses Buch als ein Beweismittel zu benutzen, denn des Menschen Geist ist erfinderisch, und es ist eure Sprache verfänglich, und es sind viele Weisen der unterschiedlichen Interpretation und Anschauungsweise, die über ein und dasselbe Wort gegeben sind.

Dem Reinen aber, der die Wahrheit sucht aus der Liebe zu Gott und aus dem Bestreben, das Wissen zu verstehen ganz für sich selbst, um seinem Gott näherzuwachsen, der wird ganz ohne Behinderung die Wahrheit finden – auch in diesem abgewandelten Buch.

Dies ist der Segen, die Weisheit und das Geheimnis aus Gott: daß die Lüge nicht fähig ist, die Wahrheit auszulöschen. Dort, wo das Gesetz der Polarität verankert und in Bewegung ist, werdet ihr allezeit neben dem Schatten das Licht finden und neben der Lüge die Wahrheit. Und es ist die Gefahr darin, daß die Lüge sich mit der Wahrheit zu vermischen sucht, und dieses ist es, was euch irreführt. Darum seid ihr in diese harte Schule der Erde hinabgestiegen, um euren Geist auszubilden in einem Unterscheidungsvermögen, welches euch als ein scharfes Schwert der Trennung hin zur wahren Erkenntnis dient.

Viele Weisheiten wurden euch aus den heiligen Schriften gelesen, doch die Wahrheit fandet ihr darin nicht, denn der Mensch ist verblendet und nicht reif und nicht fähig, die Wahrheit zu erkennen, obschon das Wort der Wahrheit geschrieben steht. Wie viele Male haben die Menschen Gott angeklagt ob der Macht, die Er dem Satan überlassen hat, ob des Todes, den Er für diesen Unwürdigen gestorben ist, weil die Menschen nicht wußten, die Schriften zu verstehen.

«Mein Gott, mein Gott, warum hast du mich verlassen!», war niemals der Zweifel des Jesus an der Liebe seines Vaters, sondern der Schmerzensschrei eines Schöpfers, der gerufen hat nach dem, was Er erschaffen hat, und nach dem, was Er liebt. Wie viele Welten liegen zwischen diesen beiden Verständnisweisen. Wie viel Unwissenheit, wie viel Leid ist aus diesem Unverständnis gewachsen. Könnte ich euch die Schar derer zeigen, die Gott dieses Ausspruchs wegen angeklagt und angezweifelt haben, wärt ihr alle tief beschämt, denn der Mensch richtet nicht nur sich selbst und den neben sich, er richtet auch seinen eigenen Schöpfer. Und er erhebt sich über das Tun seines Gottes, obschon er die Wahrheit nicht zu verstehen weiß.

So also hat Gott, der Schöpfer, nicht nur das Abwenden dessen, was Ihm ebenbürtig war, erfahren. Er hat ebenso erfahren das Verurteilen Seiner eigenen Kinder über Ihn. Betet, daß die Erdenmenschen ablassen, den unantastbaren und unbestechlichen, ewigwährenden, vollkommenen Gott weiter zu beurteilen, denn es ist dies ein Schmerz, der unseren himmlischen Vater trifft und dem Menschen selbst Fluch und Verderben gibt.

So ihr auf Lehren stoßt, die euch als Wahrheit vermittelt werden, und ihr sie noch nicht zu verstehen vermögt, enthaltet euch, darüber ein Urteil zu sprechen, und verschließt den Mund für eine jede Rede darüber. Doch bittet aus ehrlichem Herzen, daß Gott euch die Wahrheit offenbaren soll in allem, was euch begegnet. So werdet ihr bald alles verstehen.

Segen über diese Frage. Segen über dich, mein Sohn.

Gott zum Gruße, Herakles! Die Frage, die ich stelle, wurde durch den Vortrag heute morgen aufgeworfen. Wenn ich medial arbeite, wenn ich meine innere Stimme wahrnehme, wenn ich channele oder wenn ich in Halbtrance oder Tieftrance gehe, woher weiß ich selber, daß sich nur Wesen aus dem Licht melden, oder woher weiß ich als Gegenüber, daß die Person, die mir Informationen übermittelt, nur Informationen aus dem Licht übermittelt und sich nicht Satan irgendwie einklinkt? Danke.

Du sprichst für viele. Mit großer Freude empfange die Antwort, die du mir wie eine Tochter bist, die du mir vertraut bist von alters her. Mache dich bereit, nicht nur die Antwort durch mich zu empfangen. Mache dich bereit, dein Herz zu öffnen, um vollkommenes neues Leben in dein menschliches Leben sowie in den äußeren Bereich deiner Wohnstatt zu geben.

In deinem menschlichen Wesen wohnt, so du dich öffnest, eine Angst eben darüber, daß nicht Licht, sondern vielmehr die Dunkelheit einströmen wird. Und es ist ebendiese Angst, mein Kind, die die Dunkelheit lockt. So wisse: Zu Beginn eines jeden Lernens und Öffnens, da ein Mensch berufen ist, den Mitmenschen zu dienen als ein sprechender Mund, als ein Prophet, wird diesem Propheten Schatten und Licht zu gleichen Teilen gesendet. Es ist dies eine Schule, die notwendig ist, die zugelassen wird, um das Instrument und den Kanal zu schulen, zu stärken, eben in seiner Empfindungsfähigkeit, in seinem Unterscheidungsvermögen.

Jedes Instrument kennt aus eigener Erfahrung, daß es berührt wird vom Unlicht, und jedes Instrument kennt die daraus wachsende Angst, die eine natürliche Reaktion der Seele ist. Dies aber dauert nur eine begrenzte Phase. Danach wird das Instrument geschult, sein menschliches Wesen anzuschließen durch das Gebet oder die Form der Meditation an die höhere Kraft des Geistes, der unfehlbar und vollkommen rein ist. Und es lernt solch ein Instrument unter der weisen Führung seines geistigen Begleiters, in dieser geistigen Verbundenheit zum Höheren sich selbst von jedweder Schwingung der Dunkelheit zu reinigen, zu reinigen auch den Raum, der das Instrument umgibt. Und es lernt das Instrument darüber hinaus, aus sich selbst durch die Kraft des Geistes aus Gott sich einen Mantel des Schutzes zu geben, so daß das Instrument für jedwede Macht der Dunkelheit fortan nicht mehr wahrnehmbar ist und sodann auch nicht unrechtmäßig der Verführung wegen berührt werden kann.

Über einen begrenzten Zeitraum also arbeitet das Instrument, sich zu reinigen, sich zu schützen und im Schutz der geistigen Kraft sich zu öffnen, um sich dann mit höheren Ebenen zu verbinden und dann den Dienst in vollkommener Reinheit zu tun. So diese Phase des Lernens beendet ist, gelangen weitere Lehren in das Bewußtsein solch eines irdischen Kanals, und es lernt dieser Kanal, sich als Instrument auch im äußeren menschlichen Wesen vollkommen zu reinigen.

So du also in deinem Herzen eine vollkommene und ungeteilte Liebe zu Gott hast und diese Liebe der einzige und wahrhaftige Grund und das einzige und wahrhaftige Bestreben deines Tuns ist, dich mit Höherem zu verbinden, um dem Menschen, der neben dir ist, zu dienen, so kann und wird dich von außerhalb weder aus dem sichtbaren noch aus dem unsichtbaren Bereich das Unreine berühren. Denn du schwingst in diesem Augenblick in den heiligen Melodien deines Gottes selbst. Diese Töne jedoch vermag das Dunkle nicht zu hören. Das helle Licht, welches sich dann aus deinem Wesen entfaltet und sichtbar wird, vermögen die Dunkelheit und das Böse nicht zu ertragen.

So bist du selbst dir stets der beste und der stärkste Schutz. Indem du dein Herz vollkommen rein bewahrst, kann und wird dich niemals das Unwahre berühren.

So du also einem Kanal und Instrument gegenübersitzt und so du zweifelst, ob dieses, was da kommen wird und kommt, die Wahrheit ist, so wisse, daß es dein Zweifel ist, der dieses Instrument verführt, das eigene noch Unerlöste zu beleben. Und du gibst dem Kanal, der dir dienen will, nicht Hilfe, du gibst eine behindernde Kraft. Begib dich also, da du durch einen irdischen Kanal die höheren Weisheiten und Hilfen zu empfangen wünschst, in göttlichem Vertrauen und mit einer reinen und guten Absicht dorthin. Ist das Instrument rein, wird vollkommene Wahrheit in ungetrübter Reinheit dich erreichen. Ist das Instrument unrein, du aber bist in deinem Wunsch und Vertrauen vollkommen rein geblieben, so wird die Unwahrheit und das Unlicht, welches durch diesen Kanal gelangt, dich niemals berühren können. Es wird zurückkehren zu jenem Instrument und sein unheilvolles Werk in diesem Kanal vollführen.

So du rein bist und rein bleibst, bist du um dieser Reinheit willen geschützt. Und so dein menschliches Wesen noch nicht unterscheiden kann, was gut oder ungut in der Arbeit solch eines Instrumentes ist, warte stets das Resultat ab, das du erschaust aus der Arbeit. «An ihren Werken werdet ihr sie erkennen. Viele werden sprechen: Hier ist Christus, da ist Christus.» Euer Unterscheidungsvermögen ist noch nicht genügend geklärt und bestärkt, daß ihr allenthalben fähig seid, spontan hier die Wahrheit zu erkennen. Allzuviel ist im Eigenen noch an Unerlöstem verankert. Aber ihr habt allezeit die Möglichkeit, dieses, was ihr tut, dieses, was ihr anstrebt, aus dem Wunsch nach der reinen Liebe zu tun.

So ihr wünscht, aus der reinen Liebe zu handeln, dazu aber noch nicht fähig seid, bittet euren himmlischen Vater, so wird Er diesem, was ihr gebt, aus sich hinzufügen jenes, was noch fehlt, und so wird es ein Großes, Ganzes und Vollkommenes sein.

Indem du also dich in vollkommener Hingabe aus Liebe in diesen Dienst bewegst und du diesen Dienst vollziehst, um allem Leben und dir selbst zum Segen zu dienen, so kann dich von außerhalb nichts Gegenteiliges berühren. So du aus deiner menschlichen Unvollkommenheit dein Wirken jedoch eben noch unvollkommen vollführst, weil du wachsend und noch nicht ausgereift bist, so bitte stets deinen Gott, daß Er dieses, was fehlt, oder jenes, was aus dir unwissend und im Falschen ist, korrigiere und hinzufüge aus dem Guten.

So werden von Mal zu Mal die Kraft deiner Unterscheidung und die Klarheit deines Geistes und die Stärke deiner Seele wachsen können. Doch entferne deinen Zweifel und besiege die Angst und reiße aus diese Wurzel, welche dir viele Übel verschafft hat – die Angst und das Vermeinen, daß dich jemand bekämpfen will. Auch du bist frei, und dein vermeintliches Gebundensein, Tochter des Suchens, hast du dir selbst auferlegt. Nun aber ist die Zeit gekommen: Nimm das Schwert deines Glaubens, und mit der Stärke deines Willens trenne die Fesseln ab, die deinen Fuß behindert haben, den Schritt nach vorne zu tun.

Sprich: Es ist vollbracht. Räume die Angst aus und wende dein menschliches Sein dem Guten zu. Erwarte stets das Gute und vergiß, daß es das Schlechte gibt. So wird es bald in deinem Leben nicht mehr existieren.

Ich grüße dich, geliebter Freund. Meine Frage ist: Wie kann es sein, daß ich gegen meinen freien Willen meiner Lichtkraft beraubt werde, und was kann ich tun, damit ich es merke und sofort etwas dagegen tue? Ich danke dir.

Da du mich Freund nennst, will auch ich dich Freund nennen, doch wisse, du bist mir vieles darüber hinaus.

Du wirst deines freien Willens und dessen Kraft und Macht nicht beraubt, wie du vermeinst, sondern du befindest dich inmitten eines heiligen Prozesses, den deine Seele als Schule versteht. Denn dir ist ein Amt anvertraut, welches gar große Kraft und Macht von dir fordert. So wird dein Wille durch diesen Kampf gestärkt, und deine Lichtkraft wird vermehrt, auch wenn dies deinem menschlichen Wesen noch nicht offenbar geworden ist.

Unlichte Hände greifen nach dir und geben dir das Vermeinen, daß du ausgeschöpft wirst in dieser Kraft deines Lichtes, daß aus deinen lebendigen Adern das Leben getrunken wird, welches dir zugedacht ist und keinem anderen sonst.

Du erspürst und erlebst eine von außen kommende Projektion aus einem negativen geistigen Bewußtsein. Dieses Bewußtsein suggeriert deinem menschlichen Unterbewußtsein, deinem menschlichen Vermeinen, daß du in deinem Willen geschwächt oder manches Mal sogar gebunden bist und daß du eben dieser Kraft deines Lebens und deines geistigen Lichtes beraubt wirst. Dies ist ein Vermeinen, Bruder. Und es ist an dir zu unterscheiden, was aus dir selber kommt, aus deinen Gefühlen und aus deinen Gedanken, oder aber was dir von außerhalb als Gefühl und als Gedanke gegeben wird.

So wehre ab die Gedanken und die Gefühle von außerhalb, die dir das Vermeinen geben, daß du gebunden, behindert und im Geistigen deiner Schätze beraubt wirst. Dies ist ein Kampf, den dein geistiger Führer aufmerksam verfolgt mit wachsamen Augen. Wisse, du bist nicht einen Augenblick in Gefahr. Lediglich werden die Kräfte deiner Seele vermehrt, die Klarheit deines Geistes wird geschult, und das Wissen deines menschlichen Wesens wird geöffnet. Dies ist, worin du dich befindest.

Gott zum Gruß, geliebter Herakles! Wie kann ich das immer wieder auftretende starke Gefühl der Defizite in meinem Leben endlich überwinden und die Freude und die Liebe regieren lassen? Danke.

Du, mein geliebtes Kind, hast dich verstrickt in einer emotionalen Abhängigkeit. Du bist eine, die sich viele Male selbst ein Urteil spricht eben aus dieser Verstrickung. Es ist dein Bemühen und deine Anstrengung und das Fließen deiner Kräfte viele Male ein Versuch, zurückzugewinnen, was du verloren zu haben glaubst. Und so hast du vergessen, was wirklich wichtig ist. Du hast vergessen, dich an die Quelle dessen zu begeben, was dir Kraft und Größe gibt. Und so machst du dich klein vor den Menschen, die du liebst.

Deine Seele leidet unsäglich ob dieser Kleinheit, die du als äußerer Mensch empfindest, denn die Seele in deinem Wesen weiß um ihre Größe und um ihren ungetrübten Glanz und um jene Quelle, an die du dich zu selten begibst. Laß all dieses beiseite. Suche nicht Anerkennung in dem Wohlgefallen eines Mannes. Und suche nicht, dein Wesen zu bemessen in seinem Wert nach den Worten, die die Menschen zu dir sprechen, die dich beobachten in deinen Taten. Laß ab von all der Anstrengung und Mühe, eine begehrenswerte Frau zu sein, Menschen zu überzeugen, Menschen zurückzugewinnen, um hierdurch Ansehen, Zuneigung oder gar Liebe zu erfahren.

Befreie dich von diesen selbstgeflochtenen Fesseln. All dieses ist dir nicht vonnöten. Gebiete deinem menschlichen Wesen, stille zu sein, und quäle nicht deine Schwester aus dem Geiste, daß sie dir dieses gebe, was dein Menschsein begehrt: die Erfüllung des Irdischen, des Menschlichen, welches deine emotionale Abhängigkeit nur weiter vertieft. Sei bereit, dieses enttäuschte, verletzte äußerliche menschliche Wesen zu heilen, und vollziehe du diese Heilung selbst und warte nicht, daß von außerhalb diese Heilung geschieht. Laß dieses äußere menschliche Wesen schweigen und höre, was deine eigene Seele zu dir spricht, die dich aus deinen Verstrickungen herausführen will, um dich an die Quelle der Wahrheit, der Kraft zu führen.

Auch für dich, mein Kind, bin ich gekommen, um den getrübten Spiegel der Wahrheit zu klären – daß du von nun an die Seele erblickst und nicht den äußeren, verletzten Menschen.

All die Lasten, die bei dir sind, hast du dir selbst auferlegt. So wirst nur du selbst sie also wieder hinfortnehmen können. Es ist eine Entscheidung, die es zu tun gilt: Welchem gibst du in deinem Leben, in deinem Herzen den ersten Platz? So du dich hier entschieden hast in vollkommener Klarheit und so dieses äußere, menschliche, verletzte Wesen bereit ist, diesen Platz auf ewig rein und frei zu halten für Gott, so wirst du nicht nur erstarken, du wirst nach und nach dein wahres Wesen erkennen. Es wird deine Seele mehr und mehr sichtbar werden durch das äußere menschliche Wesen hindurch.

Doch laß ab von jeder Abhängigkeit. Du brauchst nicht die Anerkennung der Menschen. Vielmehr brauchst du die Kraft deiner Seele und die Klarheit deines Geistes. Und diese kann und wird niemals von außerhalb durch Menschen zu dir gelangen. So ist ein Teil deines Menschseins in großem Leid, weil dieser Teil in dir bestrebt ist, eben all jenes zu tun, wozu ich dir geraten habe, und ein anderer Teil – ebenjener, der noch menschlich und verletzt ist – sucht diesen Teil in dir zu behindern, dich ganz deinem Gott mit ungeteiltem Herzen hinzugeben.

Dies, mein Kind, bedeutet nicht, daß du darüber der irdischen, menschlichen Freuden beraubt wirst. Du mußt dich dafür nicht opfern, und du bist deswegen nicht verdammt, alleine zu sein. Dein Alleinsein soll dir dienen, im Geiste noch mehr zu erwachen und ungetrübt und unbeeinflußt diesen Schritt des Wachsens und der Entwicklung zu tun. So du dich also entschieden hast und so du die Schritte deiner geistigen Entwicklung vollziehst, wird auch im Äußeren deines Menschseins all dieses zu dir gelangen, was du so lange schon wünschst, was du suchst und nicht finden kannst.

Gott zum Gruße, Herakles! Ich habe eine Frage, und zwar: Immer wieder werden wir im Geiste gefüttert und können doch so manches dann nicht in die Materie umsetzen. Könnt ihr, die ihr höher und weiter seid, uns nicht helfen? Danke.

Es ist dies nicht eine Frage des Könnens, Schwester, es ist dies eine Frage des Dürfens. Wären wir Wesen des Lichtes befugt, all unsere Kräfte und Fähigkeiten ungehindert an euch zu tun, wärt ihr alsbald all eure Sorgen los. Und da wäre nichts, was es zu lernen gibt. Ich wäre meines Amtes enthoben.

Nun, da ich euch um mehr der Freuden gebeten habe, so trifft mich diese Frage sehr.

Doch ich verstehe wohl dein Begehren. Und es steht hinter deiner Frage ein großes Sehnen, das ich ebenso verstehe und in Klarheit zu erkennen vermag. Du hast nur unglückliche Worte gewählt, meine Schwester, denn du wünschest nicht, deiner Sorgen und Lasten enthoben zu werden, du wünschest vielmehr, endlich deinem Schöpfer nahe zu sein. Aber eben deshalb ist es uns nicht erlaubt, euch den geheiligten Weg der Entwicklung abzuschneiden und euch der benötigten Erfahrungen zu berauben.

Ihr versteht in der Weise, wie ihr fähig seid zu integrieren. Und es ist unwesentlich, welchen Zeitraum ihr benötigt, um alles notwendige Wissen integrieren zu können. Es zählt einzig und allein der Weg, den ihr wählt, die Entscheidung, ob ihr für das Licht oder für das Dunkel seid.

So lange schon seid ihr unterwegs. In menschlichen Zahlen ist der Zeitraum nicht zu benennen, den ihr durch eure Entwicklung hinter euch gebracht habt. So gib diesem nicht einen Wert, wie schnell oder wie langsam du zu verstehen lernst. Du bist auf dem Weg zu deinem Schöpfer. Du gehst diesen Weg nicht allein. Und es kommt gewiß der Augenblick, dies nimm als Trost, da dir dein Gott entgegeneilt, so daß du nur die Hälfte des Weges bestreiten mußt, und all dieses, was du bis zu jenem Zeitpunkt noch nicht verstanden hast, wird er dir durch sein Licht und durch seine Liebe offenbaren, und du wirst ganz ohne Fragen sein.

Du wirst alles verstehen, denn du selbst wirst das lebendige Wissen, das höhere Verständnis sein. Du wirst es durch dich in alle Himmel strömen lassen, und viele werden daraus trinken, die zu einem späteren Zeitpunkt eben wie du diesen Weg gehen, und sie werden ebenso wie du zu uns gelangen und fragen: «Könnt ihr, die ihr da höher und weiter seid, uns nicht helfen?» Wir können wohl. Wir dürfen nicht. Es ist uns nicht erlaubt aus dem Willen eures höheren Seins und aus dem Gesetz von Gott, welches gebietet, daß ein jedes Leben sich vollkommen frei und unbeeinflußt entwickeln soll.

So begleiten wir geistige Wesen euch also schützend und liebend, doch wir tragen euch nicht ins Himmelreich. Es muß ein jeder seinen eigenen Schritt vollziehen und seinen Fuß aus sich selbst bewegen.

Sorge dich nicht, denn du hast keine Zeit versäumt, wie du vermeinest. Dies ist dein Menschsein, welches dich manches Mal quält. Dein Wachsen im Geiste ist größer und weiter, als dein Verstand dies zu erfassen vermag. Quäle also nicht deine Seele aus deinem Menschsein, sondern nimm einen Krug und ein kristallenes Glas und schenke ein den Wein der Freude und trinke diesen mit deiner Seele und genieße, daß du bist. Danke deiner Seele, die sich all die vielen Inkarnationen so sehr bemüht hat, dich immer höher und näher zu tragen zu deinem Gott. Und laß dich nicht verführen von menschlichem, weltlichem Ehrgeiz, die Schritte des Wachsens im Geiste schneller zu tun. Überfordere dich nicht. Sei dankbar, denn es ist alles gut.

So danke ich euch für die Freude, die ihr mir bereitet habt, abermals ein Lehrer sein zu dürfen. Vieles ist geschehen. Und so ihr nun zurückkehren werdet in eure irdischen Heimstätten, wird Etliches nicht mehr sein, wie es zuvor gewesen ist. Dies ist nicht, weil sich das Irdische, das ihr zurückgelassen habt, in diesem kurzen Zeitraum verändert hat. Nein, ihr habt einen großen Schritt im Geiste und im Wachsen getan. Ihr werdet also mit anderen Augen dieses sehen, was bei euch ist. Und ihr sollt darüber nicht erschrecken. Und ihr sollt euch nicht befremden nur deswegen, weil ihr gewachsen seid an Kraft, an Reife und Erkenntnis.

So die Blume wächst und der Abstand von der Blüte zum Boden größer wird: Hat die Blume Angst, weil sich der Boden, in welchem die Wurzeln verankert sind, mehr und mehr verflüchtigt? Nein, mutig und freudig hebt die Blume ihren Kelch stets dem Lichte entgegen und will emsig weiterwachsen. Mit jedem Wachstumsschritt beschaut die Blüte sich das Umfeld, in welchem sie verankert ist, und weiter und weiter entfernt sich der Boden, und höher und höher wächst hinauf die Blüte.

So ist bei euch, was allezeit bei euch gewesen ist, aber ihr werdet meinen, daß es sich weiter entfernt hat. In Wahrheit sind eure Seelenblumen gewachsen, und die Blütenkelche eurer lichten Gefäße haben sich weiter geöffnet, noch mehr des Lichtes zu empfangen. Dieses ist, was in einem jeden von euch geschehen ist in diesen Stunden, da ihr euch verbinden durftet mit jenen, die euch Ursprung und Anfang gegeben haben. Sie haben euch berührt in ihrer reinen Liebe, und ihr habt die Kelche eurer Seelenblüten geöffnet. Und so also war es möglich, daß euer himmlischer Vater mehr des Lichtes und der Kraft des Lebens in eure Seelen gießen konnte.

Seid frei! Seid freudig! Und vergeßt nicht, wiederzukehren, um euren alten Lehrer Herakles zu fragen.

So nehme ich Abschied. Es umfangen euch im Geiste die liebenden Arme von Herakles. Die Tränen meiner Freude reinigen den Weg, den ihr nun geht, zurück an den Ort, den ihr erwählt habt, um zu lernen, um zu wachsen, um zu verstehen.

Gott zum Gruße, euer Herakles.

Das göttliche Prinzip des Willens

Michael
7. Oktober 2001 in Kißlegg

Hörbuch (CD)
ISBN 978-3-935173-35-3

Die allumfassende Liebe dessen, der mich gesendet hat, segne einen jeden von euch mit der Essenz von Wahrheit, Weisheit, Frieden und Harmonie. Gott zum Gruße! Ich bin Michael, Hüter und Wächter des göttlichen Willens. Mir ist gegeben Macht im Himmel und auf Erden.

Mir ist gegeben, euch jetzt in diesem Augenblick das Gesetz und das Prinzip des Willens zu offenbaren, auf daß ein jeder von euch befähigt werde, dieses geheiligte, machtvolle Schwert in seinen eigenen bewußten Gebrauch zu nehmen und für sich selber, für Gott und das Leben zu streiten von Ewigkeit zu Ewigkeit. Denn eben deshalb seid ihr hinab zur Erde gestiegen in dieses tiefe Gefängnis des materiellen Daseins. Und ihr habt hierdurch euren Willen im Geiste in einem großen Maße gebunden, was bedeutet, daß der Wille aus dem Menschlichen, Fleischlichen sich mehr offenbart in eurem irdischen Dasein als der Wille eurer Seele oder eures Geistes. Und es ist eben die Aufgabe eines jeden von euch, sich über diesen irdischen, menschlichen Willen im eigenen Selbst zu erheben, um nach und nach und mehr und mehr zunächst den Willen der Seele und danach den Willen des Geistes in sich selbst durchdringend wirksam werden zu lassen.

Dies ist in Wahrheit die Wiedergeburt. Nicht das Wiederholen von Inkarnation zu Inkarnation im Fleische bedeutet, die wahrhaftige Wiedergeburt zu erleben. Vielmehr ist Wiedergeburt jener Augenblick, da die Seele, die einstmals ausgegangen ist ganz ohne die manifestierte, begrenzende Umhüllung des Fleisches, zurückkehrt in die Freiheit ihres wirklichen Daseins – in der vollen Erkenntnis und in dem umfassenden Verständnis dessen, wer und was sie in Wahrheit ist.

So dies geschehen ist, so die Seele – erfüllt von unzählbaren Erfahrungen, erfüllt von geistigen Schätzen, aufgefüllt mit Wissen und Verstehen aus dem eigenen Durchlebten – heimkehrt in ihren ureigenen Geist, wird sie wiedererwachen im eigenen Geist, und es wird nicht menschlicher Wille, es wird nicht der Wille der Seele, sondern einzig und allein der Wille des Geistes fortan Dasein, Wunsch, Vorstellung und Leben bestimmen. Dies ist der Augenblick der Wiedergeburt. Dies ist der Augenblick, da der Mensch wahrhaftig heimkehrt zu sich selbst.

Ihr alle seid also ausgegangen, um Freiheit zu erfahren. Um Freiheit aber verwirklichen zu können, bedarf es zum ersten eines Willens, der stark, rein und ungeschmälert ist. Und eben mir, Michael, wurde diese Aufgabe anvertraut, euch hierin zu unterweisen, da mein Wille eben einer ist, der ausgebildet ist im unbegrenzten göttlichen Sein.

So habe ich einstmals durch die Macht meines Willens, die mir einzig und allein von Gott, dem himmlischen Vater und Schöpfer, zuteil geworden ist, die Urschlange, den gefallenen Luzifer, mit meinem Schwert, mit meinem Willen hinab zur Erde gebannt. Und so Luzifer gefallen war und als Satan, die Urschlange, der Drache und der Erzverführer alles Geistigen, hinabgeworfen wurde in das Reich des materiellen Daseins, nahm er mit sich bei seinem Fall ein Drittel all jener geistigen Lichter, welche mir gleichgestellt waren. Und so er diese mit sich nahm, verlosch am geistigen Schöpfungshimmel ein Drittel der Sternenwelt. Denn jene ursprünglichen Lichtwesen erhellten den Daseinsraum der geistigen Lebenssphäre gleich wie leuchtende Sonnen und Sterne, die ihr mit euren physischen Augen am Nachthimmel erschauen könnt.

So also Satan diese Lichtwesen mit sich nahm, waren diese Geister augenblicklich gefangen in der Umhüllung seelischer Substanzen, die genommen worden sind aus den drei Reichen der Natur. Aus diesen Atomen wurden die Seelenkörper nach dem Willen des Satans, der Urschlange, zusammengefügt. So ist also er jener geistige Vater derer, die einstmals als hell erstrahlende Sonnen und Sterne am geistigen Schöpfungshimmel standen, einer, der sich nicht begnügte, diese Wesen als seine Kinder, als sein Volk bei sich zu haben. Von jenem Augenblick an suchte Satan und sucht fernerhin, mit seinen übergroßen Künsten der Verführung, die Menschen irrezuleiten, um sein Volk zu vermehren, um dann an ihrer Kraft die eigenen Mächte nicht nur zu erproben, sondern von Mal zu Mal auf ein weiteres erstarken zu lassen.

In einem jeden Menschenwesen befindet sich ein dreigeteilter Wille, ein dreigeteilter Körper. Und es ist dies der ewigwährende Lebenskampf in der polaren, materiellen Welt, daß der Mensch berufen ist, innerhalb seiner eigenen Dreieinigkeit sich zu erheben in den höchsten, machtvollsten Willen, der ihm zu eigen ist. Und es ist dies jener Teil in seinem Wesen, den wir Engel den göttlichen Funken nennen.

Alle Menschen, alle Geister, alle Engel, die da sind, gleich in welchem Bereich, tragen in sich einen ursprünglichen Lebenskern. Es ist dies ein Gedanke, eine Idee aus Gott, die Er gesendet hat aus Seinem eigenen Wesen. Diese Idee Gottes, die sich als verwirklichender Wunsch in das Universum projiziert, steht uns Engelwesen, die wir hierzu berufen sind, zur Verfügung, um aus diesen göttlichen Geist- und Lebensfunken künftige Menschen zu kreieren. Und es ist uns Anrecht und Befugnis und Möglichkeit auferlegt, diese Geistfunken aus unserem Ideenbereich, aus unseren Wünschen zu ummanteln mit den Seelenspezifika, die wir ebenso aus den drei Reichen der Natur entnehmen. Und wir fügen die vorbereiteten Atome in solch einer Weise zusammen, daß für uns ein sichtbarer Seelenkörper erschaubar wird.

Wir Engelwesen umhüllen also die göttlichen Geistesfunken, die Gott, der Schöpfer, in das Universum gesendet hat, um daraus Seine Kinder zu formen. Wir ummanteln diese Geistwesen mit den Seelenkleidern. Und die Seelen, so sie in das Bewußtsein ihres eigenen Selbst gelangt sind, entscheiden dann nach ihrem eigenen freien Willen über den weiteren Weg und Werdegang ihrer Entwicklung, ihrer Evolution. Und so wählt manch eine Seele den Weg, im Geistigen die Evolution zu vollziehen und gleich uns Engelwesen im Reich der geistigen Schöpfungswelten als Diener des Einen tätig zu sein. Und es wählt manch eine Seele, die da ummantelt ist im Künftigen mit einem menschlichen Kleid, den Weg der Materie.

Und so die Seele gewählt hat, diesen Weg durch die Materie zu gehen, findet sie ihren Geist, ihre Seele eingebunden, gefangengenommen im irdisch-menschlichen Fleisch. Und fortan beginnt der Kampf, der da geführt wird gegen Luzifer. Luzifer sendet seine Knechte aus einen jeden Augenblick, und ihr werdet konfrontiert mit den unzählbaren Verführungen der materiellen Welt. Es ist dies ein Kampf, den ihr gewählt habt, und es ist dies ein Kampf, der geduldet wird, auf daß ihr euch reibt und entzündet an all dem, was euch Gefahr, was euch Angst, was euch Widermut bedeutet. Und ihr sucht darin euren menschlichen Willen zu erstarken. Und so dieser erstarkt ist, sucht ihr euren menschlichen Willen zu überwinden, um unabhängig und frei zu sein und so eurem Seelenwillen mehr Macht und Möglichkeit zu geben, auch im irdischen Dasein zu wirken.

Nun aber seid ihr durch das materielle Leben nicht nur Kämpfen, Reibungen, Konfrontationen ausgesetzt. Ihr seid einer Vielzahl von

Manipulationen preisgegeben, deren Überwindung einen übergroßen Willen fordert. Deshalb bin ich, Michael, bei euch, um euch hierin zu ermuntern. Denn wir Engel sehen den Kampf seit vielen Äonen. Wir Engel begleiten den Kampf seit vielen Äonen. Und so das Schattenreich durch List und Wissen, welche es euch voraus hat, versucht, überhandzunehmen und euch zu vertilgen, so ist mir, Michael, Macht und Befugnis gegeben, hinab zur Erde zu gehen und das Schwert meines Willens zu erheben und mit der Kraft des Lichtes dieses abzutrennen, was da versucht, euch zu zerstören. So bin ich allenthalben dort anzutreffen, wo die dunklen Mächte das Maß des Geduldeten, Notwendigen und Erlaubten zu überschreiten versuchen. Und so eure Seelen wahrlich in Gefahr geraten, bin ich, Michael, es mit meinen vielen Legionen, der hineinfährt mit dem Schwert des Lichtes, um den Willen Gottes durch die Kraft meines geoffenbarten Willens zu tun.

Dieses nehmt als Erstes in euer menschliches Verständnis. Durch diesen sprechenden Mund werde ich in anderer Weise für euch leichter und einfacher das Gesetz des Willens aus dem Menschen, das Gesetz des Willens aus der Seele und schlußendlich das Gesetz des Willens aus dem reinen Geist vermitteln.

So segne ich einen jeden noch einmal aus der allumfassenden Liebe dessen, der mich gesendet hat, mit Wahrheit, Weisheit, der Essenz des Friedens und der Harmonie. Es grüßt euch Michael. Gott zum Gruße!

Kinder, Erziehung, Partnerschaft

Uriel *Hörbuch (CD)*
20. Oktober 2001 in Kißlegg *ISBN 978-3-935173-36-0*

Auch ein Engel vermag zu träumen. So habt ihr vernommen ein Lied für die Kinder dieser Erde, und ihr habt danach vernommen ein Lied für die Kinder des Himmels.* Gott zum Gruße! Ich, Uriel, bin gesendet, um zu euch über die Kinder und ihre Erziehung zu sprechen. So heiße ich euch im Namen des Allerhöchsten willkommen und bitte euch, daß ihr Herz und Ohren öffnet, daß ihr euren menschlichen Verstand und ebenso die Weisheit eurer Seelen öffnet, damit diese von mir übermittelten Worte gleichsam als geistiges Samenkorn in euer menschlich-irdisches Wesen versenkt werden können.

Ich, Uriel, der ich ein Erstsohn aus Gott bin, habe also bei mir das Amt, ein himmlisches Kind zu sein. Ihr aber, die ihr auf der Erde seid, habt ein Anrecht auf die Gotteskindschaft. Denn so wir Kinder Gottes sind, ebenso wie ihr es seid, jedoch auf dem Boden der Materie mit unserem Wesen und durch unser Wesen nicht gelebt haben, so steht uns rechtmäßig das göttliche Erbe nicht zu. Es bedarf also, um das Reich Gottes ererben zu können, einer Anwärterschaft. Es ist diese Anwärterschaft auf die Gotteskindschaft, die einzig und allein nur zu erringen ist, so die Seele und der Geist bereit sind, sich durch das Fleisch hinab auf die Erde und in diese Welt der Dunkelheit zu begeben.

Ihr alle seid also die Kinder Gottes, und ihr alle wart zuvor Kinder im Fleisch. Ihr habt die Jahre der Kinderzeit durchlebt und hattet über euch die Eltern aus dem Fleisch und Blut. Und es sind viele unter euch, die nun selbst abermals auch sich berufen haben, das Amt der Elternschaft zu vollführen. Zu diesen spreche ich besonders. Doch all jenen, die dem Kindsein nach irdisch-menschlichem Verständnis entwachsen sind, gebe ich den Rat ebenso, alles, was hierüber gesprochen wird, zu empfangen und zu suchen, es zu leben. Es ist dies nicht nur ein Rat, den ich ver-

---

* Vor Beginn dieses Vortrags wurde Musik abgespielt. Darauf wird hier Bezug genommen.

mittle, es ist dies das Gesetz des Lebens, welches im Urbeginn geschaffen worden ist.

So also eine Seele sich ummantelt mit Fleisch und Blut und durch die natürliche Geburt aus einer Fleischesmutter das Licht dieser Welt erblickt, so habt ihr einen Menschen, der einen weiten Weg zurückgelegt hat. Und es ist das Menschsein in Fleisch und Blut im Augenblick der Neugeburt ein großer Schmerz für die Seele, die sich augenblicklich gefangengenommen fühlt, die augenblicklich den Schmerz einer Begrenzung durch den äußeren Körper fühlt und schmerzlich bemerkt, daß Geist und Seele gefangen sind.

So die Eltern wissend und verstehend sind, begegnen sie diesem neugeborenen Kind und dieser leidenden Seele in großer Liebe, denn über den Willkommensgruß in der neuen Erdenfamilie hinaus ist es von großer Wichtigkeit, daß die Seele von den Eltern angesprochen wird, daß ein Verstehen aufgewiesen wird, daß der Kontakt aufgenommen wird nicht nur zum Erdenmenschen, sondern zur Seele selbst. So sollen also Vater und Mutter in Gedanken zur Seele sprechen und die Seele trösten, die Seele segnen und die Seele ermuntern, die äußere Beklemmung und Begrenzung noch einmal zu bejahen.

So diese Seele spürt und erkennt und erfährt, daß sie verstanden und gehört wird in ihrem inneren Gefangensein, auch wenn dem äußeren Kind dieser große Schmerz viele Male nicht anzusehen ist, so faßt diese Seele augenblicklich Hoffnung und Mut. Dieser entscheidende Augenblick wird den späteren Erdenmenschen aus dieser positiven Erfahrung heraus mit großen Kräften tragen können. Solch eine Seele wird großen Mut für ihr eigenes Leben erwerben.

Sprecht also im Geiste die Kinder an. Heißt sie auf ihrer Seelenebene in Gedanken willkommen, und vor allen Dingen: Segnet sie. Segnet den großen Mut, den jede Seele bezeugt, indem sie sich in die Begrenzung von Fleisch und Blut begibt, um die Gotteskindschaft zu erwerben und bewußt alle möglichen irdischen Leiden und Drangsale auf sich zu nehmen.

Wenn dies geschehen ist, ist es zunächst das Amt der Mutter, daß sie dafür Sorge tragen soll, innerhalb der Erziehung an erster Stelle darauf zu achten, daß die Seele, das Kind, der äußere Mensch geschult werde in den Gesetzen aus Gott; daß die Mutter darauf achtet, daß nicht allzufrüh die weltlichen Strukturen von Lernen und Verstehen den Geist des Kindes berühren.

So ihr das Kind, das neu geboren ist als kleiner und heranwachsender Mensch, erfaßt an seinem Körper aus Fleisch und Blut, stellt ihr fest, daß jeder Teil dieses Körpers vollkommen weich, beweglich, elastisch ist. Und ebenso ist das Gehirn des Kindes in seiner Beschaffenheit zu diesem Zeitpunkt in keinem Fall ausgereift. Es befindet sich in einem für unser Verständnis beinahe wässrigen Zustand, und es sind die ersten Lebensjahre von großer Bedeutung und Wichtigkeit, denn die von außen kommenden Impulse prägen den Bestand, den Werdegang und das spätere Wesen dieses werdenden Menschen in großem Maße.

So also weder Körper noch Geist und Seele ausgebildet sind, so nichts von alldem beständig und fest ist, sondern sich in einer Vorbereitungsphase befindet, ist es wichtig, daß das Kind eine Hand der Konsequenz, eine Hand der Klarheit, eine Hand der Gerechtigkeit, eine Hand der Weisheit und vor allen Dingen und über allem eine Hand der Liebe erfährt. Begegnet euren Kindern in den ersten neun Erdenlebensjahren mit ebendiesen benannten Aspekten: Konsequenz, Klarheit, Gerechtigkeit, Weisheit, Liebe. All dies braucht die Seele, um darin ein Orientierungsfeld, eine Hilfe zu erfahren.

So die Mutter in sich selbst viele Male unschlüssig ist, so sie heute das Ja und morgen über dieselbe Sache das Nein spricht, hat das Kind keinerlei Vertrauen, und es wird sich in Augenblicken der Gefahr an der Kraft der Mutter nicht bestärken können, denn der Glaube an die Stärke der Mutter ist bereits in seinem Sockel erschüttert.

Denkt daran, ihr, die ihr Mutter seid, und auch ihr, die ihr Vater seid: Es ist die Konsequenz eines gesprochenen Wortes ein Werkzeug, welches eurem Kind Klarheit, Stärke und Vertrauen vermitteln soll, damit es an euch als Eltern glauben kann und in eurer Kraft und eurem Willen allezeit einen Schutz zu finden vermag, auf welchen das Kind in jeder Situation der Not vertrauen kann.

Darüber hinaus lehrt eure Kinder und seid darauf bedacht, mit großer Liebe diese Lehren als ein Vorbild zu geben. Seid darauf bedacht, daß ihr nicht nur sprecht über das, was ihr lehrt, sondern daß ihr es lebt. Lebt die Liebe als Vater und Mutter. Lebt die Liebe als Mann und Frau. Dies ist der beste Lehrer, der Liebe zu vermitteln vermag. Seid euch einig in dem, was ihr euren Kindern gebietet, und wiegelt euch nicht gegenseitig auf, indem der Vater das Nein spricht und die Mutter aber, so der Vater sich abgewendet hat, das Ja gibt.

Ihr habt alle erfahren, daß die Kinder die Eltern um des eigenen Vorteils willen zu entzweien suchen, und es ist dies eine gänzlich natürliche Reaktion aus dem Erfahrenwollen und Erfahrenmüssen des Kindes, um durch das Erleben den eigenen Willen, den eigenen Einfluß und danach den Werdegang der Dinge zu sehen. Lehrt eure Kinder also durch euer eigenes Verhalten. Lehrt sie, daß Mann und Frau und Vater und Mutter eins sind. Und so einer das Ja gesprochen hat, soll der andere dies befestigen. Und so ihr also dem Kind keine Möglichkeit gebt, zwischen euch einen Keil zu treiben, so seid ihr dem Kind eine Stütze ein Leben lang. Es werden Geist und Seele an diesen Erfahrungen sich bestärken und von Stund an selbst bemüht sein, in sich eine Einheit, eine Stärke zu befestigen. Und es wird dieses Kind natürlicherweise in späteren Jahren diese Erfahrung weitergeben.

So sich also die Eltern einig sind und als Vorbild die Liebe lehren und leben, so achtet als Eltern darauf und bedenkt allezeit: Alles in dem werdenden Menschen ist weich und beweglich und in keinem Fall befestigt. So achtet darauf, daß ihr es seid, die das Kind schützen und die helfen, die Befestigung der äußeren Materie, des Körpers ebenso wie der inneren Zellstruktur, zu bewachen und zu unterstützen, indem ihr eure Kinder von den schädlichen Einflüssen fernhaltet, die da zunächst aus dem Bereich der Technik kommen.

Mit großem Bedauern beobachten wir, wie viele Eltern ihre Kinder dieser Technik schutzlos aussetzen. Wir beobachten, wie blinder Ehrgeiz der Eltern und ein falsches Wissen aus der Ebene der Lehrer die feinen Instrumente im Gehirn in einem allzu frühen Stadium verhärten, da Unwissenheit und Ehrgeiz das Wesen des Menschen sodann verderben. So also ein Gehirn, welches in seiner eigenen stofflichen Beschaffenheit noch nicht genügend ausgehärtet ist, geprägt wird mit Frequenzen und Einflüssen, die der Wesensbildung der Seele und des Menschen schädlich sind, habt ihr in späteren Lebensjahren kaum eine Möglichkeit, hier rückwirkend einzugreifen und zu korrigieren.

Die Strukturen auf eurer Erdenwelt sind so gestaltet, daß die Gehirnzellen eurer Kinder in allzu frühen Jahren überfordert werden durch Frequenzen, die dem reinen Geiste des Verstandesdenkens entsprechen. So ihr eure Kinder zu früh in die Schule gebt und so ihr stolz seid, da diese Kinder die Mathematik in allzu frühen Jahren zu beherrschen verstehen, so wißt, daß dies in keinem Fall ein Segen und ein Fortschritt für diesen Menschen ist, sondern ein weiteres Gefangennehmen seiner Seele und seines Geistes im irdischen Fleisch.

Wollt ihr weise sein, wollt ihr den Kindern, die bei euch sind, wahre Liebe geben, schützt sie vor diesen Systemen und achtet darauf, daß jene Lehren und Frequenzen in das Verständnis das Kindes dringen, die seinem Wesen förderlich und seinem Entwicklungsstand angemessen sind. Falscher Ehrgeiz hat die Eltern verführt, und falsches Wissen, daß besondere Seelen, daß Seelen mit hohem Bewußtsein mehr und mehr nun sich inkarnieren, hat die Eltern verführt, in den Kindern ein Ansehen zu errichten, welches sie in großem Maße überfordert.

So die Kinder bei euch sind, so sie aus Fleisch und Blut sind, sind sie allesamt dem Gesetz der Materie unterworfen, und dies bedeutet, daß jede Zelle ihres Körpers einen natürlichen, vorgeschriebenen Zeitraum zur Aushärtung und zur Ausbildung benötigt. Und so in diesem besonderen, sensiblen Prozeß der Ausbildung und Aushärtung der Zellen Frequenzen in die Zellen gegeben werden, die den starren Strukturen eures Verstandesdenkens entsprechen, so erzieht ihr von Anfang an einen Menschen, dem es in späteren Lebensjahren schwerfallen wird, sich seiner Intuition und seines Gewissens zu bedienen. Die Gewissensbildung, die Aktivierung der eingepflanzten und der mitgebrachten Intuition, die Tätigkeit der geistigen und seelischen Sinnesorgane werden in der Reifezeit, in der Ausbildung der Kinder in großem Maße beeinflußt durch die Weise der Erziehung, die zuallererst von den Eltern ausgeht.

Sucht eure Kinder in den ersten Lebensjahren die göttlichen Gesetze zu lehren. Sprecht zu ihnen von Gott. Sprecht zu ihnen davon, was über der Materie steht. Sprecht davon, was Wille ist, und lebt euren eigenen Willen in vortrefflicher Weise vor, indem ihr zeigt, daß ihr Gott euren Willen unterordnet und den eigenen Willen überordnet über all dies, was euch zum Schaden ist. Und so das Kind in seinen ersten Lebensjahren lernt, seinen eigenen Willen als ein wertvolles Werkzeug für sich zu gebrauchen, und so in dieser wichtigen Phase keine schädlichen Einflüsse von außerhalb durch tiefschwingende Frequenzen aus dem Bereich der Technik oder aus falsch verstandenem Ehrgeiz und allzu frühem Lernenwollen auf der rationalen Ebene stattfinden, so wird dieses Kind seine Willensstärke in einer segensreichen, in einer guten Form ausüben können und in späteren Jahren den Versuchungen nicht unterliegen, die da sind auf eurer Erdenwelt.

Denn daß eure Kinder auf dieser Erde in großem Maße hineingreifen in den Alkohol, hineingreifen in die Drogen und daß sie flüchten in eine Art der Musik, die nicht nur die Ohren, sondern auch das Gewebe und die feine Struktur der Seele zerstört, ist ein Zeugnis, ist eine Ernte falsch verstandener Erziehung. Eure Kinder haben nicht die große Bedeutung des eigenen Willens kennengelernt. Eure Kinder konnten nicht lernen, ihren Willen als ein heiliges Instrument, ein Geschenk aus Gott zu verstehen.

So wie ihr selbst in eurem eigenen Willen viele Male durch Unwissenheit und durch die Hand der Eltern gebrochen worden seid, so sucht ihr nun fälschlicherweise in einem Gegenpol hier auszugleichen, indem ihr dem Kind zuviel des freien Willens überlaßt, indem ihr es dem Kind überlaßt, aus sich selbst allzufrüh zu entscheiden, was gut und was ungut für es ist. Nehmt in den ersten neun Lebensjahren eines Kindes bewußt und liebevoll die Verantwortung auf euch und trachtet, solange die feinen Strukturen, die wässrigen Gehirnzellen noch nicht befestigt sind, danach, nur Gutes dort einfließen zu lassen. So werdet ihr in späteren Lebensjahren einen wahrlich starken und klaren Menschen in das Leben schicken können, der euch tausendfältig an Segen zurückgeben wird, was ihr in dieser so bedeutungsvollen Zeit gegeben habt.

Erinnert euch an eure eigenen Nöte, die zum großen Teil daraus geboren sind, daß ihr keine Klarheit über euch selbst in eurem Geist erschaffen könnt. Zweifel und Unsicherheit sind viele Male eure Wegbegleiter, und dies vergiftet eure Seelen, und dies schwächt euren Geist, den ihr benötigt, um in diesem Erdenleben bestehen zu können. Erkennt an euch selbst, welche Fehler die Eltern vor euch an euch begangen haben, und seid ernsthaft und in Liebe bemüht, auszugleichen, was aus Unwissenheit an euch im Unguten vollzogen worden ist, indem ihr bei euren eigenen Kindern bemüht seid, euch die notwendige Zeit zu geben, die euch die Erziehung und Begleitung der ersten Lebensjahre abverlangt.

Gebt dem Kind Klarheit, gebt dem Kind einen starken Willen und lehrt das Kind das Unterscheidungsvermögen, damit es unterscheiden kann dies, was gut, und dies, was ungut ist. Und alles, was ihr selbst als Lehre und Erziehung gebt, sollt ihr in vortrefflichster Weise als lebendiges Beispiel vorleben, damit ihr vor euren Kindern glaubwürdig erscheint.

So ihr also in diesen ersten neun Erdenlebensjahren darauf geachtet habt, daß die Kinder nicht mit tiefschwingenden Frequenzen schädlicher Einflüsse konfrontiert wurden, so gebt sie danach frei in dieses weltliche System und gebt sie in dies, was ihr Schule nennt, doch seid auch hier in einer Weise wählerisch und anspruchsvoll, daß ihr ein wachsames Auge habt auf dies, was euren Kindern eingepflanzt werden soll und in welcher Weise dies geschieht.

Wir beobachten in diesem Bereich, daß ihr euch den Systemen, die im Bereich der Schule wirksam sind, willenlos unterordnet und daß eure Kinder viele Male ausgeliefert sind und sie nicht in euch, den Eltern, den notwendigen Rückhalt erhalten gegenüber diesem System. Die Kinder fühlen sich viele Male verlassen.

Es ist auf der einen Seite die Forderung, die gestellt wird einen jeden Tag aufs neue, sich in Bereichen zu betätigen, die dem eigenen Wesen, dem eigenen Lebensziel in keinem Fall entsprechen und die nicht geeignet sind, die Anlagen der Seele zu fördern oder aber die vorhandenen und mitgebrachten Blockaden zu erkennen und aufzulösen. Es ist ein Kampf vom ersten Schultag an, und es werden die Kinder gelehrt mit Angst. Sie lernen hier, sich unterzuordnen in einer lieblosen Weise. Es sind dies jene Phasen, da den Menschen auf dieser Erdenwelt schon zu Beginn ihres jungen Daseins das Unvertrauen gegeben wird – Unvertrauen wider sich selbst.

Und es wird genährt Hoffnungslosigkeit, es wird genährt die Willenlosigkeit. Dies alles geschieht in euren schulischen Systemen, und so ein Kind nicht genügend vorbereitet ist, wird bald das Rückgrat seines menschlichen Wesens gebrochen werden, und es erleidet auf der Ebene seiner Psyche großen Schaden.

Hat aber ein Kind zu seinen Eltern vollkommenes Vertrauen und weiß sich allezeit geborgen und verstanden in seinem eigenen Sein, so wird dieses Kind beginnen, unter dem Einfluß der schädlichen äußeren Einwirkungen das Gelernte, das Manifestierte und Starkgewordene nun einzusetzen und sich selbst zu schützen. Solch ein Kind wird darüber hinaus jenen Menschen, die es liebt, die ihm Freunde und Wegbegleiter sind, Schutz gewähren und ein Beispiel geben, es ihm gleichzutun.

So ihr hundert Kinder habt, die falsch gelenkt, falsch erzogen und durch Unwissenheit in ihrem Geiste verbogen sind, und ihr gebt unter diese hundert Kinder ein einzelnes Kind, welches die Möglichkeit hatte, in der Gegenwart liebender Eltern heranzuwachsen und sich auszustärken, und im Verständnis sein Leben leben durfte, so wird dieses eine Kind fähig sein, unter diesen hundert Kindern mehr als die Hälfte zu schützen und ihnen einen Rahmen zu geben, der es möglich macht, keinen Schaden davonzutragen.

Erkennt also die große Bedeutung, die in der Erziehung liegt. Es sind diese ersten Lebensjahre von großer Wichtigkeit. Die Kinder sind ausgeliefert. Gedenkt eurer eigenen Kinderjahre. Ihr, die ihr nun geistig erwacht seid, die ihr um die große Bedeutung der Liebe und der geistigen Gesetze wißt, lehrt eure Kinder, das Gesetz der Ordnung zu halten im äußeren menschlichen Leben, so wird dieses Kind auch in späteren Lebensjahren die Ordnung der Gesetze dieser Welt nicht brechen. Lehrt die Kinder, die Gesetze Gottes zu halten, so werden diese Kinder allezeit einen ewigen, unantastbaren Schutz erfahren. Dies wird sie weiter bestärken, in ihrer Kraft zu wachsen. Seid den Kindern lebendiges Beispiel in Klarheit und Einigkeit und vor allem in der Liebe, so werden die Kinder euch folgen und zu euch aufschauen.

Denn was ihr alle vergessen habt: Ihr übt. Ihr übt im Amt der Elternschaft das Schöpfertum. Und wie im Geiste, so gibt es auch in der Materie zu allem eine Entsprechung. So ihr also die Kinder Gottes seid und bei euch einen himmlischen Vater habt, der euch lehrt, der euch Gesetze und Gebote gibt, die ihr halten sollt, um selbst am Leben erhalten zu bleiben, so seid ihr als Eltern gleichsam Schöpfer dieses Kindes, und ihr seid Lehrer, diesem Kind die Gesetze des Lebens weiterzugeben, auf daß es stark und klar und lebensfähig sei in allen seinen Lagen.

Wäre Gott ein himmlischer Vater, wenn Er heute das Ja und morgen das Nein spricht? Wie könnte der Glaube an Ihn aus euch erwachsen? Wie könntet ihr Mut und Vertrauen fassen, so dieser euer himmlischer Vater nicht da wäre, so ihr nach Ihm ruft? So sei es bei euch als Eltern: So eure Kinder nach euch verlangen, so sie euch rufen, sprecht nicht: «Es ist nicht die Zeit.» Schaut zu euren Kindern auf, doch setzt sie nicht über euch. Waltet im Amt des Vaters und der Mutter gleichsam als der Schöpfer, der Schöpfung vollzogen hat und nun berufen ist, seine Schöpfung zu erhalten, sie zu segnen und sie zu schützen.

Dies ist, was ich euch Eltern in euer menschliches Verständnis lege: daß ihr euren Kindern fortan in dieser Weise begegnet und – was ihr vergessen habt – eure Kinder segnet. Segnet eure Kinder und wißt: Ein

Vatersegen, der aus einem tiefen, ehrlichen Glauben und einer großen Liebe gesprochen wird, ist nicht zu brechen. Keine Macht auf dieser Erde und keine Macht über diese Erde hinaus vermag diesen Segen zu schmälern. Es ist dies ein Schutz und ein geistiger Freibrief für Wohlstand, welche ihr eurem Kind auf diese Weise gebt.

Segnet eure Kinder und achtet darauf, daß ihr eure Kinder in dieser Weise erzieht, daß sie euch Gehorsam leisten, daß sie vor euch in Anerkennung und Ehrfurcht der Elternschaft sind und dennoch nicht in Angst verweilen, sondern ihr Haupt erheben und mutig und stark durch dieses Erdenleben schreiten, beschützt durch eure Liebe. So dieses Verhältnis geschaffen und befestigt ist, ist alles an seinem von Gott bestimmten Platz und wird sowohl dem Kind als auch den Eltern stets zum Segen, zur Freude und zum Wohlstand dienen.

So die Kinder heranreifen und aus natürlichen Reaktionen ihre Eltern zu reizen suchen, um die eigene Willensmacht zu erproben, um die eigene Stärke zu erfahren, so seid auch hierin beständig, daß ihr ebenso konsequent und dennoch liebend und verständnisvoll einherschreitet. So aber ein Kind sich nicht halten will an die gegebenen Gebote und Aufgaben der Eltern und so über viele Warnungen hinweg das Kind fortfährt, Ungehorsam, Unliebe und Egoismus in seinem Wesen auszubilden, werdet ihr aufgerufen, diesem mit aller Härte und Strenge zu begegnen.

Es ist die Aufgabe der Eltern, die Kinder zu erhalten, sie zu segnen, sie in dieser Weise zu erziehen, daß sie als eigenständige, unabhängige Wesen das Leben bestreiten können und dennoch allezeit im Vaterhaus Geborgenheit und Schutz finden können. Und es ist die Aufgabe der Kinder, dankbar anzunehmen diese Erziehung, diese Schulung, diesen Segen und dies auszugleichen mit Hilfe und Unterstützung der eigenen Kraft. Es soll das Kind die Freude, die Ehre und der Ruhm sein für die Eltern.

Und so das Kind Schande bereitet und sich nicht bekehren läßt und zu einem Alter heranwächst, da es das Haus verlassen kann, weist dieses Kind aus dem schützenden Haus, um es in die Welt hinauszugeben, daß denn an eurer statt diese Welt die Erziehung vollziehe, auf daß es noch einmal eine Möglichkeit finde, zu euch zurückzukehren, um euch als das zu erkennen und anzuerkennen, was ihr seid: die Schöpfer seines irdischen Lebens; daß das Kind lerne, dankbar seinen Teil hinzuzufügen für das, was es von euch und durch euch bekommen hat.

Wir haben gesehen, daß der Umgang, den ihr habt, mit dem, was euch anvertraut ist, aus dem Lot geraten ist. Denn ihr wißt euren Kindern zu viele Male zu viel des Guten zu geben und überfordert sodann ihr menschliches Wesen im Gebrauch der Dinge, die da sind. Ihr überfordert eure Kinder fernerhin, indem ihr Liebe gebt, die keine Liebe ist, da ihr wenig Zeit habt, da ihr eure Aufmerksamkeit und Kraft mehr in weltliche, äußere Beschäftigungen gebt als dem Heranwachsen der Kinder. Ihr, die ihr Eltern seid: Nutzt diese kostbare Zeit, die nicht rückgängig zu machen ist!

Achtet darauf, Klarheit, Konsequenz, Weisheit und Liebe vorzuleben und euren Kindern lebendiges Beispiel zu sein.

Und so ihr Tiere in eurer Obhut habt, so gibt es auch hier vieles, was aus dem Lot geraten ist. Und es ist auch hier die Weise der Liebe, die ihr gebt, eine, die diesem Bereich nicht den Fortschritt in der eigenen Evolution, sondern vielmehr eine Degeneration und Irritation gibt. Da ist viele Male ungestilltes Sehnen, und die Menschen sind nicht fähig, dies in ihrer Beziehung als Mann und Frau, als Kinder und Eltern zu stillen. So wird das Sehnen nach Liebe zu stillen gesucht, indem ein Tier in den Kreis der Familie aufgenommen wird. Es wird auf dieses Tier eine Liebe projiziert, die in der Vergangenheit nicht in richtiger Weise verstanden und gelebt wurde.

Der Wunsch, zu umsorgen und zu umhegen, der aus der Ebene des Mütterlichen kommt, wird projiziert, und es wird viele Male solch ein Tier aus dem natürlichen Entwicklungsgang seiner eigenen Spezies genommen. Ihr haltet die Tiere viele Male nicht artgerecht, und es sind Krankheiten unter euren Tieren, die vollkommen widernatürlich sind und einzig und allein deshalb entstehen konnten, weil ihr die Tiere ihrer natürlichen Entwicklung entfremdet habt. Belaßt die Tiere in ihren natürlichen Bereichen. Sie wurden von Gott geschaffen, um euch zum Schutz, um euch zur Unterstützung in eurer Arbeit, um euch zur Nahrung* und um euch zur Freude zu dienen.

Achtet darauf, daß ihr all dies in einer richtigen Weise vollführt, denn es ist keine Liebe zum Tier, so ihr es nehmt und es bekleidet gleich wie

---

* Als Nahrungsmittel sind hier natürlich nur Produkte von lebenden Tieren gemeint, wie Honig oder Milchprodukte, auf keinen Fall das Fleisch getöteter Tiere.

einen Menschen, wenn es kalt ist; es ist keine Liebe, wenn ihr einem Tier etwas zu essen gebt, was seinem Wesen vollkommen fremd ist, wenn ihr zuviel der Speise gebt, wenn ihr Wärme gebt dort, wo das Tier aus sich selbst natürlicherweise Wärme und Schutz hat.

Erkennt und erinnert euch: Es ist das Tier ein Wesen, das eine Vielzahl von Atomen in sich gesammelt hat, die sich zu einem einheitlichen Bewußtsein geformt haben und sich als Gruppenseele offenbaren. Jede Erfahrung, die solch ein Tier hat, jedes Erlebnis wird in jedes einzelne Atom als Erinnerung gegraben und wird den Werdegang des später entstehenden Menschen in seinem Wesen und in seiner Ausbildung zum großen Teil mitbestimmen.

Ihr habt also nicht nur eine große Verantwortung und Macht den euch anvertrauten Kindern gegenüber. Es wurde euch gesagt, daß ihr euch die Erde untertan machen sollt, und ihr wurdet als Krone der Schöpfung über alles gestellt. So ihr also die Tiere in eurer Obhut habt, studiert, bevor ihr sie in eure Verantwortung nehmt, den Sinn und den Lebenszweck solch eines Tieres und verhelft euch zu einem Verständnis über die Art und Weise, wie solch ein Tier in der Natur aus sich selber lebt. Und dann seid bestrebt, diese Bedingungen zur Verfügung zu stellen, damit das Tier entsprechend seiner Art die Umgebung findet und entsprechend seiner Art die Nahrung erhält. Seid bestrebt, diesem Tier in angemessener Weise zu begegnen, es zu lieben als ein Heger, als ein Pfleger und Beschützer, aber diese Liebe nicht zu stellen über die Liebe zu Gott oder die Liebe zu euren Kindern.

Dies ist es, was wir beobachten: daß vieles bei euch aus dem Lot geraten ist, auch das Gleichgewicht zwischen den Bereichen der Natur. Es ist nicht nur die äußere Lebensform, die durch Degeneration leiden wird, sondern es fügt der Mensch durch den falschen Umgang aus Unwissenheit oder aus unerfüllter Liebe der Schöpfung großen Schaden zu.

Die Kinder, die bei euch sind, waren lange zuvor in einer Ausbildung hin zur werdenden Seele. Bevor die Seele entstand, war sie zuvor über lange Zeiträume – als einzelnes Atom zuerst und später als gesammelter Atomverbund – viele Male in unterschiedlichen Gruppenseelen integriert, um auf diese Weise alle Schöpfungsbereiche zu durchleben und hierdurch die Gesetze der Natur zu erfahren. Wenn also ein Kind oder ein Mensch ein sanftes Wesen hat, so kann dies seinen Grund darin haben, daß die Atome seiner Seele einstmals wiederholt in dem Bewußtsein eines Schafes manifestiert gewesen sind. Habt ihr aber ein Kind von großer Kraft und unbändigem Willen, so könnt ihr daraus schließen, daß die Atome der Seele einstmals auf dem Weg der Evolution sich als Bewußtsein etliche Male in einer Tierform manifestiert haben, die ein Löwe oder ähnliches gewesen ist.

Das Wesen eines Menschen wird nur in geringem Maß geprägt im Hier und Jetzt durch die äußere Erdenwelt, durch die Eltern und durch die menschliche Erfahrung. So eine Seele sich ins Fleisch begibt und bei euch einkehrt, sei dies als ein Kind, sei dies als ein Tier, habt allezeit das Bewußtsein, es ist euch – als Krönung der Schöpfung – die Erde gegeben worden, damit ihr sie euch untertan macht. Und erinnert euch: Vor euch haben große Evolutionsprozesse stattgefunden, die nun in Fleisch und Blut vor euch stehen, die nun in eure Obhut kommen, damit ihr euch als Schöpfer betätigen und würdig erweisen könnt.

Gebt also dem Tier gemäß seiner Art, was es zum Guten braucht, und gebt dem Kind nach seiner Art, was ihr als Schöpfer, als Vater und Mutter, zu geben habt und geben müßt. Gebt es in einer Weise, die göttlich ist, denn in einem jeden von euch ist nicht nur die Psyche, die Emotion, ist nicht nur der Verstand und die Seele, es ist darüber hinaus im tiefsten Inneren eures Seins der Geist. Der Geist selbst aber ist jener Teil aus Gott, der euch am Leben erhält, der das Leben selbst ist. Und aus diesem Geist heraus sucht eure Göttlichkeit in eurem Menschsein zu offenbaren, indem ihr allem, was in eure Obhut gegeben worden ist, gerecht werdet.

Erzieht die Kinder in Liebe, in Konsequenz und Klarheit. Und die Tiere, die ihr liebt, liebt und hegt sie in einer Weise, die ihrer Entwicklung gerecht wird. Darüber hinaus begegnet euch als Mann und Frau in einer Stellung, die gleichwertig ist, daß denn keiner sich über den anderen erhebe und spreche: «Ich bin mehr als du.» Mann und Frau sollen immer vollkommen eins sein. Die Sinnhaftigkeit einer Partnerschaft, das Sichverbinden von Mann und Frau, ist ebenso ein Üben, wie der Vater und die Mutter üben, Schöpfer zu sein, und dies am Kind derart bewerkstelligen, daß Erziehung, daß Schutz und daß Entwicklung gewährt werden.

So sollt ihr, da ihr als Paar zusammen seid, als Mann und Frau, das Einssein üben. Denn ihr seid gekommen aus der Einheit, und es gab einstmals eine Zeit, da ihr selbst vollkommen männlich und weiblich gewesen seid. Ihr wart androgyn. Beides war in gleichen Anteilen ausgebildet und in euch vorhanden. Und ihr lebtet weder das Männliche noch das Weibliche. Ihr lebtet als einzigartiges, ungeteiltes geistiges Wesen in der Einheit eures eigenen Bewußtseins. Und es kam der Augenblick, da ihr euch in euch selbst gespalten habt, da aus eurem Wesen, aus dem einen, zwei wurden. Ihr teiltet euch in männlich und weiblich, um das Leben zu erfahren. Ihr teiltet euch, um Vielfalt zu erfahren. Ihr teiltet euch, um Schöpfer zu sein und euch als Schöpfer zu erfahren.

Ihr habt euch verkörpert, und ihr nahmt als der geteilte Anteil eures einstmaligen ganzen Wesens abermals das andere Geschlecht an. Ihr habt euch inkarniert als Mann, und ihr habt euch inkarniert als Frau, um zu erfahren, wie es ist, innerhalb des Geteiltseins abermals eine Teilung zu vollziehen. Und so trägt ein jeder von euch in seinen Zellen ein großes, tiefes Sehnen, ein Begehren, euch wieder in die Einheit zurückzubegeben, euch wieder zu verbinden mit dem rechtmäßigen Teil eures eigenen Selbst, ganz zu sein, eins zu sein. Und aus diesem Wunsch sucht ihr hier auf der Erdenwelt beständig einen Partner, der euch diese Ganzheit gibt, der euch ergänzt, der mit euch das Eins ergibt, der zu euch gehört und der mit euch gemeinsam das Einssein findet und lebt.

Jedwede Partnerschaft zwischen Mann und Frau, die ihr lebt, ist ein unbewußter Versuch und ein Begehren, diese einstmals erlebte Einheit des eigenen ungeteilten Wesens aufs neue zu erfahren. Auf dem Weg eurer Evolution, da ihr viele Lebensdimensionen und Lebensausdrucksformen durchwandert, seid ihr stets verbunden gewesen mit diesem oder jenem Teil, und viele Male habt ihr schmerzlich erkannt, daß es ein Irrtum gewesen ist, daß dieser Mann oder diese Frau nicht der rechtmäßige Teil und die Ergänzung des eigenen und ursprünglichen Ganzen und Einen ist. Und es ist Schmerz, der daraus geboren wird. Und es ist weitere Sehnsucht, die daraus erwächst. Und aufs neue macht ihr euch auf den Weg, diesen einen Teil zu finden, der einzig und allein euch zugehörig ist, euch als die Hälfte zum Ganzen vollendet, auf daß ihr eins seid und zurückkehrt in die eigene Einheit.

So ihr also euch verbunden habt als Mann und Frau, so ist es der Wille Gottes, daß ihr dieses Verbundensein lebt in vollkommener Reinheit und Liebe, daß ihr euch Treue gebt, daß ihr euch Achtung gebt, daß ihr Demut füreinander und voreinander habt und daß ihr da seid füreinander allezeit, daß ihr nicht die Treue brecht, indem ihr euch hinwendet zu einem anderen Mann oder zu einer anderen Frau. Und es ist unwesentlich, ob ihr hierüber einen Brief verfaßt vor einer weltlichen oder vor der kirchlichen Instanz. Vor Gott ist dann eine Ehe geschlossen, so sich zwei Seelen erkannt haben. Und es ist dies manches Mal ein Augenblick, dessen sich der äußere Mensch nicht bewußt oder gewahr wird.

So Seelen sich begegnen und sich erkennen in ihrer Liebe füreinander, ist in diesem einzigen Augenblick die Ehe vor Gott besiegelt. Und es soll nach dem Willen Gottes solch eine Partnerschaft sich vollziehen in Ehre für- und voreinander, in Liebe und Treue miteinander, und es soll dies nicht getrennt werden, nicht von außerhalb und nicht durch den Menschen selbst.

So aber der Mensch beginnt, seine Entwicklung innerhalb dieser Partnerschaft von Mann und Frau zu vollziehen, und bemerkt, daß auf seiten des anderen Teils, von dem seine Seele glaubte, daß er die ursprüngliche Hälfte und Ergänzung des eigenen Seins ist, kein Fortschritt möglich ist und er allein seinen Weg gehen muß im Wachstum zum höheren Verständnis, so ist ihm gestattet, sich abzutrennen, um den eigenen Fortschritt nicht zu gefährden. Dies, was ihr Scheidung nennt, sollt ihr nur dann vollziehen, wenn offenbar wird, daß der Teil neben euch nicht bereit ist, den Weg des Fortschritts zu gehen; wenn offenbar wird, daß er stehenbleiben will und daß er gefangengenommen ist von weltlichen, materiellen Dingen, da seine Liebe sich anderswo hinwendet als zum Geistigen. So ist es euch gestattet, ganz ohne Schuld fortzugehen, und auch hierüber bedarf es vor Gott nicht eines Briefes von einer weltlichen oder kirchlichen Instanz.

Ihr habt den Segen des Vaters, so ihr euch in Liebe miteinander verbindet, wenn diese Liebe aus dem Reinen ist und wenn ihr beide den Vorsatz habt, diese Liebe in Treue zu bewahren, und nicht trachtet von Anbeginn, so euch der Partner nicht gefällt in einer späteren Zeit, euch einen neuen zu nehmen. Tauscht nicht die Partner aus, gleichsam wie ihr viele Male die Kleider tauscht. Denn mit jedem Mal, da ihr euch von einem Menschen trennt vor der Zeit, die angemessen und reif ist, werdet ihr zu einem späteren Zeitpunkt dieser Seele wiederbegegnen müssen. Und es ist ebendiese Struktur aus der Vergangenheit, die euch bindet an die Wiederkehr in diese materielle Welt.

Viele Male hören wir euch sagen, daß ihr nicht willens seid, abermals ins Fleisch und auf diese Erde zu gehen, daß ihr nicht willens seid, an dem Rad der Wiederverkörperung noch einmal zu drehen, daß ihr vollenden wollt, daß ihr aufsteigen wollt. Und so es euch wahrhaft ernst ist mit diesem Wunsch, bedenkt zuerst dies: Ihr habt bei euch Kinder, und ihr habt bei euch Mann oder Frau, die euch zugehörig sind in menschlicher, in seelischer oder aber in geistiger Weise. Und so ihr euch trennt vor der Zeit, werdet ihr deswegen wieder zur Erde hinab müssen, um dieses zu früh Abgebrochene vollenden zu können.

Denkt also daran: So ihr euch verbindet in Liebe, sei dieser Bund beständig. Und so ihr dennoch seht, daß die Zeit der Trennung kommt, weil eure eigene Entwicklung, weil euer geistiges Wachstum durch den Menschen an eurer Seite verhindert wird, so tut den Schritt der Trennung in vollkommener Liebe und in Frieden. Sucht diesen Weg so zu gehen, daß hinter euch nicht der Schmerz und nicht ein großer Berg von Scherben schmerzlicher Erinnerung zurückbleibt. Denn sonst werdet ihr einstmals zurückgerufen werden, diese Seelenscherben einzusammeln und daraus wieder ein Gefäß zu formen.

Es ist dies heute eine Zeit von großer Bedeutung, da der Schöpfer vollenden will. Und so auch ihr Schöpfer seid auf dieser Erde, vollendet auch ihr auf eine Weise, die göttlich ist – nicht nach menschlichem Maß und menschlichem Vermeinen, sondern aus einer inneren Göttlichkeit, die euch möglich ist durch den Geist, der in euch wohnt und der in euch wirken kann und will.

So ihr Menschen gleichen Geschlechts seht, die in Liebe zueinander entbrannt sind, so wißt, daß dies der himmlische Vater in folgender Weise besieht. Es sind dies Seelen, die sich kennen von alters her und die einstmals als Mann und Frau zusammengewesen und die nun abermals im Fleisch und Blut sind, doch nun gleichen Geschlechts sind. Und so in weit zurückgelegener Vergangenheit eine reine und tiefe Liebe gewesen ist und diese Seelen sich nun abermals begegnen, ist es möglich, daß sie sich dieser Liebe erinnern. Angezogen, angetrieben durch die unbewußte Erinnerung und Erfahrung von einstmals, suchen und finden sich diese Seelen und verbinden sich aufs neue.

Es ist diese Verbindung von Gott gesegnet, und sie soll nicht von Menschenmund und von menschlichem Gesetz eine Bewertung oder eine Bestrafung finden. Es ist solch eine Verbindung zwischen Mann und Mann oder zwischen Frau und Frau, da es eine Liebe von alters her aus dem Geiste und durch die Seele ist, gesegnet und rein. Und es wird solch eine Liebe nicht erlebt und gelebt auf der körperlichen Ebene.

Selten ist es dem Erdenmenschen beschert, in seinem menschlichen Bewußtsein Seelen neben sich aus der Erinnerung zu erkennen, um sich dann zur ursprünglichen Einheit zu verbinden. Dies ist eine Gnade, die nur wenigen Menschen zuteil wird. Es sind solche Menschen stets in ihrem Bewußtsein weit vorangeschritten, und es sind ihre Seelen reif. Es suchen solche Menschen diese Verbindung nicht auf der körperlichen Ebene zu vollziehen. All dies ist zu diesem Zeitpunkt bereits abgelegt. Das Bedürfnis, körperliche Freude zu erfahren durch ein menschliches Verbinden von Mann und Frau auf der Ebene der Sexualität, ist bereits abgelegt. Es ist die reine Liebe aus dem Geist, da Seelen sich erkennen in sich selbst und sich zueinander bekennen. Dies ist eine Liebe, die unbefleckt und rein und gesegnet ist.

So ihr aber auf die vielen Menschen schaut, die sich zusammenfinden im Gleichgeschlechtlichen und ihre Triebhaftigkeit und ihre Lust in sexuellen Ausschweifungen zu erleben suchen, die dem Menschen widernatürlich sind, so erkennt darin den Geist der Verführung und erkennt darin die Früchte einer falschen Erziehung. Erkennt darin die Früchte vieler Gesellschaftsformen, die durch falsche Gesetze, die durch falsches Verhalten und falsche Regeln den Menschen in sich vollkommen gespalten haben.

Eben weil die Kinder in allzu frühen Jahren gefordert werden, auf der Ebene ihrer Gehirntätigkeit in einer logisch denkenden Weise aktiv zu sein, weil der Ehrgeiz ein intelligentes Kind und einen begabten Schüler fordert, so hatte der heranwachsende Mensch nicht genügend Zeit, in der Phase seiner Formung und Bildung die Intuition, den emotionalen Körper auszuhärten. Die Menschen werden in ihren Empfindungen gestört. Die Intuition ist in großem Maße irritiert. Und es ist solch einem Menschen schwerlich möglich, in späteren Jahren natürliche Gefühle zu empfinden.

Alles, was ihr hier seht in der gleichgeschlechtlichen Liebe, so sie auf einer rein körperlichen Lust beruht, ist das traurige Resultat einer vollkommen fehlgeleiteten Gesellschaft, die sich wider jedes Gesetz aus Gott erhoben hat und sich allein nach dem menschlichen Willen ausrichtet. Denkt daran, daß ihr hierüber aber ebenso kein Urteil sprecht. Belaßt die Menschen in ihren Bereichen. So sie sich diesen Gelüsten hingeben, erkennt vielmehr hier ein krankhaftes Verhalten, welches aus dem Innersten ihres eigenen Wesens gesteuert wird, da dieses innerste Wesen in den früheren Jahren ihrer eigenen Ausbildung zum Unguten und Negativen angereizt und überfordert worden ist. Es sind dies die Früchte dieser Zeit. Es ist dies die Ernte einer Aussaat jener Gesellschaft, die fordert und den Anspruch erhebt, beinahe vollkommen zu sein, fortschrittlich zu sein, und die Freiheit versteht als etwas, das bedeutet, daß jeder für sich tun und lassen kann, wie es ihm beliebt.

All dies ist Trug. All dies sind Trugbilder. Es ist dies ein Suchen nach Glückseligkeit, nach Freude und Erfüllung, weil solche Menschen nicht mehr fähig sind, in den natürlichen Ebenen ihrer eigenen Entwicklung diese Erfüllung und Freude zu finden. Es ist dies das Resultat und die Frucht eurer Zeit, und es ist in großem Maße auch der Anteil eurer Technik, die mit der beständigen Überreizung eurer Nervensysteme den Menschen in seinem emotionalen Empfinden vollkommen irritiert. Beschaut diesen Bereich mit Bedauern, doch wendet euch ab und enthaltet euch eines jeden Urteils hierüber, damit nicht über euch auch gerichtet wird. Laßt all diese Dinge bei sich und kehrt ihnen den Rücken und seid bestrebt, Mutter und Vater, Mann und Frau, Tochter und Sohn, Schöpfer und Lehrer zu sein in der Weise, wie es eurem himmlischen Vater, Gott, wohlgefällig ist. So wird bei euch allezeit der Segen und der Friede sein, gleich, was außerhalb von euch vor sich geht. Dies wird keine Macht über euch haben.

Dies also ist es, was ihr tun sollt mit alldem, was in eure Hände, in eure Obhut gegeben ist: Ihr sollt allezeit bedenken, daß ihr zum Schöpfer berufen seid. Es ist all dies ein Übungsfeld für Späteres, für Größeres. Ihr habt in euren Händen durch die Tiere eine Vielzahl von Bewußtseinsatomen und Gruppenseelen, deren weiterer Werdegang und deren weitere Evolution durch die Begegnung mit euch einen großen Einfluß hin zum Guten oder aber, so ihr es wollt, auch zum Unguten erfährt. Und diese Erfahrung wird sich eingraben innerhalb der Gene, innerhalb der Zellstruktur, und wird einen Teil des werdenden Wesens mitbestimmen.

Versteht nun das Wort Weltenbeweger. Ihr seid nun alle in einer Reifeprüfung. Ihr seid nun alle in einer Phase, da ihr tätig seid auf vielen Ebenen gleichzeitig: als Mutter, als Vater, als Lehrer – als Weltenbeweger. Euer Einfluß, den ihr durch Erziehung, durch die Begegnung, allein durch eure Existenz auf die Schöpfung nehmt, ist groß und prägend. Deshalb wurdet ihr Weltenbeweger genannt. Und weil euer menschlicher Geist nicht allein in eurem Leben wirkt, sondern weil ihr in großen Teilen geistig erwacht seid, ist das, was von euch ausgeht, machtvoll.

So ein Erdenmensch, der geistig schlafend ist, in seinem Leben Fehler macht innerhalb der Erziehung als Vater oder Mutter oder als Lehrer oder als Schöpfer in seinem Bereich, so ist dies, was als Schaden daraus hervorgeht, begrenzt, denn die Energien, die von ihm ausgehen und durch ihn wirken in seinem Lebensbereich, haben nur begrenzte Kraft und Möglichkeit, sich zu manifestieren und sich auszudrücken.

So aber ein Erdenmensch erwacht ist im Geiste, so trägt dieser Zustand dafür Sorge, daß alles, was von solch einem Menschen ausgeht – in der Erziehung, in seinem Amt als Schöpfer, als Vater, als Mutter, als Mann und Frau, als Lehrer –, eine weitaus größere Kraft hat. Er nimmt Einfluß und prägt die Schöpfung in großem Maße, und alles, was ihm begegnet, erhält von ihm gleichsam einen Stempel, der bleiben wird.

Ihr habt also in euren Händen einen unsichtbaren Stempel, mit dem ihr ein Erbe in der Schöpfung hinterlaßt. Dieser Stempel trägt euren Namen. Und die künftige Schöpfung, die hervorgehen wird, wird euren Namen offenbaren. Tragt Sorge, daß dieser euer Name an Dingen steht, die gut sind, daß alles, was euch begegnet, alles, was in eure Obhut gegeben wird, sei dies zur Aufzucht, sei dies zur Weiterbildung, sei dies, um schöpferisch tätig zu sein, so es euren Namen trägt im Geiste, dieser Erde, dem Leben und dem Schöpfer zur Ehre dient. Dies ist der Wunsch eures himmlischen Vaters.

Die Freiheit, der Friede, das, was ihr sucht, kann und wird nur bei euch sein, so ihr die Gesetze aus Gott befolgt, die ich, Uriel, euch geoffenbart habe. Es sind dies die Gesetze der Ordnung.

Ihr werdet Segen bei euch haben, so ihr euren Kindern ein Vorbild gebt. Und ihr, die ihr Kinder seid, anerkennt eure Eltern als die Schöpfer eures menschlichen Seins und zeigt dies durch eure Dankbarkeit und Liebe. Denn so, wie Vater und Mutter gesegnet werden, wenn sie ihr Amt als Eltern im Gesetz der göttlichen Prinzipien vollziehen, so werden eben die Kinder gesegnet sein, die zu ihren Eltern aufschauen in Dankbarkeit und Ehrfurcht. All dies ist ein Üben. Ihr alle wart einstmals Kinder und wurdet gelehrt, aufzuschauen zu euren Eltern. Im Geiste werdet ihr gelehrt, ebenso aufzuschauen als Kinder zum himmlischen

Vater, Seine Gesetze zu befolgen, damit Er euch segne. Und so war es an den Eltern einstmals, da ihr aufgeschaut habt und dankbar wart, euch zu segnen. Und so ist es an euch nun, daß ihr weitergebt den Segen an die Kinder und daß die Kinder antworten mit Ehrfurcht und mit Dankbarkeit.

Diese einfachen, natürlichen Regeln und Gesetze der Ordnung haben auf eurer Erdenwelt nur wenig Gültigkeit. Setzt alles daran, sie augenblicklich zu vollziehen, und ihr werdet bald Frieden und Freiheit bei euch haben. Denn nur wer zuvor gelernt hat, seinen Willen unterzuordnen, sich einzufügen in ein Prinzip der Ordnung, dem allein kann und wird Freiheit widerfahren, denn auch Freiheit hat ein eigenes Gesetz.

Denkt daran: Ihr werdet verführt. Ihr werdet manipuliert. Und vieles, was gut und richtig ist, wird euch als unwahr und ungut dargestellt. Das Werk der Täuschung, die Macht der Zwietracht sucht in besonderer Weise sich dort einzufügen und dort tätig zu sein, wo Liebe ist, wo Menschen sich verbinden, um eins zu sein. Weil die Macht der Dunkelheit weiß, daß Einheit stark macht, sucht sie zu entzweien. Weil die Macht der Dunkelheit weiß, daß dort, wo Ordnung gelebt wird, bald Freiheit und Frieden sein werden, sucht sie die Ordnung zu stören, und sie gibt vielerlei Trugbilder, Scheinfrieden und Scheinmacht. All diesem folget nicht! Die Klarheit des Geistes, die Konsequenz, aus der euch Kraft erwächst, all dies ist euch möglich, wenn ihr im Gesetz der Ordnung bleibt und nach dem Gesetz lebt, welches euch zum Segen und zum Schutz dient.

Laßt diese Worte nun in euch wirken.

Es ist nun der Augenblick gekommen, da ihr der Ruhe bedürft, denn euer menschlicher Verstand muß lernen, diese Gesetze aus Gott anzunehmen. Euer menschlicher Verstand muß lernen, zurückzukehren zu dem, was aus euch selber ist.

Und auch ihr, die ihr heute Vater und Mutter seid, die ihr Mann und Frau seid in einer Partnerschaft, ihr habt die Manipulation bei euch, und ihr habt die eigene menschliche Meinung. All dies müßt ihr auflösen, um vollkommen neutral zu sein. So wie ein Blatt nur beschrieben werden kann, wenn es gänzlich rein ist und sich noch keine Buchstaben darauf befinden, so muß auch euer menschlicher Geist rein werden und bereit sein, zurückzukehren in eine vollkommene Neutralität, um sich dann noch einmal unbeeinflußt dem göttlichen Willen zu untergeben, um sich dann noch einmal ganz aus sich selbst auf die Gesetze aus Gott auszurichten.

Dies haltet in eurem Herzen fest. Es bewegt euch in euren Gemütern die Frage nach dem, was der rechtmäßige Teil ist, der zu euch gehört. Und es bewegt euch ebenso die Frage, warum der eine oder andere allein ist. Gebt euch eine Phase der Ruhe und der Entspannung. Auch hierüber werde ich, Uriel, sprechen. Es ist genug der Energie, die aufzufangen euer menschliches Wesen fähig ist.

So segne ich euch und entlasse euch in die Ruhe, derer ihr bedürft. Gott zum Gruße! Uriel.

Christus, der Geist Gottes

Jesus
21. Oktober 2001 in Kißlegg

Hörbuch (CD)
ISBN 978-3-935173-37-7

Wenn ich euch sage: «Ich bin der Christus», versteht ihr diese Worte? Begreift ihr wahrhaft den Sinn dessen, was gesagt worden ist? Wenn ich euch sage: «Der Vater und ich sind eins», wißt ihr auch dieses zu begreifen? Und versteht ihr den Sinn dessen, was gesagt worden ist, wohl? In wessen Namen soll ich euch grüßen, da doch der Vater und ich eins sind?

Alle kennt ihr den Menschen Jesus, der so wie ihr einstmals über diese Erde im Fleische ging. Und dennoch habt ihr den Christus in Jesus bis zum heutigen Tage nicht verstanden. Denn der Christus ist nicht ein Name, welcher dem Jesus zugehörig ist. Der Christus ist der Geist aus Gott, so er erwacht ist, so er sich offenbart in der Schöpfung, und es hat der Geist des Vaters sich offenbart im Menschen Jesus auf dieser Erdenwelt. Es ist damals mein Amt gewesen, das erwachte Bewußtsein aus Gott in der Schöpfung auf der Erde im materiellen Boden zu manifestieren.

Weil der Mensch Jesus dem Geist Gottes in sich jeden Augenblick die Möglichkeit gab, sich zu offenbaren, war es dem Menschen Jesus damals möglich, den großen Geist des Christus, das Bewußtsein Gottes, in sich und durch sich zu offenbaren. Und ich bin gekommen, um diese Erde zu erwecken aus ihrem geistigen Schlaf und den Christus, den Geist Gottes, der in einem jeden wohnt und lebt, zu rufen.

Viele Male sprach ich zu euch: «Folget mir nach!» Und ich vermeinte nicht nur die Wege, die ihr wandeln solltet, indem ihr die Gebote des Vaters haltet, indem ihr kündet von Seinem Wort und von Seinem Plan. Ich habe den Christus in euch gerufen. Es ist also der Christus der Geist Gottes, und so ihr einen Menschen atmen seht, wißt, daß auch in diesem Wesen ein Christus verborgen ist. Und der Unterschied besteht einzig und allein darin, ob der Christus erwacht ist oder ob er schläft.

Wie soll der Mensch den Christus erkennen, wie vermag der Mensch Gott zu finden, da er sich selbst in der Schöpfung noch nicht erkannt hat? Ihr, die ihr auf dieser Erde seid, habt den Christus in euch erweckt, und ihr habt verstanden, daß ihr es wart, die gerufen und gewünscht haben, ein Kind des Allerhöchsten zu sein, was bedeutet, sich weit über die Dienerschaft des Schöpfers zu erheben. Ein Kind des Vaters zu sein bedeutet also, das Reich Gottes zu ererben, teilhaftig zu sein, Mitregent zu sein. Das Reich Gottes aber ist die Schöpfung selbst, alles, was ist, was war und jemals sein wird.

So bin ich heute gekommen, um euch noch einmal ein klares Verständnis zu offenbaren darüber, wer ihr selber seid, damit ihr aus eigenem Erkennen euren eigenen Platz innerhalb dieser Schöpfung finden könnt. Denn obwohl euch vieles bereits geoffenbart worden ist, habt ihr in eurem eigenen Verständnis noch nicht die Fähigkeit, euch wahrhaft als dieses zu erkennen, was ihr innerhalb dieser großen Schöpfung seid.

So gibt es also einen Schöpfer und einen Gott, aus dessen Odem und Geist alles geboren ist. So gibt es also eine große Engelwelt, welches die Geister sind, die im ersten durch die Wesen der Ursöhne aus Gott selbst gezeugt wurden. Und diese wiederum schöpften in Seinem Namen und Auftrag durch sich aus dem Geiste Gottes weitere Wesen. So wurde nach und nach der Himmel bevölkert. Da war und ist ein Gott und eine Vielzahl geistiger Diener. Und so ein Teil dieser geistig geschöpften Wesen sich vom Licht, vom Schöpfer abwendete und sich aus den Himmeln entfernte, um in das Reich der Materie einzugehen, so, wißt, war dies zu jener Zeit der Weg der gefallenen Engel.

Aus der Seelenstruktur der gefallenen Engel hat Gott selbst die materielle Welt geschöpft. Die Seele, die in jedweder Materie enthalten ist, ist ein aus dem Satan entnommenes Elixier. Die Menschen dieser Erdenwelt, deren Seelen eben aus dem Elixier des Satans gewoben sind und dennoch in sich den lebendigen Geist und den schlafenden Christus aus Gott bergen, bestimmen augenblicklich den Werdegang und das Geschick dieser Welt. Dies also ist ein Teil der Schöpfung: der Schöpfer selbst, die geistigen Kinder, welche Engel und Diener sind, und die gefallenen Diener, welche zum Erdenmenschen erweckt und berufen wurden.

Und da ist ein anderer Teil und ein anderer Weg zur Menschwerdung. Da etliche der Diener des Lichtes, geschöpfte Geister aus Gott oder Kinder der Erstsöhne, wünschten aus ganzem Herzen ebenso, nicht nur ein Kind des Himmels, ein Diener, sondern ein rechtmäßiger Erbe, ein Kind Gottes zu sein, haben sich etliche dieser geistgeschöpften Engel und Diener hinabbewegt, sind den Weg des Fleisches gegangen und wurden in diese Erdenwelt geboren. Sie wurden Menschen dieser Welt. Und auch sie mußten durch die Fleischwerdung in ihrer Seelenstruktur gestatten, das Elixier des Satans zu tragen.

Die Seelenstrukturen der Erdenmenschen sind aus den Atomen der Seele der gefallenen Schöpfung entnommen. Und es ist dies der Plan des Vaters, auf diesem Weg die gefallene Schöpfung zurückzuführen, alles Dunkel zu erleuchten und nach und nach die Seele des Satans aufzulösen in unzählbare Einzelteile, die sich offenbaren im Erdenmenschen, und sodann den schlafenden Christus in diesen Menschen zu erwecken, ihn zu rufen, auf daß das Gefallene sich wieder erheben kann, um im ursprünglichen und ungetrübten reinen Licht und Glanz zu erstrahlen.

So also ein nichtgefallener Geist bereit ist, das Kleid des Erdenmenschen anzuziehen, weiß er, daß er sich selbst mit einem Teil seines eigenen Wesens verflicht mit dem, was einstmals gefallen ist. Und es nimmt dieser Geist schweren Herzens und dennoch voll Mut diesen Weg auf sich, um dadurch dem verlorenen Sohn die Heimkehr zu Gott zu ermöglichen.

Ihr bevölkert diese Erde mit den Kindern, welche aus und durch euch geboren werden, und dies ist die Sinnhaftigkeit aller Schöpfung: den Raum auszufüllen, das Geschöpfte sich untertan zu machen, was bedeutet, daß die Schöpfung lernen soll, Gesetz und Willen aus Gott zu verstehen und danach zu leben, damit jedwede Seele ewiges Leben erfahren kann. So haben die Engel im Himmel den Auftrag, auch diese Schöpfungswelt zu füllen und dieser Schöpfung dann zu vermitteln ebenso, was der Wille und das Gesetz aus Gott ist.

So ist also ein Teil auf der Erde aus jenen Menschen, die gefallene Geister von Urbeginn sind. Und ein anderer Teil der Menschen auf dieser Erdenwelt sind jene nichtgefallenen Geister, die freiwillig das Kleid des Fleisches angezogen haben. Und es ist ein weiterer Teil innerhalb der Schöpfungswelt dieser, daß die Seelen, die unablässig aufs neue weiter geschöpft und kreiert werden in den geistigen Schöpfungswelten wie von alters her durch die erstgezeugten Söhne aus Gott, die weder aufgestiegene Meister noch gefallene Geister sind, einen langen, mühsamen Weg durch alle Schöpfungsebenen antreten, um sich dann zu einer erwachten Menschenseele zu erheben und dann aus sich selbst zu entscheiden, den Weg durch das Fleisch zu gehen oder aber in den geistigen Gefilden der unsichtbaren Schöpfungswelt zu verweilen und dort ebenso das Amt des Engels, des Dieners anzutreten.

So ein Kind auf dieser Erde geboren wird, habt ihr vor euch im Äußeren einen kleinen und winzigen Menschen. Im Innersten aber habt ihr vor euch ein Wesen voll des großen Mutes. Jede Seele weiß, bevor sie den Weg zur Fleischwerdung betritt, um die großen Gefahren, um die Mühsal, die sie erwartet. Und jede Seele hat die vollkommen freie Wahl, den Weg des reinen Geistes oder aber den der stofflichen Welt zu gehen.

Auch mir, Jesus, war es schwer, in die tiefe Materie hinabzusteigen. Und der Mensch Jesus, der ich einstmals gewesen bin, kannte ebenso wie ihr den Schmerz, das Leid und die Tränen. Obschon das Band der Liebe zum himmlischen Vater nicht einen Augenblick im Menschen Jesus zerrissen war und obschon der Vater in mir die Kraft und die Möglichkeit besaß, sich durch den niederen Menschen, das Fleisch des Jesus zu offenbaren, war der Mensch Jesus ebenso wie alle materielle Schöpfung den Gesetzen der Materie unterstellt. Gottes Gesetz weicht niemals von sich selber ab, und obschon ich als Jesus den Vater gebeten habe in jener Zeit, diesen bitteren Kelch des Schmerzes an mir ungetrunken vorübergehen zu lassen, wurde diese Bitte nicht erhört. Erkennt, daß der Vater keinen Unterschied in Seiner Schöpfung zwischen Seinen Kindern kennt.

Obschon ich bereit gewesen bin, meinen Geist durch die Materie gefangennehmen zu lassen, und ich habe dies getan aus purer und reiner Liebe, wurde mein Bitten nicht erhört, denn das Gesetz aus Gott ist nicht ein hartes Gericht, sondern vielmehr ein Prinzip, welches jedem Leben dient zur ewigen Erhaltung, zum Schutz und zum Segen des eigenen Seins. Erkennt also, daß der Mensch Jesus ebenso wie ihr das Kleid des Menschen getragen hat und demzufolge gelernt hat, das Menschliche zu erspüren, das Menschliche zu ertragen und vor allen Dingen das Menschliche zu verstehen.

Euer himmlischer Vater ist euch nachgefolgt in einen fleischlichen Körper. Euer himmlischer Vater hat durch den Menschen Jesus den irdischen Tod erfahren, weil der Vater Seine Kinder verstehen will, weil die Kinder den Vater vergessen haben und weil der Vater wünscht, daß Seine Kinder vollkommen ohne Angst den Weg zu ihm zurück nach Hause gehen.

Die Auferstehung des Jesus, der Sieg über den Tod war und ist die Hoffnung, die euch der Vater gegeben hat, daß ihr den Tod nicht fürchten sollt und daß ihr die Macht des Satans nicht achtet, denn Gott selbst ist in einem jeden von euch. Ruft den Christus! Laßt ihn in euch auferstehen! Gebt ihm Raum, daß er durch euch wirken kann, und bekämpft eure Ängste und Zweifel, denn diese sind der Teil aus dem Satan, welcher in der Struktur eurer Seelen lebt.

Ihr seid gekommen, um den verlorenen Sohn nach Hause zu führen. Ihr seid gekommen, um den geschöpften, gefallenen Teil zu erlösen. Nicht Jesus, der Mensch, war und ist der Weltenerlöser. Jesus war euer Beispiel. Jesus ist euer Bruder. Jesus war der Vater im Fleisch.

Die Braut des Christus, die mir dereinst zugeführt werden soll: Wer, vermeint ihr, ist dies? Jene, die teuer erkauft werden von dieser Erdenwelt, da sie ebenso wie ich zuvor die Erde überwinden müssen, was bedeutet, daß keine Angst, kein Zweifel, kein Leid mehr vorhanden sein darf. Jene sind es, die erkoren sind, die Braut des Christus zu sein, die aus Liebe und Glauben diese Welt überwinden, was nicht bedeutet, den physischen Tod zu erfahren, sondern vielmehr alle Machenschaften, die aus dieser Welt gewoben sind, zu überstehen, vor den scheinbaren Mächten dieser Welt nicht zu zittern, zu erkennen und jeden Augenblick zu wissen: In mir lebt Christus, mein Bräutigam, ich bin die Braut und kam zur Erde, um mich zu heiligen und zu würdigen, diese Braut zu sein, und gleich meinem Bräutigam will ich die Welt überwinden.

So ihr an eurer Seite einen Menschen habt, den ihr liebt, da ihr seid Mann und Frau, seid ihr in eurem menschlichen Bewußtsein bereits im Vollführen einer Partnerschaft, und ihr übt und ahmt unbewußt die Ehe mit Gott nach. Es ist euch dieser Stand der Ehe und der Partnerschaft zwischen Mann und Frau gegeben, damit ihr die Möglichkeit habt, durch einander zu erfahren, was Liebe und Treue und Einheit bedeuten.

Es ist dies eine heilige Ehe vor Gott, die gelebt wird von Mann und Frau in gegenseitiger Achtung und in Demut voreinander, da sich keiner über den anderen erhebe und sich jeder, sowohl die Frau als auch der Mann, einen jeden Tag aufs neue aus ganzem Herzen bemühe, in dieser Liebe lebendig zu sein. Dies ist ein Dienen für Gott, dies ist ein Segen für alle Schöpfung, und dies ist Hoffnung für jene, die nach euch sind, daß ihr die Liebe lebt untereinander.

Und so ihr euch beschaut in eurem menschlichen Sein und ihr aneinander Fehler und Schwächen erkennt, schaut über dieses menschliche Wesen hinaus und sucht den Christus, die Braut, in eurem Partner zu finden und bedenkt allezeit, daß auch ihr Schwächen bei euch habt und viele Male auch in euch der Christus zum Schlaf gezwungen wird.

So wie ihr also euren Christus nicht betrüben und auch nicht betrügen sollt, sollt ihr allezeit als Mann und Frau willens sein, euch gegenseitig nicht zu betrüben und nicht zu betrügen. Werdet euch gewahr: Die Ehe zwischen Mann und Frau wurde euch zum Üben im Menschlichen und Stofflichen gegeben, die Braut des Christus zu erfahren. Die Ehe ist dazu angetan, sich gegenseitig anzuhalten, die eigene Vollkommenheit von Tag zu Tag aufs neue zu bestärken und auszudehnen.

So ihr also reif und würdig geworden seid, die Braut des Christus zu sein, bedeutet dies, daß ihr im Äußeren eures menschlichen Wesens so viel Erkenntnis manifestiert habt, daß der Christus sich mit euch, diesem äußeren menschlichen Wesen, zu verbinden vermag. Es ist dann der Christus im Inwendigen nicht mehr ein kleines, verborgenes Licht, es ist dann der Christus groß und stark und erwacht und lebt in euch in ebenbürtiger Weise, und ihr seid eins mit ihm.

Neben dieser inwendigen Braut des Christus, die einstmals an ihren Zierden erkannt werden wird, gibt es eine weitere Braut des Christus. Es sind dies jene Seelen, die ihren eigenen Weg der Entwicklung vollendet haben. Es sind dies jene Seelen, die da kein Wohlgefallen mehr an dieser Welt finden noch an jedweder anderen materiell geschöpften Welt. Jene Braut ist ein Bündnis von Überwindern, ein Bündnis jener Seelen, die das Materielle hinter sich gelassen haben und deren einziges und erstes Anliegen Tag und Nacht darin besteht, bei mir, dem Christus, zu sein.

Es gibt eine Zahl jener Seelen, die einstmals an meiner Rechten gemeinsam mit mir das Reich des Friedens regieren werden, und es sind dies 144 000 Erwählte aus Gott, die alle Materie überwunden haben, deren Christus lebendig geworden ist und sichtbar durch sie wirkt und die zurückgekehrt sind in ihre Einheit; die jene ursprüngliche Teilung aufgehoben haben, also eins sind mit sich selbst, vollkommen und glückselig im Christus erwacht und willens, als seine Braut mit ihm dem Vater, der Schöpfung, dem Leben zu dienen.

So der Christus kommt, um seine Braut heimzuführen, so wird er sie erkennen an ihrem Hochzeitsschmuck, denn die Braut des Christus ist schön, reich geschmückt und vorbereitet für die Hochzeit, und es ist der Schmuck, den meine Braut trägt, Liebe, Freundlichkeit, Güte, Langmut. Sie ist fähig und bereit, alles zu verzeihen, alles zu verstehen. Übt, diesen

Brautschmuck zu erwerben, indem ihr eure Familien und Partnerschaften nutzt, euch diesen Brautschmuck zu erwerben. Achtet stets den Menschen, den ihr liebt, höher als euch selbst. So wird es euch leichter sein, diesen Brautschmuck zu erwerben. Und so euer Partner dies ebenso vollzieht, daß er euch – in seiner Liebe und durch seine Liebe – über das eigene Wesen erhebt, so kann und wird nur Friede bei euch sein.

In den Strukturen eurer Seelen ruht ein abgetrennter Teil des Geistes aus Satan. Dies ist der ewige Kampf in einem jeden von euch, daß euer Geist und Wesen aus dem Christus ist und dieser Christus ummantelt wurde von einer Seelenstruktur, die dem gefallenen Licht entnommen worden ist. Satan weiß, daß seine Zeit bald gekommen ist und ihm nicht mehr viel Raum bleibt, euch zu verführen. Und Satan bangt um sein Reich, denn sein Reich existiert nur, da ihr es belebt. Und seine Macht bezieht er aus euren Willenskräften. Beständig ist er unterwegs, euch zu verführen, daß ihr euren Willen auf das Weltliche, Irdische richtet, auf das, was vergänglich ist.

Und so ihr seinen Verführungen folgt, habt ihr bei euch den Schmerz, denn er gibt euch Leid zu trinken, auf daß der Christus in euch nicht erwachen möge. Und er zeigt euch die Schwächen derer, die ihr liebt, und er ist bemüht Tag und Nacht, die Liebe, die in euch ist, zu töten. So ihr eure Kinder liebt, verführt er euch, daß ihr ihnen aus eurer Liebe das Falsche gebt. Er blendet euch in eurem Weg, und ihr gebt euren Kindern viele Male das, was ihnen nicht zum Heil und Segen ist. Und er lenkt eure Aufmerksamkeit und euer Auge stets auf dieses, von dem er weiß, daß es euch ein Dorn im Auge ist.

So ihr also einen Mann, so ihr eine Frau an eurer Seite habt und ihr den heiligen Bund der Ehe zu führen wünscht, so ist ein Teil in euch beständig bestrebt, euch dies zu erschweren. Es verführt Satan euch dazu, die Dinge auszusprechen, welche die Schwächen dessen sind, den ihr liebt. Es ist dies sein Wunsch und sein Plan, die Liebe in euch zu töten. Denn die Liebe macht euch stark, die Liebe macht euch frei, und die Liebe ist es, welche euch zu Überwindern krönen wird.

Es sind diese Kronen der Ausdruck des ewigen Lebens, und es greift die Hand aus der Dunkelheit nach diesen euren Kronen. Seid also wachsam, vergeßt nicht, den Brautschmuck zu tragen, und haltet die Kronen auf eurem Haupte fest, die ihr erworben habt durch euren Mut, in dieses Fleisch zu gehen. Als Könige und Priester sollt ihr regieren inmitten eures eigenen Herzens. Eure Seele sei euer Königreich, in welchem der Wille des Christus regiert. Auf diese Weise schmückt euch als Braut, damit ihr würdig seid, wenn ich erscheine.

Wahrlich, wahrlich, ich sage euch: Ich komme bald. Haltet eure Kronen fest. Tragt und zieht an den Schmuck der Braut, auf daß ich euch erkennen kann. Laßt diese Welt hinter euch. Entsagt dem Leiden. Besiegt eure Angst. Erhebt eure Häupter. Frohlockt, denn die Zeit ist nahe, da der Vater sprechen wird:

«Hole die Ernte ein und gehe, Mein Sohn, und führe die Braut nach Hause. Teuer erkauft ist jede einzelne Seele. Und fortan wird kein Leid, keine Not und kein Schmerz mehr sein. Und Ich will diese Erde reinigen von allem Greuel, und Ich werde den Geist des Satans binden. Und Ich werde Meinen Sohn und seine Braut setzen in Mein Reich. Und es wird Frieden sein. Und die goldenen Lebenskronen auf den Häuptern derer, die teuer von dieser Erde erkauft worden sind, werden zur Freude und Ehre Gottes zum Himmel erstrahlen. Und sie werden Mein Volk sein. Ich werde bei ihnen sein allezeit. Und sie werden Mich erschauen von Angesicht zu Angesicht.»

So diese neue Zeit gekommen ist, werdet ihr die Erde auf ein neues füllen. Und der Geist aus Satan wird aus jedem entfernt sein, und die Seelen, welche dann durch euch als Kinder auf diese Erde gelangen werden, tragen in sich vollkommenes, reines Licht. Da wird nichts Dunkles, nichts Unerlöstes, nichts Böses mehr sein. Und es wird Friede sein tausend Jahre lang. Ihr geht einer Zeit entgegen, die vieles für euch bereithält.

So ihr tief verwoben seid mit dieser Erdenwelt, werdet ihr wahrlich Schmerz erleben. Doch so ihr euch in diesem Schmerz befindet, sollt ihr nicht verzagen, sondern meiner Worte gedenken, die da gesprochen sind: Es ist Befreiung. Denn Michael ist ausgesendet, mit seinem mächtigen Schwert abzuschlagen, abzutrennen all dies, was euch an eine vergängliche Welt bindet; abzuschlagen dies, welches euch den Kelch der Not und des Leidens zu trinken gegeben hat; abzuschlagen, was verhindert, daß der Christus in euch leben darf. Laßt also die Trennungen zu, laßt den scheinbaren Verlust zu, denn es ist die Zeit der Entscheidung, da genommen wird, was nicht zusammengefügt sein soll. Es ist die Zeit, da getrennt wird, was sich gegenseitig behindert auf dem Weg zum ewigen Leben.

Begebt euch mehr als zuvor in das Gebet. Pflegt auch diese Partnerschaft, die ihr als Seele mit Gott bei euch habt. Pflegt jene Partnerschaft, die ihr habt als Kind zum himmlischen Vater. Es ist das Gebet ein Verbundensein mit Ihm in ganz direkter Weise. Sucht Seine Nähe. Sprecht in Gedanken zu Ihm. Und auf Ihn allein richtet eure Hoffnung, euren Wunsch und euer Ziel. So ihr mit eurem himmlischen Vater verbunden seid, wird Er euch den Kelch der Wahrheit, den Kelch des Lebens, Seinen eigenen Geist zu trinken geben, und ihr werdet stark sein, und eure Augen werden sich rein waschen, auf daß ihr von Mal zu Mal besser erkennt, was für euch gut und was für euch ungut ist. Achtet auf den Kelch, der euch gereicht wird, und trinkt nicht den Kelch der Verführung.

Wißt: Der euch behütet, schläft nicht. Wie ist es möglich, daß Angst bei euch ist, da ihr doch wißt, daß euer himmlischer Vater mächtig ist, daß alle Schöpfung Ihm gehorchen muss? Da ihr doch wißt, daß der Vater Seine Kinder liebt – so sehr, daß Er Seinen eingeborenen Sohn in den irdischen Tod gegeben hat, daß Er selbst das Kleid des Fleisches angezogen hat, um euch denn noch besser zu verstehen. Wen fürchtet ihr? Die Not dieser Welt, sie ist ein kleines Übel. Die Not der Seele jedoch ist eine Kraft, die euch zu zerstören vermag. So trachtet also danach, eure Seelen zu reinigen, was bedeutet, daß der Christus in euch leben und wirken soll.

Trachtet danach, dieser Welt zu entfliehen, was bedeutet, ihr keine Beachtung zu schenken. Glaubt an euren himmlischen Vater. Liebt Ihn. Denn der Schmuck der Braut, den ihr erworben habt, den ihr fernerhin erwerbt, soll Ihm zur Ehre, zur Freude und zum Dank gereichen. Und es ist der Zweifel und die Angst nicht der Schmuck einer Braut des Christus. Es ist dies das Zeichen der Untertänigkeit des Dunklen. So ihr Angst bei euch habt, so ihr zagt und zweifelt, betrübt dies das innere Licht, und es ist dies der Augenblick, da Satan selbst sich eurer Kräfte bedient und damit die eigene Macht bestärkt.

Ihr habt bei euch allezeit die Entscheidung, den Kelch der Verführung zu trinken oder aber den Becher der Wahrheit, welcher euch das ewige Leben geben wird.

Bleibt in der Liebe, denn ebendiese wird auf dieser Erde bald nicht mehr gefunden werden. Der Kampf auf eurer Erdenwelt wird ein großer und mächtiger werden, und darob werden die Herzen vieler Menschen erkalten. Darum sollt ihr euch enger zusammenschließen, die ihr seid Mann und Frau, um euch zu lieben um so mehr, um euch dadurch Schutz und Stärke zu geben. Ihr sollt euch enger zusammenschließen, die ihr Familien seid, daß denn die Kinder ihre Eltern ehren wie von alters her und wie das Gesetz aus Gott es lehrt und daß die Eltern bemüht sind, in Liebe ihrer Schöpfung gerecht zu werden, und ebenso dienen aus Weisheit und in Fürsorglichkeit. Und ihr, die ihr allein zu sein glaubt, schließt euch noch enger zusammen mit dem Christus in euch. Lebt in diesem Bündnis mit Gott und wißt, ihr seid Gott nahe. Und auch für euch kommt der Augenblick, da ihr vereint werdet auch im Äußeren eures Menschseins mit dem Teil, der die rechtmäßige Ergänzung eures eigenen Wesens und Seins ist.

Nehmt alles, was bei euch ist, dankbar an. Klagt nicht. Denn keinem von euch ist das eigene Schicksal aus Zufälligkeit widerfahren. Ihr habt gesät, ihr habt geerntet. Und es ist die Zeit gekommen, da die Ernte beschaut wird und ihr gerufen seid, auszulesen und zu trennen den Weizen von der Spreu, auf daß der Weizen übrig bleibe, welches der Geist Gottes, der Christus in euch ist; und daß ihr die Spreu hinforttut aus euch, was bedeutet, in eurer Seele die Schwingungen des Leides zu entfernen, auf daß ihr nicht mehr dem Reich der Dunkelheit zugänglich seid und dem Satan dient. Vollführt diese Trennung in eurer eigenen Ernte mit Mut und hängt nicht fest an der Spreu, die eure Seele vergiftet.

Segen über euch!

Die Flügel des Vaters sind über euren Häuptern ausgebreitet. Gott sammelt Sein Volk und ruft Seine Kinder. Seid wachsam, daß ihr Seinen Ruf vernehmt, und fürchtet nichts, denn der Gott, welcher das Volk Israel trockenen Fußes durch die Wasser führt, und der Gott, der Noah vor den Fluten zu bewahren wußte, vermag auch euch zu erretten von allem Übel. Und so die Zeit kommen wird, da diese Erde bebt mehr noch, als sie es bereits getan hat; da die Zeit kommen wird, daß neuerliche Fluten das Land überdecken; da die Zeit kommen wird, da sich die Erde in sich selbst trennen und spalten wird, um vieles zu verschlingen, sollt ihr wissen, wer ihr seid.

Und tragt denn um so mehr den Schmuck der Braut, damit ihr erkannt werdet in dieser Dunkelheit, in all dem Greuel und Übel auf dieser Erde. Tragt mit Freuden den Schmuck der Braut, so wird euch nichts geschehen. Liebe, Freundlichkeit, Langmut, Geduld – tragt euren Schmuck, auf daß ich euch erkenne. Tretet hinaus ins Leben und fürchtet nichts, denn euer Gott schläft oder schlummert nicht.

Fürchtet nicht die Einsamkeit, denn es sind Stunden, da eure Seelen geläutert werden von dem, was euch ins Verderben führen will. Denn nicht nur im Äußeren sollt ihr erkennbar sein am Schmuck der Braut, auch eure Seele wird geschliffen zum kostbaren Kristall, denn ihr seid das Licht dieser Welt. Leuchte, leuchte, mein Volk! Dein Gott hat dich nicht vergessen. Noch zögert Er die Erfüllung Seiner Verheißung hinaus. Hadert nicht, so diese Gnadenzeit noch andauert. Sie ist jenen zugedacht, denen Zeit gegeben wird, damit sie noch umkehren. Leuchte, leuchte, mein Volk! Laß den Christus in dir lieben und trage den Schmuck der Braut, denn ich habe dich erwählt aus meiner Liebe, daß du lebst ewiglich und daß der Friede bei dir sei in deinem Haus.

Segen, Segen, Segen!

Es umfangen euch die Arme des Christus. Es sind fernerhin über euch die Flügel des Schutzes aus Gott. Und es nimmt Abschied euer Bruder Jeschua. Gott zum Gruße!

Fragestunde II mit Herakles

Herakles beantwortet Fragen der Seminarteilnehmer *Hörbuch (2 CDs)*
21. Oktober 2001 in Kißlegg *ISBN 978-3-935173-38-4*

Dieser sprechende Mund hat ein Geheimnis geoffenbart.* Und so bekenne ich, Herakles, mich zu diesem geoffenbarten Geheimnis, da es die Wahrheit ist, und es soll euch die Wahrheit nicht vorenthalten werden. Gott zum Gruße!

Ja, es ist die Wahrheit, daß mein Geist und mein Herz geöffnet sind in einer vollkommenen Liebe für euch. Und es entspricht der Wahrheit ebenso, daß ich in Demut und in Freude mein Haupt zum Dienen für euch neige und euch mit Freude und aus purer Liebe gebe, was ich selbst gesammelt habe an Wissen und Verstehen.

Einstmals, als auch ich als Mensch über diese Erde gegangen bin und mein Name gerühmt wurde ob meiner körperlichen Kräfte, haben die Menschen mich in unterschiedlicher Weise behandelt. So ist es viele Male Verehrung gewesen, und es ist viele Male Verachtung gewesen, und es ist mein Leben auf der Erde im Fleisch ein beständiger Kampf gewesen. Dies wißt, daß ich, Herakles, einstmals lebte in einem Körper aus Fleisch und Blut. Und obschon es einen Himmel gibt in griechischen Gefilden, der gewoben und gesponnen ist aus vielerlei Fantasie, und man mir einen Platz an diesem Himmel zugewiesen hat, wißt: Ich, Herakles, lebte dereinst auf dieser Erdenwelt.

Und es wurde mir eine Vielzahl an Aufgaben zuteil, die an vielen Orten von den Sterblichen nicht zu lösen waren. Und ich hatte eine Vielzahl irdischer Feinde, die mir von Beginn meines irdischen Lebens an nach meinem Dasein, nach meiner Existenz trachteten. Dieses Wissen offenbart euch Herakles, und es ist nun in eurem Herzen der Wunsch, mehr zu erfahren über das, was ich gewesen bin, und mehr zu wissen und zu verstehen über das, was ich bin.

---

* Susanne sagte einleitend, bevor sie in Trance ging, die Teilnehmer sollten für die mitunter lange Dauer der Herakles-Fragestunden Verständnis haben. Herakles spreche so lange, weil er die Anwesenden liebe und sehr gerne mit ihnen zusammen sei.

Lange habe ich diese Frage erwartet. Und wißt, daß ich mit Wehmut, mit einem kleinen Schmerz und dennoch mit Wohlgefallen und Freude mein Wesen vor euch, die ich liebe und denen zu dienen ich gelobt habe, offenbare. Kommt also, sagt mir, was ihr zu wissen wünscht, und seid allezeit gewiß, daß ich, Herakles, umgeben bin von euren geistigen Wegbegleitern, daß ich umgeben bin von aufgestiegenen hohen Mächten, Lichtern und Geistern, die augenblicklich hineingreifen, so ich, Herakles, aus mir selber die Antwort nicht zu geben weiß, um euch dann durch mich auf diese Weise zu dienen, daß die Antwort aus jenen Gefilden kommt, da das Verstehen und die Weisheit über euer Wissenwollen vorhanden ist. Kommt also! Ihr werdet in Freude erwartet, und die Arme von Herakles sind ausgebreitet zum Empfangensgruß.

Gott zum Gruße, geliebter Herakles! Ich danke dir herzlich für deine Liebe und Geduld. Und offenbar hast du meine Frage schon vorausgeahnt. Ich bitte dich: Kannst du uns mehr von dir und von deinem Leben hier auf der Erde erzählen? Ich danke dir.

Dein Mut sei gesegnet, Cosima. Schon einmal trugst du diesen Namen. Dieser Klang ist deiner und auch meiner Seele wohlvertraut. Und so ich denn um diese Frage lange schon weiß und darin die Erfüllung meines eigenen Wunsches erkenne, spreche ich mit Freuden zu euch.

Ich wurde geboren als ein Mensch in einem Körper aus Fleisch und Blut. Und es war meine Erdenmutter in jener damaligen Zeit eine Frau von großer Schönheit und ebensolcher Stärke und Weisheit. Und es gab eine Vielzahl der Freier um diese meine Mutter von einstmals, die sich bewarben um die Gunst und Liebe aus ihr. Und da war ein Mann, dem sie ihre Liebe zugedacht und dem sie die Ehe versprochen hatte. Und sie schickte diesen Mann aus, viele Heldentaten zu bestehen. Sie prüfte den Mann ihrer Liebe und wollte an seiner Stärke erkennen, ob dies der richtige Beistand für ihr Leben sei. Während dieser Mann hinauszog, um meiner Mutter die Größe und Kraft zu beweisen, die in ihm war, kam aus den Himmeln ein Engel – einer von jenen, die euch vertraut sind als die geistigen Urväter. Einer der ersten Erzengel, Ursöhne, nahm Fleisch und menschliche Gestalt an und zeugte mit dieser meiner Mutter das Wesen, welches meiner Seele das Kleid aus Fleisch und Blut gegeben hat.

So also wurde ich geboren und mit mir ein weiterer, zweiter Sohn zur selben Zeit. Und es war der Same dieses meines Erdenbruders nicht aus einem Engel, aus einem himmlischen Sohn. Mein Fleischesbruder zu jener Zeit stammte aus dem Samen eines Erdenmenschen. So wurden zur selben Zeit zwei Söhne geboren, und ich, Herakles, habe einen anderen Vater gehabt.

So ich in mir den Geist eines Engels getragen habe, waren mir aufgrund dessen Kräfte zuteil, die nach dem menschlichen Verstehen übernatürlich gewesen sind. Auch mein Verstand und meine Weisheit waren denjenigen der Menschen um ein Vielfaches überlegen und voraus. So wurde ich von Beginn meines Erdendaseins an gerühmt ob meiner Kraft, ob meiner Weisheit. Zu jener Zeit dachten die Menschen, daß der Himmel bevölkert sei mit einer Vielzahl von Göttern. Und so ich geboren worden bin an einem Tag, da es regnete und stürmte, blitzte und donnerte, gab man mir den Zeus zum Vater. Dies ist die Unwahrheit.

Ihr müßt wissen und verstehen: Im Urbeginn der Zeit, da die Erdenmenschen begannen, diese Welt zu bevölkern, wußten die Kinder um den einen und einzigen Gott, den sie als Vater und Schöpfer anerkannten und dessen Gebote sie kannten. Und so die Erde sich weiter bevölkerte, die Menschen sich mehrten und die Lehre aus Gott nach und nach vergessen worden ist, begannen die Menschen, aus den Beobachtungen an den Kräften der Natur sich ihre eigenen Gebilde und Vorstellungen von Göttern zu formen.

So war es einstmals in Ägypten, daß in den Urzeiten die ersten Könige, die einfache Hirtenkönige gewesen sind, dem Volk stets den Glauben und das Wissen um einen einzigen, wahrhaftigen Gott weitergaben. So aber die Pharaonen die Länder besiedelten und die Reiche nach und nach an sich rissen, wurde aus dem Gedankengut der Pharaonen die Vielzahl der Götter aufgestellt. Und so wie in Ägypten war es auch an anderen Orten. Das römische Reich und auch die griechischen Völkerschaften begannen, sich aus ihren Fantasien Götter zu formen und diese zu verehren. So gab es einen Gott, der die Ernte segnen sollte, und es gab einen Gott, der gerufen wurde, damit die Jagd siegreich gelingen sollte. Und es gab einen Gott des Meeres, der euch vertraut ist als Neptun. Und es gab eben über all diesen Göttern den höchsten, der erhoben wurde zu meinem vermeintlichen Vater: Zeus.

Wißt: Dieser gesamte griechische Götterhimmel ist mir ein Greuel, obschon der Mensch mir ein Bild gegeben hat inmitten dieser Götterschaft. Erkennt: Es gibt einen Gott, und ich, Herakles, achte, ehre und liebe diesen einzigen allein. Mein Vater, der meine Seele und sodann auch meinen Körper gezeugt hat, hat seinen Platz im Himmel nicht über dem Lande Griechenland. Die Menschen malen aus ihren Wünschen und Vorstellungen das Bild ihrer Fantasie. Und so sie dieses Bild malen in einer beständigen Wiederholung ihrer Gedanken, so erschaffen sie in ihrer Gedankenwelt jenes Wesen, jenes Gedankengebilde, welches euch vertraut ist als Elemental und welches andernorts als Scheme bezeichnet wird.

Dies sind Energieverbände, die lebendig sind und die gespeist werden mit Intelligenz durch eben die Vorstellungskraft derer, die sie erschaffen haben. So wißt, daß die Himmel der niederen geistigen Welten überbevölkert sind von belebten Elementalen, deren äußere Erscheinungsformen den Wunschbildern und Fantasiegebilden der Menschen entsprechen. Sie werden belebt durch dieses, was euch als Mythologie in eurer Geschichte bekannt und vertraut ist.

So gab man mir, Herakles, einen Namen gleich einem Gott. Man gab mir einen Platz in diesem griechischen Götterhimmel, den ich niemals gesehen habe und den auch nur in meinen Gedanken zu betreten ich nicht bereit bin.

Mein Leben als Erdenmensch war ein einsames und beschwerliches. Denn die Kraft und Weisheit, die in mir wohnten, gaben mir den Kelch der Bitterkeit zu trinken. Die Menschen suchten mich zu benutzen, um das eigene Ziel zu erreichen, welches zu erringen sie aus eigener Kraft nicht fähig waren. Vieles wurde mir versprochen, und wenig habe ich an Erfüllung erlebt. So habe ich gekämpft an vielen Orten, und ich war stets bemüht, meine Kraft in den Dienst des Guten zu stellen.

So kam denn einst der Tag, da ich ein Königreich befreite, welches über viele Jahre geknechtet war von den umliegenden Königen. Und so ich dieses Land durch meine Kraft befreite, gab jener König mir jene Tochter zum Weibe, die die schönste und klügste war unter seinen Kindern. Und ich liebte diese Frau mehr als mich selbst. Und wir lebten in Glückseligkeit, und unsere Kinder krönten diese Liebe.

Doch auch ich war ein Mensch aus Fleisch und Blut und vielem zugetan, das meinem Geist und auch meinem menschlichen Wesen nicht zum Guten diente. Und ich trank zu viel des roten Weines, und meine Sinne benebelten sich. Und eben aus jenen Götterhimmeln der griechischen Welt wurde mir das Bild der Schrecken eingeflößt. Ich erschaute das mir anvertraute Weib und sah im Zustand meiner Trunkenheit und Blindheit in ihr die Schlange, den Drachen und das Böse. Und so ich mich also bedroht sah vom Bösen selbst, erhob ich meine Hand und erschlug dieses, was ich liebte. Und ich erschlug ebenso meine Kinder. Und als ich erwachte und meine Tat vor mir stand, wollte ich von Stund an nicht mehr leben.

So war ich ein Starker, aber Betrogener und habe selbst zerstört dieses, was mir das höchste Glück auf Erden gewesen ist. Ich habe in jenen Tagen um meinen Tod gefleht und durfte ihn nicht finden. Doch es waren jene betrüblichen Zeiten, die ich als Mensch durchlebte, die Schule des Lebens, wie auch ihr sie durchlebt.

Es kam mein geistiger Vater und lehrte mich in den Stunden, da ich Trost und Vergessen im Schlaf gefunden habe, und führte mich hinab in die Welt, die mir als Hades gezeigt worden ist, jenes Reich, welches ihr das jenseitige Reich der Toten oder der Seelen nennt. Und es wurde mir gewährt, meinem Weibe zu begegnen und meine Kinder in Liebe zu umfangen. Und es wurde mir ebenso ihre Unwissenheit gezeigt, da sie bei sich hatten das Haus, in dem sie wohnten, da sie um sich hatten Berge und Hügel und den Fluß, der ihnen das Wasser zum Trinken gab. Und ich sah und erkannte, daß sie nicht wußten, daß ihr Leib getötet worden und gestorben war. Als ich diesen Ort wieder verlassen mußte, denn ich war immer noch aus Fleisch und Blut, da weinten sie sehr, und sie fragten mich: «Warum verläßt du uns? Warum bist du so selten zu Gast bei deinen Kindern?»

Und ich kehrte zurück in jene Welt, da ich lebte im Körper aus Fleisch und Blut, doch der Schmerz, der fortan meine Seele betrübte, hat meinen Geist geöffnet, und ich verstand. Mit Eifer suchte ich fortan das Leben und den Tod, das Sterben und den Werdegang aller Dinge zu begreifen. Und als ich mein Menschsein zu verstehen begann, wurde meine Seele geheilt.

So kenne ich den Schmerz, der durch Trennung entsteht. So kenne ich die Bitterkeit, die im Menschen zu wachsen beginnt, da er erkennt, daß er Böses und Unrecht getan hat und durch sein Handeln Leid und Schuld gebracht hat. Ich weiß um die schlaflosen Nächte, da eine Seele sich quält über die eigene Schuld. Und ich weiß um die grausame Stille, die da ist aus der Einsamkeit, so denn kein liebendes Herz zur Seite steht und tröstet und teilt die Zeit des Lebens. Ich, der ich gesegnet war mit übernatürlichen Kräften, der ich ausgestattet war mit einem scharfen und klaren Geist, ich war allein und einsam. Doch in dieser Einsamkeit fand ich mich selbst. Und ich begann, die Kraft, die im Fleisch und in den Muskeln vergraben ist, in meinen Geist zu tragen, und meine Seele wurde stark.

So öffnete sich also in jener Zeit in meinem menschlichen Wesen der göttliche Geist, und ich erkannte und verstand den Sinn des Lebens. Und ich lernte, meine Kräfte aus dem Fleisch zu ziehen und im Geist wirken zu lassen, um damit Gutes zu tun und nicht mehr zu zerstören. All jene, die ich einstmals aus Unwissenheit, daß meine Tat Unrecht ist, getötet habe, wurden mir vor mein Angesicht gestellt, und ich erkannte sie wohl. Und ich bat eine jede Seele um die Vergebung. Und es wurde mir das Leid gezeigt, welches durch meine Tat in ihrem Leben geboren wurde. Und ich zog aus, dieses Leid zu sühnen.

So also wurde euer Lehrer und geistiger Wegbegleiter Herakles geschult, zum Werkzeug für Gott geformt, um würdig und fähig zu sein, euch im Hier und Jetzt zu dienen. Und es gab zu jener Zeit eine Schule im Irdischen, die ich, Herakles, ins Leben gerufen habe. Und ich lehrte die Menschen, die zu mir kamen, die Kraft ihres Körpers in Weisheit zu nutzen. Und ich zeigte ihnen den Gebrauch, da Geist und Seele und Körper vollkommen eins in Liebe und Weisheit verschmolzen sind. Im Spielerischen lernten wir durch kämpferisches Gebaren, uns selbst zu verstehen, die Kraft aus Gott, die in uns ist, zu erspüren, das Gesetz, welchem diese Kraft folgt, zu begreifen. Dies war der Anfang der geistigen Schule von Herakles. Und aus jenen weit zurückgelegenen Zeiten auf dieser irdischen Welt ist mir der eine und andere unter euch wohlvertraut.

Die körperliche Betätigung, der Wettkampf der menschlichen Kräfte war der Anbeginn einer geistigen Schule, was aber diese Welt nicht erkannt und verstanden hat. Denn so ich heute dieses beschaue, was ich ins Leben rief, bin ich abermals betrübt. Denn ich habe nicht gelehrt den Wetteifer, und ich habe nicht gelehrt den Vergleich, daß ihr kämpfen sollt, wer die größeren Kräfte, die schnelleren Beine oder die größere Schlauheit hat. Ich habe gelehrt, daß die Kraft aus Gott ist und diese Kraft sich im Menschen auch in seinen Muskeln zu offenbaren weiß, und ich habe gelehrt, den Geist in diesen oder jenen Muskel zu entsenden, um dem Menschen seine eigene Größe und Macht zu offenbaren.

Ihr seid der Lohn meiner Mühen. Diese Welt ehrt mich in einer anderen Weise, und sie weiß nichts von mir. Euch aber, die ich verstehe, die ich liebe, habe ich mich jetzt mit meinem ganzen Wesen aus der Vergangenheit geoffenbart. Wenn ich, Herakles, heute ein rein geistiges Wesen bin in den höchsten Himmeln und mein Platz inmitten derer ist, die überwunden haben, die erlöst sind, so bekenne ich mich allenthalben dennoch zu dem, was ich einstmals gewesen bin. Seht, ich tue dies ganz ohne die Scham, denn ich war Mensch, ich war unwissend und unvollkommen. Und unter Schmerzen habe ich gelernt, die göttlichen Gaben meiner Kraft und übergroßen Weisheit in Liebe einzusetzen. Und es wurde mir das Amt zuteil, euch behilflich zu sein im Erwachen aus eurem geistigen Schlaf. Uns so bin ich abermals Lehrer und Weisender, wie ich es einstmals als Mensch gewesen bin, weiß nun aber, aus dem Geiste besser zu wirken.

Doch Herakles versteht euch wohl. Herakles weilt nicht im griechischen Götterhimmel. Herakles ist mitten unter euch. Doch achtet darauf, daß ihr aus der Unwissenheit nicht auch solche menschlichen Vorstellungen erschafft, die einen Himmel der Fantasie erschaffen und diesen bevölkern mit Illusionen. Denn es ist der Mensch ein schöpferisches Wesen. Und so er glaubt an dieses, was in ihm ist, so wird es sich auch im Äußeren offenbaren. Erschafft euch also keine fremden Götter und dient nicht den falschen Göttern, die bereits erschaffen sind in tausendfältiger Weise auf dieser Erdenwelt.

Einen Schöpfer, einen Gott aus dem Ursprung, aus dem Anfang gab es und gibt es ewiglich, und ihr, die ihr Schöpfer seid und Gott in euch als Leben und Kraft tragt, wißt: Ihr seid neben Gott die Mitschöpfer, die als Seine Kinder und Diener zugleich helfen, das Universum zu füllen.

Nun habe ich euch also meinen Schmerz gezeigt. Doch seht: Es ist vorüber. Und nur die Erinnerung hat mich verführt, aufs neue in diesen Schmerz einzutauchen. Und dies, was ihr lernen sollt, ist, daß ihr es mir darin nicht gleichtun sollt. Ich habe dies getan, um euch zu zeigen, daß ich den Schmerz aus dem Fleische verstehe. Ich habe es getan, um euch die große Macht der Erinnerung zu zeigen. Doch erkennt, daß

Erinnerung, so sie schmerzlich gewesen ist, eine Fessel bedeutet, die den Fortschritt auf eurem Wege hemmt. Schaut also nicht zurück, sondern richtet euren Blick allezeit nach vorne. Und es soll der Wegweiser eurer Schritte nichts anderes als die hell leuchtende Sonne der Liebe und der Hoffnung sein. Laßt Erinnerung hinter euch, lebt ganz im Hier und Jetzt, beweint und betrauert nicht jenes, was falsch gewesen ist, sondern sucht mit Freuden, die Erkenntnis daraus zu leben und es von Stund an besser zu tun.

Nun also gebt mir die nächste Frage.

Gott zum Gruße, Herakles! Ich habe einen sechsjährigen Sohn. Er hat einen großen, starken Willen, was mich manchmal sehr ohnmächtig macht, und ich möchte gerne wissen, wie ich damit besser umgehen kann, damit er zu dem schönen Menschen heranwachsen kann, der er eigentlich ist.

Herzlich geliebte Seele, der starke Wille deines Sohnes ist dir Prüfstein und Spiegel zugleich, und dieser Sohn mit seinem starken Willen ist dir begegnet, auf daß du dich üben kannst, zu einer übergroß Liebenden zu werden. Einzig und allein die Kraft der Liebe wird die Kraft des Willens deines Sohnes besiegen. Und verstehe das Wort «besiegen» wohl, denn du sollst deinen Sohn nicht bekämpfen. Du sollst ihn lehren, und du sollst ihn lieben. Und er wird, deinem Willen folgend, seinen Gehorsam unterordnen, so wie es das Gesetz aus Gott fordert, daß das Kind den Eltern Demut und Ehrfurcht schuldig ist.

Lebe du als lebendiges Beispiel die Kraft, die aus der Liebe kommt, denn dieser Kraft ist der Wille allezeit untergeordnet. Und es ist dies jener Weg, den dein Sohn akzeptieren wird. So du beginnst, dich mit deinem Sohn in einen Kampf zu begeben, der in Worten und der im Ausdruck der Macht besteht, so ihr beide betrübt seid, wird die Kraft des Willens deines Sohnes nicht geschwächt, dein menschliches Gemüt aber sehr betrübt.

So also dein Sohn vor dir steht und abermals wie viele Male zuvor die Kraft und Größe und Stärke seines Willens vor dir offenbart, bewahre du zum Ersten die Ruhe und suche dieser Kraft mit deiner Kraft zu begegnen, die sich ausdrückt in Langmut, in Liebe und in Geduld. Laß den Willen deines Sohnes sich offenbaren und laß dich nicht verführen, hineinzugreifen und ihm ein Wort dagegenzugeben, so sein Wille sich vor dir aktiviert. Warte geduldig ab, bis alle Kraft aus seinem Willen entwichen ist, denn es ist dies gleichsam ein Ventil im großen Feld seiner Energien, da sich die Kräfte unregelmäßig ansammeln und stauen und sodann keine Öffnung finden, um sich zu betätigen.

So dieses Kind also nicht weiß, seine Kraft für sich im Guten zu nutzen, sucht der äußere Mensch aus Verzweiflung viele Male, durch den Zorn und durch die Wut sich dem inneren Druck zu entziehen. Erkenne dies alles wohl. Du hast bereits verstanden, hinter diese äußeren Handlungen und hinter das äußere Wesen dieses Menschen zu sehen. Und du hast gefunden und erkannt den inwendigsten Kristall, der noch ungeschliffen, aber von allergrößter Reinheit und Schönheit ist.

Begegne diesem Sohn mit Langmut, Geduld und Liebe und übe dich darin, daß du dich nicht verführen läßt, in eine Gegenreaktion zu verfallen. So du den Ausdruck seines tätig gewordenen Willen erspürst, gib deinem Sohn Zeit, laß dir Zeit, bis diese Energien vollkommen aus dem inneren Wesen entwichen sind und so der übergroße Druck einer Energie nicht mehr vorhanden ist. So dies vorüber ist, bleibe noch einen Augenblick still, auf daß der Sohn deine Stärke spürt, die aus der Stille kommt, und die Kraft, die aus deiner Liebe wächst, und die Größe deines Wesens, die in dem Verstehen um all dieses verborgen ist.

Dies sind Handlungen, die sich aus sich selbst vollziehen, indem du deinen Geist darauf richtest und dich für diese Weise der Erziehung entscheidest. So du also im Äußeren nicht tätig bist und dich nicht verführen läßt, Worte zu geben, zu antworten auf dies, was viele Male die Provokation ist, sondern ganz die Ruhe bleibst, wird die Kraft, die aus der Stille wächst, sich dann in diesen kritischen Augenblicken auch in deinem menschlichen Wesen ausbreiten können. So diese Kraft gewachsen ist, öffne dein Herz und sende aus deinem geöffneten Herzen die Liebe. Es ist hierüber kein einziges Wort nötig. Tue es. Fühle es. Laß es geschehen!

Sei du selber standhaft, ruhig und liebend. So wird der Wille deines Sohnes bald eine Form und Richtung annehmen, die deinem Wunsch entsprechen wird. Und es soll dein Wunsch darin bestehen, daß du wünschst, daß diese große Macht sich in der Liebe und durch die Liebe ergieße und nicht im Zerstörerischen wirke. So hast du für dieses Kind Großes getan.

Der Lehrer in mir segnet deine Weisheit und bestärkt dein menschliches Gemüt, denn du bist wahrhaft eine gute Mutter. Gott mit dir!

Gott zum Gruße, Herakles. Ich möchte für mich und für die Menschen, die hier sind, gerne etwas über unseren Bruder Christus wissen. Ich hätte gern gewußt, ob unser Bruder Christus die heilige Ehe gelebt hat, ob er die heilige Ehe leben konnte auf dieser Erde und ob er eventuell auch in dieser heiligen Ehe Nachkommen gezeugt hat. Danke.

Auch du bist gesegnet in deinem Bemühen, die Wahrheit zu finden. So höre denn, Bruder. Der Christus lebt eine einzige ewige Ehe nur, und es ist dies die Ehe mit Gott.

Du wünschst zu wissen über das Leben des Menschen Jesus. Jesus in seiner Fleischwerdung hat neben sich keine Frau gehabt. Es gibt keinen Ehebund, den Jesus als Mensch geschlossen hat, und es entstammen seinem Menschsein keine Nachkommen.

Dies ist, was verlorengegangen ist auf eurer Erdenwelt: Der Mensch Jesus hat sich jedweder körperlichen Vereinigung mit einer Frau enthalten. Es hat der Mensch Jesus in seinen jungen Kinderjahren Gott aus sich und durch sich offenbart. Und so die Zeit gekommen ist, da die Kinderjahre vollendet waren und er zum jungen Mann herangewachsen war, wurde er sich bewußt in seinem Menschsein all der eigenen noch unvollkommenen Wesenszüge. Jesus hielt sich zurück für viele Jahre, tat den einfachen Dienst eines Zimmermannes. Und während dieser schweren, arbeitsamen Jahre suchte er sein unvollkommenes Wesen zu überwinden.

Da er um seinen Auftrag wußte und da er verstanden hat, daß dieser geheiligte Auftrag die ungeteilte Kraft seines ganzen Wesens – die des Menschen, die der Seele und die des Geistes ebenso – benötigte, hat sich Jesus nicht abgelenkt, sondern lediglich dieser Aufgabe hingegeben, die eigene Unvollkommenheit im Fleische zu besiegen, um seinem gewählten Auftrag für Gott vollkommen gerecht zu werden.

Wir wissen, daß vielerorts auf dieser Erde gesprochen wird und geschrieben steht von Frauen, die Jesus bei sich hatte. Es gab ein Weib, welches dem Jesus zugetan war mehr als die anderen Frauen, die, so er durch das Land zog, an seiner Seite verweilten, um von ihm zu lernen und mit ihm zu sein. Es war dies jenes Weib, welches er entrissen hat der Meute, die die Steine erhoben haben, um ihren Tod zu fordern. Jene Ehebrecherin, die einstmals gesündigt hat, die sodann mit ihren Haaren das Öl an seinen Füßen trocknete – sie folgte Jesus nach, und sie liebte ihn mehr als ihr eigenes Leben, und sie erkannte in ihm den Mann ihres Herzens. Doch Jesus antwortete ihr nicht. Er war ihr gegenüber stets in einer reinen, göttlichen Liebe, die er mit jedem anderen Menschen in gleicher Weise, ganz ohne Unterschied, teilte.

Und als sein Fleisch gebrochen war und seine Seele sich erhob zum weiteren Leben, zog Jesus abermals für eine kurze Zeit das Kleid des Fleisches an, und es war ebendiese Frau, welche Jesus zu seinen Erdenzeiten liebte mehr als sich selbst, die ihm als erste begegnete. Doch sie erkannte ihn nicht. Und als er zu ihr sprach, war es die Liebe aus seinen Worten, die in ihr die Erinnerung weckte. Als sie also verstand, wer bei ihr war, breitete sie augenblicklich die Arme aus, um diesen ihren vielgeliebten Jesus zu empfangen. Doch Jesus gestattete dies nicht. Und er tauschte die Liebe, die er empfand, durch Worte aus. Und es war dies der erste Augenblick, da sie begriff, wen sie als Frau geliebt hat.

Während der Erdenlebenszeit, da Jesus im Körper aus Fleisch und Blut bei ihr wandelte, liebte sie ihn an ihrer Seite, wie eine Frau ihren Mann zu lieben versteht, und sie erkannte ihn erst, nachdem er das Fleisch abgelegt hatte. Doch es gab zwischen ihr und Jesus nicht eine Ehe. Es gab keine Nachkommenschaft.

Gott zum Gruße, Herakles! Was kann ich tun, um meine Seele noch mehr zu spüren? Ich suche auch meinen Yoga-Schülern klarzumachen, was Körper, Geist und Seele sind. Aber bei der Seele merke ich, daß irgend etwas noch fehlt, daß ich noch keinen Zugang zu meiner Seele habe. Was kann ich tun? Ich bitte um deinen Rat. Dankeschön.

Du kannst deine Seele nicht finden, weil dein menschliches Wesen Angst hat, ihr zu begegnen, denn deine Seele ist in einem großen Schmerz. Dein Wesen weiß um diesen Schmerz, und so verweigert es dir den Schritt hin zur eigenen Seele.

Befreie deine Seele, denn der Schmerz, der in deiner Seele wohnt, ist geboren durch die Trennung von einem Menschen, den du über alles liebst. Überwinde den Schmerz, der durch die Trennung entstanden ist. So du diesen Schmerz überwunden hast, wirst du erkennen, daß es Trennung nicht gibt, und deine Seele wird heilen. Erst wenn deine Seele geheilt ist, wirst du sie als Mensch empfinden, spüren und verstehen können.

Es ist dies eine wichtige Phase des Lernens und Erkennens für dich, denn um dich sind Menschen versammelt, die ähnlich spüren, suchen und gehen wie du. Auch du bist ein Lehrer, der aus sich selber durch Erfahrung lernt. Es ist dein Preis, den du bezahlst für dein hohes und geheiligtes Amt.

Du bist nicht allein. Dies ist, was dein menschlicher Verstand weiß, und dennoch leidet das irdische Wesen. Doch tröste dich. Die kommenden Zeitabläufe werden beginnen, deinen menschlichen Geist mehr und mehr zu öffnen. Dies bedeutet, daß dieses menschliche Wesen Einblick haben wird in die großen Gesetze all dessen, was ist. Du wirst den Lauf der Zeit verstehen. Du wirst das Leben auf der Erde verstehen, und du wirst das Leben im jenseitigen Reich erkennen. Und du wirst lernen, diese Reiche zu bereisen nach deiner eigenen Wahl, ohne deinen eigenen Körper fortgeben zu müssen, so, wie ich, Herakles, den Hades bereist habe, um dort die Toten zu sehen. Denn ich habe hieraus mein Verstehen gewonnen, was Leben bedeutet, indem ich dem Tod begegnet bin.

So wirst auch du das Leben erst dann wahrhaft verstehen, wenn dein Geist die Grenzen zu überschreiten weiß, um dann aus sich selber erkennen zu können. Nimm diesen augenblicklichen Zustand einfach hin. Sei darüber nicht traurig und wisse, alles bedarf einer Zeit des Wachsens, des Reifens, bis es sich offenbaren kann. Noch bist du allzusehr Mensch und Frau, daß du trauerst nach der Menschen Weise und daß du Schmerz empfindest gleich wie die Frau. So du aber das Menschliche überwindest und lernst, aus dem Höheren zu sehen und zu verstehen, wird deine Seele heilen. Und dein Menschsein wird nicht mehr innehalten im Fortschritt deiner eigenen Entwicklung, weil nicht mehr ein Schmerz aus der Seele erwartet wird.

Segen über dich!

Gott zum Gruße, Herakles! Ich leite einen großen Kindergarten, und ich habe den Eindruck, daß in den letzten Jahren die Kinder schwieriger werden, so daß die Erzieherinnen manchmal nicht mehr mit ihnen fertig werden. Wie kann ich da helfen? Ist es uns erlaubt, überhaupt in unserer Pädagogik in die Strukturen der Familien einzugreifen? Und wie kann ich eine Atmosphäre schaffen, daß die Energien, auch meine Energien, richtig fließen? Ich danke dir.

Gott zum Gruße, wohlvertraute Seele! Auch du bist eine, die den Weg des Lernens noch im Beschwerlichen gefunden hat. Du hast dir selbst in deiner Frage die Antwort gegeben. Denn die Kinder, die bei euch sind und in eurer Obhut verweilen, haben bei sich ein schweres Joch, da innerhalb der Familien und bei den Eltern Zwietracht herrscht. Es ist Angst, es ist Unsicherheit, und es ist Unliebe, denen die Kinder von Mal zu Mal mehr ausgesetzt sind. Die Kinder tragen dieses Erbe und die Last der Eltern in sich, und du spürst ihre Bürde und bist darüber sehr betrübt.

Die Strukturen der Familien sind zerstört. Es ist kein Halt mehr zwischen Mann und Frau, und darunter leiden die Kinder und fühlen sich verloren. Und so ihr wahrhaft verändern oder verbessern wollt, ist es an euch, daß ihr die Eltern zusammenruft und daß ihr nicht über Unnützes sprecht, sondern daß ihr über das Wesentliche sprecht, das es zu verändern und zu tun gilt. Und so du die Möglichkeit hast, hier im geheimen zu wirken, gebe ich dir folgenden Rat.

Beobachte fernerhin die Kinder in ihrem Gebaren. Und so du erkennst, daß hier und dort die Not vorhanden ist, begib dich zunächst zur Mutter und suche ebenso den Kontakt zum Vater und sprich im stillen von Angesicht zu Angesicht und sprich für das Kind. Gib keine Anklage, gib keine Forderung, sondern sei ein sprechender Mund einzig und allein für die Not des Kindes und lege in dieses Sprechen für das Kind im geheimen den Wunsch hinein, daß die Seelen der Eltern erwachen sollen, daß sie verstehen sollen, was es zu verändern und zu tun gilt, damit das Kind im Frieden und in der Geborgenheit wachsen kann.

Sprich also von Angesicht zu Angesicht im stillen zu jenen Eltern, deren Kinder sich in Not befinden, und überdenke die Möglichkeiten, die du hast, daß du nach und nach einen Raum schaffst, diese Eltern in Gruppen zu dir zu rufen, daß du Anregung, Beispiel gibst, in dieser schwierigen Zeit der Technologie Alternativen des Besseren anzubieten und vorzustellen. Du hast hierin den Segen und die Unterstützung aus unserem Reich. Und es wird dir zu einem späteren Zeitpunkt aus dieser Tätigkeit das Eigene, das Unabhängige erwachsen.

Segen über dich! Wir lieben dich sehr.

Gott zum Gruß, Herakles! Ich möchte gerne verstehen, wer Mohammed, der Prophet, ist und was er für eine Botschaft für seine Gläubigen im Islam hier auf dieser Erde verbreitet hat. Danke.

Es ist dies eine Frage, die deine Seele und dein menschliches Gemüt lange schon bewegt, und ich habe bereits darüber gesprochen, daß es viele Offenbarungen gibt, daß es viele Götter gibt, daß es viele Propheten gibt und daß es für euch Menschen auf dieser Erdenwelt kein leichtes ist, die Lehren aus dem Ursprung im Reinen zu erhalten.

So ist Mohammed also ein Prophet, der einstmals gekommen ist zu jenem Volk und sich in dessen Kultur und nach dessen Gebräuchen und dessen Mentalität geoffenbart hat im vollkommen Guten und Reinen. Doch so, wie auch innerhalb der Reihen derer, die sich Christen nennen, die ursprünglichen Lehren beschmutzt und verformt wurden, so wurden auch innerhalb dieser Lehren des Mohammed die Veränderungen von Generation zu Generation vollzogen, obschon sich diese Glaubensrichtung im Besondern auf das Alte und Unveränderbare beruft und bezieht. Wisse also, daß die Lehre eine reine gewesen ist.

Hier war ein Prophet gesendet, der vom Volk erkannt werden konnte, da er ihnen begegnet ist in der eigenen Kultur und in der eigenen Mentalität. Und es hat der Erdenmensch durch seine eigenen persönlichen Bedürfnisse hier und dort das ursprüngliche Wort verändert, um daraus für sich selber nach seinem eigenen Willen wirken zu können und danach sich zu rechtfertigen und sich zu berufen auf den Propheten selbst.

Dies ist, was allenthalben auf eurer Erde geschieht: daß Propheten gesendet wurden in alle Völker, in alle Nationen, und einem jeden Propheten wurde die vollkommene, unbefleckte Wahrheit gegeben, die er zu offenbaren hatte in einer Weise, die dem jeweiligen Volk nach dem eigenen Verständnis und der eigenen Kultur und Mentalität annehmbar und verständlich gewesen ist.

So der Mensch aber sucht, seinen eigenen Willen stets nach vorne zu drängen, nutzt er diese Propheten und ihre Lehren, um dieses, was einstmals gewesen ist, dem eigenen Willen anzupassen. Und so wird durch Interpretation und falsches Verständnis das ausgebreitet, was nicht im Ursprung gewesen ist. So also benutzt der Mensch die Wahrheit, so benutzt er die gesendeten Hilfen, um stets seinen eigenen Willen zu bestärken und das Eigene zu tun. Verstehe dies wohl.

Es ist hier kein Unterschied zwischen Mohammed und eurem Christentum. Denn auch eure Kirchen haben den Ursprung vielfach verändert, um hierdurch das Wirken des eigenen Willens zu schützen. Es ist an euch, die ihr hier versammelt seid, es ist an allen Völkerschaften, nicht zu hören auf das, was gesprochen wird, und nicht das zu glauben, was geschrieben steht an falschen Prophezeiungen, sondern einzig und allein euer Herz und eure Liebesfähigkeit und euren Glauben zu nutzen, um die Wahrheit aus dem Ursprung auf ein neues zu finden. Ihr findet sie in dem Lebendigen. Ihr findet sie nicht in dem Toten. Ihr findet sie in euch selbst.

Herakles, bitte sprich über die Demut. Was ist Demut? Ich danke dir.

Demut, mein Kind, ist zum ersten für dich dieses, was du verehrst. Und du hast gut gewählt. Denn ohne Demut gibt es keine wahrhaftige Liebe. Und ohne Liebe gibt es kein ewiges Leben und sodann auch kein Himmelreich.

Demut ist der Mut, sich vor Gott und zu Gott zu bekennen, den Mut zu beweisen, den eigenen Willen unterzuordnen und dennoch hierüber nicht die eigene Würde oder Ehre zu verlieren.

So ihr wahrhaft demütig seid und euch zu Gott bekennt, werdet ihr euren freien Willen dem göttlichen Willen unterordnen und dadurch nicht gebeugt oder klein werden, sondern groß, mächtig und stark sein, erstrahlen im Licht, und Kraft wird der Ausdruck und die Tätigkeit dieser Demut in eurem menschlichen Leben sein.

Demut heißt nicht, die Knie zu beugen, noch sich selber das Rückgrat zu krümmen. Demut heißt, den eigenen Willen dem göttlichen Willen unterzuordnen, den Mut für die Liebe zu Gott und den Glauben an Gott zu bekunden, sich dessen nicht zu schämen und diese Liebe und diesen Glauben zu leben und dadurch stark, licht und groß zu sein.

Geliebter Herakles, deine Anfangsworte haben mich sehr tief berührt, und ich möchte dich herzlich umarmen. Ich danke dir und der geistigen Welt für all eure Liebe und eure Hilfe, besonders meinem Bruder Jeschua. Bitte könnt ihr mir sagen, was hinter den Energietoren ist, die ich erblicke, und wie ich sie für mich und andere wohltuend einsetzen kann? Gott zum Gruß, danke!

Die Energietore, geliebte Seele, sind jene geöffneten Türen, über die du die göttliche Kraft des Lebens empfängst. Es sind die Energiezentren oder dies, was du als Chakren zu verstehen gelernt hast. Und so du dir diese Chakren beschaust und weißt, daß sie integriert sind in deinem feinstofflichen Körper und ins Innerste deiner Seele führen, so findest du also hinter den Energietoren deine eigene Seele. So du weiter blickst hinter deine Seele, findest du den Christus in dir.

Dies war gemeint mit dem, was deine geistige Führung dir geoffenbart hat: daß du hinter den Toren der Energien dein wahres Selbst findest.

Gott zum Gruße, liebster Herakles! Ich möchte auch noch einmal aus tiefstem Herzen für deine Offenbarung danken und habe folgende Frage: In welcher bestmöglichen Form sollen meine Frau und ich in Gottes Sinne unser Leben führen zum Wohle der Schöpfung? Ich danke dir.

Große Freude habe ich über deine Frage. Gesegnet ist euer Bedürfnis, der Schöpfung zu dienen, da ihr euch der Größe des eigenen Seins bewußt seid. Nutzt dieses Bewußtsein und schafft innerhalb eurer Zweisamkeit und eures Lebens einen Rahmen, der es euch ermöglicht, nach den eigenen persönlichen Wünschen zu leben. So ihr beginnt, eure eigenen Wünsche, auch so sie menschlich sind, zu verwirklichen, werdet ihr in kleinem Rahmen das Himmelreich auf der Erde erfahren dürfen.

Diese Erfahrung aber wird euch beiden ein großes Kraftpotential erschließen, aus welchem euch zum ersten eine Weisheit erwachsen wird, mit welcher ihr sodann fähig sein werdet, die eigenen bis hierher noch unentdeckten Potentiale zu begreifen. Und sodann geht gemeinsam und nehmt diese eure neuentdeckten Potentiale und beginnt, freudig mit diesen zu experimentieren, auf daß ihr das Gesetz von Ursache und Wirkung erschauen könnt und dann aus den Resultaten Erkenntnis bezieht.

So ihr also diese Weisheit gefunden habt und lernt, mit diesen neuentdeckten Potentialen segensreich zu wirken, und so ihr dann bereits die Erfahrung hinter euch gebracht habt, daß ihr Schöpfer seid, daß ihr fähig seid, Wünsche zu verwirklichen für euch selbst; und so ihr dann aber bereits aufgestiegen seid in eine höhere Erkenntnis, und so euch dann zu jenem Augenblick bereits eine größere Kraft aus dem Geiste zur Verfügung steht, werden die Engel zu euch gelangen und euch einen Weg weisen, der euch führen wird in eine Dienerschaft, für die ihr euch gemeinsam berufen habt, um für diese Erde Großes zu tun.

Ich bitte dich sehr: Suche nicht jetzt nach diesem Weg und nach dieser Dienerschaft, sondern warte in Demut und in Geduld, bis die Engel sich zu euch begeben, denn erst wenn dieser Zeitpunkt gekommen ist, seid ihr wahrhaft reif, diesen großen Dienst anzutreten.

Nun also erkennt euch am augenblicklichen Standpunkt und an eurer Position und erkennt die Aufgabe, die im Jetzt und Hier vor euch steht, und diese lautet: Forscht in eurem menschlichen Wesen und findet eure tiefsten, ehrlichen, verborgenen Wünsche und bekennt euch mit Freimut zu diesen Wünschen, und dann wachst im Mut und Glauben, daß ihr aus euch fähig seid, diese Wünsche zu verwirklichen. Und es wird Segen sein.

Und so diese Wünsche sich realisiert haben, werdet ihr durch Erfahrung bestätigt haben, daß ihr Schöpfer seid, daß ihr Kräfte habt, die fähig sind, den gedanklichen Plan zu verwirklichen, auch in der äußeren Welt sichtbar zu machen, was Geist und Seele ist. Und so diese Schule durchwandert ist, habt ihr fernerhin nichts zu tun, als darauf zu achten, diese neuerworbenen Kräfte, diese Erfahrung zu segnen, zu schützen, sie nicht nach außen zu tragen in diese laute Erdenwelt. Sprecht nicht darüber zu Unwürdigen, denn jene zerstören mit ihrem Neid eure Schöpfung. Es sind dies jene, die durch ihre eigene Gedankenkraft gleichsam wie Habichte hineinstürzen und eure geistigen Kräfte zerpflücken. Seid also weise, seid stille und wirkt im verborgenen, für das Äußere unsichtbar. Doch wirkt im Inwendigsten und gebt euch im Geiste und auch im Menschen die Hand.

Wünscht und realisiert und versteht und erkennt euch bereits auf dieser Erde als Schöpfer. Und so ihr schöpft in Demut und aus Liebe, um euch selbst als Weisheit, als Kraft aus Gott zu offenbaren, so wird Segen sein.

Dies also ist eine Schule, geliebter Bruder, in die ihr euch begeben habt. Es ist dies eine besondere Stufe der Schule, die euch eine Vielzahl herrlicher Erfahrungen bringen wird, die dazu dienen sollen, euer menschliches Gemüt zu bestärken und euren Glauben zu befestigen, denn dieser wird an erster Stelle benötigt, da ihr schöpferisch tätig sein sollt. Arbeitet also an dem Glauben, euch selbst als Mensch, als Seele und als Christus im wahren Lichte der Weisheit und Liebe erkennen zu können und dann aus dieser Erkenntnis den nächsten Schritt der Realisierung, der Erfüllung der eigenen Wünsche zu tun und dann zu bitten, daß jener Engel gesendet wird, der euch von Anbeginn verheißen war und der euch die weiteren Wege ins Lernen, zum schöpferischen, segensreichen Tätigsein führen wird.

Gott zum Gruße, Herakles. Sei aufs höchste gesegnet. Ich habe eine Frage, und zwar: Wie können wir ohne Schaden in diesem Schulsystem leben, und wie können wir diesen Weg in Liebe, Freude und Mut gehen? Danke recht herzlich!

Viele Male habe ich euch alle gesegnet. Nun kommst du, mein Kind, und segnest mich. So wisse, daß Herakles dankbar sein Haupt vor dir neigt, um diesen Segen zu empfangen. Da du also gekommen bist nicht nur, um zu bitten, sondern um zu geben, bist auch du bereits gesegnet, wirst auch du in dem, worum du gebeten hast, Hilfe, Segen und Erleichterung finden.

Du bist ein Licht inmitten derer, die dich umgeben in diesem, was du Schule nennst. Und obschon dein menschliches Wesen davon nichts weiß, leitest und lehrst du viele, die um dich sind. Wünsche dir mit der großen Kraft deiner unbefleckten, reinen Liebesfähigkeit für dich und für jene, die mit dir in dieser Welt zu lernen gewiesen sind, eine bessere Schule. Wünsche aus der Tiefe deines Herzens und bete zu deinem Gott. Er wird dich erhören. Und glaube nicht, daß dem himmlischen Vater etwas unmöglich ist.

So ihr meint, daß es vieler Zeiträume bedurfte, um die Schule aus dem Ursprünglichen in dieses System zu gestalten, welches sich gebildet hat, und daß ebensolche Zeit wieder benötigt wird, all dies aufzulösen, so erkennt, daß ihr menschlich, befangen und begrenzt denkt. So Menschen aufstehen, die mutig sind, die willens sind zu verändern, so genügt es, wenn sie aufstehen allein nur im Geiste. Es bedarf hierfür der äußeren Kraft nicht, denn dies, was ihr Demonstrationen nennt, Widerstand gegen die Obrigkeit, vermag wenig auszurichten.

Wünsche also aus deiner ganzen Liebe diese Veränderung und werde dir bewußt in deinem Menschsein, daß du durch deine Gegenwart inmitten deiner Mitschüler bereits diese erste Veränderung hin zum Besseren bewirkt hast. Denn du spendest ihnen durch deine Gegenwart Trost, den sie aus deinem Licht ziehen, welches aus deiner Liebe gesendet wird. Denn du hast deinen Geist geöffnet für das Höhere und nicht für diese Erdenwelt. Sie aber suchen und sind verloren in dieser Welt. Und so du bei ihnen bist, trinken sie aus deinem Licht und erfahren hierdurch Kraft und Trost, und du wirkst in deinem Amt ganz ohne dein Wissen und Wollen. Doch dies ist gut, damit du unbelastet weiter die jungen Jahre deines Menschseins wandern kannst, denn früh genug wird die Aufgabe vor dir stehen und dir begegnen, da du eben in diesem Bereich der falschen Strukturen und zerstörenden Systeme Großes vollbringen wirst.

Sei also fernerhin ganz du selbst. Wünsche in deinem Herzen und bitte deinen Gott. Und so dieser Wunsch bleibend ist, so wird dein Gott Wege finden, dich in andere Schulen zu führen. Es wird dir gezeigt werden, daß es hier und dort, wenn auch an wenigen Orten, auf dieser Erdenwelt den Anbeginn dieser neuen Schulen bereits gibt. Du wirst diese neuen Schulen durchwandern, um für dich selbst zu lernen und Erfahrungen zu sammeln. Du wirst diese Schulen verlassen, und du wirst älter und reifer sein im menschlichen Sinne. Du wirst erwachen in deinem eigenen Wunsch, und dann wirst du tätig sein.

Freue dich. Auch dein Wunsch ist gesegnet, und da du den Segen über Herakles gesprochen hast, hast du mir ein geistiges Geschenk bereitet, welches ich in Ehrfurcht und Dankbarkeit in mir bewahren werde.

Ich grüße dich, lieber Herakles, und ich freue mich über deine Geschichte, die du offenbart hast. Sie hat mich sehr tief berührt. Und nun finde ich keine Ruhe und muß dir unbedingt die Frage stellen: War ich einst deine Tochter?

Würde ich diese Frage mit Ja beantworten, geliebte Seele, wärst du augenblicklich in einem noch größeren Schmerz, und du folgst nicht meinem Rat, daß du die Erinnerung ruhen lassen sollst, denn sie gibt dir nur Schmerz und weiter nichts. Beziehe aus dem, was vergangen ist, nur das Gute und laß das andere beiseite und erkenne und verstehe, daß diese Frage offen bleiben muß. So ich denn spreche zu dir, du warst meine Tochter, so wird der Nächste sich erheben und fragen, ob er ein Sohn gewesen ist.

Erkennt: Dies sind menschliche Wünsche, auch wenn sie aus der Tiefe eurer Gefühle entstehen. Äußere Verstrickungen, die sich durch Familienbande der Vergangenheit geknüpft haben, dienen euch nicht zum Fortschritt, so ihr in ihnen Vergangenes sucht. Für euch alle soll vollkommen unwichtig sein, ob ihr der Sohn des Cäsar gewesen seid oder die einfache Tochter des Mannes, welcher aus Holz das Bett und den Stuhl geformt hat. Für alle soll unwesentlich sein, was vergangen ist.

Was ihr in der Vergangenheit gelöst habt, hat sich in eurem Wesen als Gutes geoffenbart. Jenes aber, was ungelöst geblieben ist, tragt ihr als schmerzliche Wesenszüge in euch, und die Gegenwart selbst, das Leben im Hier und Jetzt, wird euch weisen und führen an jene Orte, zu jenen Menschen, in jene neuen Verknüpfungen von Familienverbänden, die euch helfen werden, das, was noch unvollkommen ist, zu vervollkommnen.

Sucht also nicht, was ihr gewesen seid, sondern findet, wer ihr jetzt seid! Werdet zur Braut des Christus, so habt ihr das Ziel erreicht. So ihr also gewachsen seid, so ihr würdig seid, die Braut des Christus in euch zu sein, ist euer menschlicher Geist so weit herangereift, daß ihr aus euch selber all diese Fragen zu beantworten wißt. Ihr werdet euch erinnern ganz aus euch selbst, ob euer geistiger Vater Uriel, Michael oder Zuriel ist und ob ihr einstmals mit mir, Herakles, verknüpft wart in dieser oder einer anderen Form und ob ihr gefolgt seid den Spuren des Menschen Jesus, ob ihr gefolgt seid diesem oder jenem Geist, diesem oder jenem

Menschen. Aus euch selbst werdet ihr euch erinnern, werdet ihr erkennen und verstehen.

Dies bedeutet, den Weg nach vorne zu gehen, zu werden, was zu sein ihr beschlossen habt, und zu vergessen, was ihr gewesen seid.

Gott zum Gruße, lieber Herakles! In den Büchern von Jakob Lorber werden viele Fragen der Menschen erörtert. Dort ist mehrfach nachzulesen, daß Ehen im Himmel geschlossen werden, aber nirgends ist zu lesen, wie die eheliche Partnerbeziehung im Himmel aussieht.

Diese ehelichen Bündnisse, die Gott geschlossen hat und von denen du gelesen hast, sind nichts weiter als die Heimkehr der Duale. Sie sind das Heimkehren zu sich selbst und das Einswerden mit dem Ursprung. Und so also die Seelenanteile sich wiederfinden und verschmelzen zur ursprünglichen Einheit, aus der sie einstmals ausgegangen sind, so segnet Gott diesen Bund der Ehe. Dies ist gemeint.

Es ist dies nicht zu vergleichen mit einem Ehebündnis, das nach der Art dieser Welt geschlossen wird. Diese äußeren Formen einer Ehe sind aus dem Gedankengut der weltlichen Menschen entstanden, und ihr ahmt durch das Vollziehen solch eines Rituals unbewußt den Akt der Verschmelzung, das Einswerden mit dem Ursprung nach. Es hat diese äußere Handlungsweise keinen Einfluß und keine Bedeutung, es sei denn, ihr selbst legt dem – da ihr auch in menschlicher Weise das Bündnis eures Zusammenseins krönen wollt – für euch einen Wert bei. So gebt einen Ring und gebt das Fest und gebt das Brautkleid in weltlicher Weise, so ihr daran Freude habt. Doch achtet darüber hinaus darauf, daß im Innersten die Ehe vor Gott besiegelt ist, was einzig und allein bedeutet, sich in Reinheit und Treue gegenseitig zu dienen, indem der eine den anderen höher als sich selbst erachtet.

Dies bedeutet die Ehe vor Gott, die auf der Erde gelebt werden kann mit einer Seele, die erkannt worden ist aus der reinen Liebe und nicht aus einem anderen Grund. Die Ehe aber, die im Himmel geschlossen wird, ist nichts anderes als die Heimkehr zum wahren Selbst, wenn das hohe Bewußtsein das einsammelt, was es einstmals ausgesendet hat, um durch diese Aussendung und Teilung der Seele mehr an Erfahrung und Erkenntnis sammeln zu können und hierdurch die eigene Vollkommenheit, die eigene Vielfältigkeit auszudehnen. So also die Seelen heimkehren und in die ursprüngliche Einheit zurückfinden, verschmelzen und wieder eins sind, so segnet Gott diese Ehe, die im Himmel geschlossen ist.

Lieber Herakles, ich möchte gerne fragen, ob es für uns die Aufgabe oder die Möglichkeit gibt, Dämonen zu segnen, oder ob Dämonen Schutzengel haben oder was sie für eine Möglichkeit haben, wenn sie zurück ins Licht wollen, und ob wir sie darin unterstützen sollen und können. Ich danke dir.

Du wagst dich in einen Bereich, der voll von Gefahren ist, die deine Seele nicht zu meistern vermag. Und ich bitte dich eindringlich und sehr, daß du deine Gedanken hiervon abwendest. Dein Mitleid ist eine Maske, mit welcher dir der Wolf im Schafspelz bereits begegnet ist. Sei achtsam, mein Kind, denn dein Wunsch, zu helfen und dienen zu wollen, hat dich geöffnet, daß du leicht zu verführen bist.

So ein Dämon, welcher ein Diener des Satans ist, dir begegnet und dir kundtut, daß er ins Licht zurückzufinden wünscht, so, wisse, bedarf er des Menschen nicht. Er kennt den Weg ins Licht zurück besser als du. Und so ein Dämon und so der Satan selbst an diese Erde, an die niederen Himmel gebunden sind, wisse, daß Gott, der himmlische Vater, in Seiner übergroßen Weisheit längst den Plan zur Erlösung für diesen Bereich gewoben hat. Es wurde euch dieser Erlösungsplan in den Morgenstunden geoffenbart.*

Du hast bereits einen großen Teil beigetragen, diese Welt zu erlösen, denn wisse, da du ins Fleisch gegangen bist, wurde die Struktur deiner Seele aus einem Teil der Dämonen und der Welt des Satans entnommen. Es ist also sein Wesen kleiner geworden um den Teil, der in dir verankert ist, und du trägst in dir die unerlöste Struktur der Materie. Und indem du deine Aufgabe zu vollziehen suchst, die dein höherer Geist dir gebietet – und die nicht darin besteht, dich in diesen Bereich zu begeben, da du dich augenblicklich in Gefahr begibst! – so dienst du, diesen Bereich zu befreien.

---

* Botschaft: «Christus, der Geist Gottes» (Seite 143).

Indem also das Dunkle erleuchtet wird, indem das Licht also das Dunkle erhellt, wird die Befreiung vollzogen. So du aber dem Dämon direkt zu begegnen suchst und meinst, ihm zu dienen und ihm zu helfen, wird er dein Licht auslöschen. Verstehe dies wohl, denn die Kraft seiner Dunkelheit ist größer als dein menschliches Wissen und Verstehen. Es ist dein Menschsein noch nicht genügend gereift und ausgebreitet, als daß der Geist in dir genügend Kraft und Möglichkeit hätte, in jener Weise zu leuchten und zu wirken, daß er dem Dämon Herr werden kann. Meide also diesen Bereich, Tochter, ich bitte dich sehr. Es ist dies ein Boden voller Gefahren, die du nicht kennst, und ich wünsche aus tiefstem Herzen, daß du diesen Boden niemals kennenlernen mußt.

Herakles, ich möchte dir danken für deine Worte heute morgen. Sie haben mir viel Kraft und Mut gegeben. Susanne hat zu uns von dem «Blankoscheck» gesprochen, und ich möchte hiermit noch einmal sagen und dich auch darum bitten, daß du uns etwas sagst: Ich bitte Gott darum, segensreich für die Erde zu sein. Danke.*

Alles wurde euch gesagt über die Weise des richtigen Gebetes. Und du warst im besonderen tief berührt, da du erkannt hast, daß du bitten kannst, ein Segen zu sein. Denn zum ersten Mal in deinem Menschsein wurde dir bewußt, was du wahrhaft wünschst. Denn dein menschliches Wesen vermochte zuvor nicht in Worte zu fassen und in menschlichen Gedanken zu verstehen, was als Wunsch und Sehnen und großes Bedürfnis in deiner Seele lebt. So hat also dein menschliches Wesen durch die Worte von außerhalb das eigene Innere erkannt, und dies ist es, was dich berührt hat.

Da du aber weise und reif bist, bist du sorgfältig, und noch wagst du nicht, ob der gesprochenen Worte, die gegeben worden sind, dich gänzlich zu deinem innersten Wunsch zu bekennen: daß du wünschst, ein

---

* Susanne hatte erklärt, dass es eine gute Form des Gebetes sei, einfach nur darum zu bitten, dass wir jedem und allem, was uns begegnet, ein Segen sind. Dies hatte sie als eine Art «Blankoscheck» für Gott bezeichnet, denn mit dieser Art zu beten grenzen wir nicht ein, was genau geschehen soll, sondern ermöglichen es dem göttlichen Willen, durch uns zu wirken.

Segen zu sein allem, was dir begegnet. Dir, geliebte Seele, sage ich in vollkommener Gelassenheit: Du bist mutig, du bist reif, diese Bitte zu tun. Schiebe beiseite die Angst und sprich diese Bitte und wisse: Es wird so sein.

So gebt mir noch eine Frage.

Gott zum Gruße, lieber Herakles! Ich freue mich, vor dich treten zu dürfen. Und ich habe folgende Frage. Du hast uns heute morgen gelehrt und gebeten, unsere Kinder erst mit neun Jahren in die Schule zu geben. Aber wir haben ja die Schulpflicht mit sechs oder sieben Jahren in Deutschland. Hast du dazu einen Ratschlag? Ich danke dir.

Segen darüber, daß du dich zu deinen Kindern bekennst und daß du willens bist, ihnen einen Raum zu geben, der ihrem Wesen gerecht wird. So wisse, auch ich weiß um die Pflicht und das Gesetz aus eurer Welt. Und mit Wehmut beschaue ich diese Gesetze, da die Kinder getrieben werden. So nimm du dein Amt als Mutter wahr und verwirkliche hierdurch deinen eigenen Wunsch, den du uns gegenüber geoffenbart hast: daß du dienen willst. Diene also deinen Kindern als eine weise und würdige Mutter, indem du ausgleichst und heilst, was das System an deinen Kindern aus Unwissenheit verbiegen und zerstören will.

So du also die Kinder in die Schule gibst und sie kehren zurück, fange sie durch deine große Liebe auf und sprich zu diesen Kindern über das Leben selbst, über die Liebe, die du selbst für deinen Schöpfer empfindest. Sprich darüber, wie sehr du in Freude bist, daß diese Kinder bei dir sind. Lehre deine Kinder die Gesetze aus Gott, die Gesetze der Natur. Zeige ihnen den Lauf der Sterne, und du wirst bald erkennen, daß du, während du sprichst, um die Kinder zu lehren, selber gelehrt wirst. Diese Art des Lehrens und Lernens, welche ihr gemeinsam als Mutter und Kind vollführen werdet, wird die tiefen Frequenzen ausgleichen und heilen, die durch das allzu anstrengende Denken auf der Ebene des Logischen entstehen.

Gleiche aus und bewirke hierdurch Heilung für deine Kinder. Tue dies einen jeden Tag. Gestalte den Tag so, daß du dir Zeit einräumst, uneingeschränkt, ungeteilt einzig und allein für diese Kinder da zu sein, eben um auszugleichen und zu heilen, indem du all dies weitergibst, was du selbst zuvor gelernt hast. So vieles hast du erfahren in dieser meiner Schule. Behalte es nicht für dich. Gib es wie ein heiliges Geschenk an deine Kinder weiter. So wird dies der Ausgleich und die Heilung sein. So werden sie einerseits wachsen in dieser Welt, was unumgänglich ist. Andererseits werden sie durch deine Lehren den Halt, den Trost und vor allen Dingen die Verbindung in ihre geistige Heimat erfahren. So wird diese Zeit der weltlichen Schulen für sie ganz ohne Schaden zu überstehen sein. Gleiche also aus.

Du wirst beobachten, daß deine Kinder diese Lehren aufnehmen wie ein Durstiger, der lange die Wüste durchschritten hat und der nun endlich an der Oase das Wasser erreicht. Dies ist, was die Seelen empfinden, wenn sie auf die Erde kommen. Sie kommen von einer blühenden, reichen Oase in das Land der Wüste und der Trockenheit, da die Wahrheit nicht fließt, da die Liebe nicht strömt. Und so du zu diesen Kindern von ihrer Heimat und von Gott sprichst, von den Engeln, von dem, was Wahrheit ist, von dem, was Liebe bedeutet, und da du den Stand deiner eigenen Mutterschaft liebst und daran Freude findest und deinen Kindern zeigst, daß du dankbar dafür bist, daß sie gekommen sind, so wird Ausgleich, so wird Heilung sein. Deine Kinder werden erstarkt durch dieses weltliche Leben schreiten können, ohne Schaden zu nehmen, denn sie finden Heilung und Nahrung für den Geist und Trost für die Seele daheim bei dir.

Ihr habt mir große Freude bereitet, denn ich sehe die Liebe in euren Herzen – daß ihr versteht, meiner Offenbarung der menschlichen Schwäche in rechter Weise zu begegnen. Und ich liebe euch darob um so mehr, so dies denn möglich ist, denn meine Liebe zu euch ist so groß, daß ich sie nicht zu übertreffen weiß. So habe ich, Herakles, also nachzudenken, in welcher Weise ich dies vollziehen kann. Wenn ich also wieder in eure Reihen trete, werde ich euch meine neue Erkenntnis offenbaren.

Seht, im Lachen und in der Freude liegt das Wachsen. Vergeßt das Vergangene, denn meine Tränen waren nur Erinnerung. Euer Herakles ist frei und glücklich, und ich habe überwunden, wie auch ihr überwinden werdet, dessen bin ich gewiß. So warte ich denn geduldig auf meine «Überwinder» und werde fernerhin Erkenntnis sammeln, um sie sodann mit euch zu teilen. Vergeßt euren alten Herakles nicht. Segen über euch! Gott zum Gruße, Herakles.

Die Bedeutung der Geduld

Alaniel und Madenia — *9. Dezember 2001 in Kißlegg*

Hörbuch (CD)
ISBN 978-3-935173-39-1

Gott zum Gruße! Wir sind Alaniel und Madenia und offenbaren uns vor euch als Almania, was bedeutet, daß unser beider Seelen sich geeint haben im völligen Gleichklang der Energien, da wir ein und denselben Geist in uns tragen. In der Verschmelzung unserer Einheit präsentieren wir uns euch als der Wächter, der Hüter und der Lehrer der Geduld.

Die Geduld aber ist eine Frequenz, welche die Struktur des beharrlichen Friedens erschafft und hierdurch Stabilität und Stärke bewirkt. Das Ziel, welches die Geduld also vor sich hat, ist, Stabilität und Kraft zu offenbaren, und diese ist erreichbar nur durch beharrlichen Frieden.

So der Mensch in seinem Bewußtsein die Frequenzen von Ordnung und Wille manifestiert hat, um dann in seinem Bewußtsein über die große Bedeutung der Ernsthaftigkeit zu erwachen, so waren diese drei Stufen seiner Bewußtwerdung lediglich eine Vorbereitung. Es ist dies die Phase des Erwachens, des Erkennens und der Anbeginn zum höheren Verstehen. Und so die Frequenz der Ernsthaftigkeit im Bewußtsein des Menschen manifestiert und aktiv ist, wünscht er eben aus diesen integrierten Erkenntnis- und Reifestufen nun in eine Aktion und Tätigkeit zu treten.

Das tätige Prinzip von Ordnung, Wille und Ernsthaftigkeit bewirkt im Menschen den Wunsch, sich nun im weiteren Wachstumsprozeß seines geistigen Werdens zu betätigen – nicht mehr nur zu erkennen und zu verstehen, sondern es ist jetzt der Wunsch vorhanden, mit diesem Bewußtsein segensreich für das Leben und für sich selbst tätig zu sein. Und so ist die erste Stufe dieses Tätigwerdens, daß er konfrontiert wird mit der Frequenz der Geduld. So ist Geduld eine Ebene, die keinesfalls Inaktivität bedeutet, ein Verharren oder ein Stillesein. Geduld ist eine mächtige Frequenz.

So sie in ihrem Gesetz vollständig begriffen worden ist und so der Mensch bereit ist, diese Geduld durch sich zu offenbaren, ist er augenblicklich tätig für den Frieden. Frieden kann nur erreicht und vollzogen werden durch Geduld. Und es ist Frieden dann in der Stabilität, so die

Geduld mit Beständigkeit, mit Beharrlichkeit gelebt wird. Aus dieser Betätigung erwachsen dem Menschen große Kräfte. Und so er willens und fähig ist, diese Geduld als einen weisen Meister anzuerkennen, und so der Mensch bereit ist, diesem weisen Meister in Liebe und Demut zu dienen, wird jener Mensch augenblicklich zum Diener des Friedens für sich selbst und diese Erde werden.

Wir wünschen, daß diese Offenbarung und das Verständnis über das Prinzip der Geduld euch helfen mögen, diesem geistigen Gesetz künftig mit mehr Liebe zu begegnen. Wir wünschen sehr, daß ihr bereitwilliger wäret, diese Geduld in euch aufzunehmen und in eurem Leben wirken zu lassen. Denn Geduld ist nicht nur der Erschaffer des Friedens, sondern ein weiterer Ausdruck von Kraft und eine weitere Offenbarung von Weisheit und Liebe.

Wenn ihr das Gesetz der Geduld wahrhaft und liebend studiert, werdet ihr nach und nach in ein höheres Erkennen wachsen, was euch helfen wird, Geduld von Mal zu Mal leichter zu üben, Geduld in und für euch fröhlich und freudig zu offenbaren. Denn es ist die Geduld der Ausdruck von Frieden und Weisheit. So ihr Geduld in ihrem eigenen Gesetz verstanden habt, werdet ihr augenblicklich erkennen, wie töricht ihr in der Vergangenheit gewesen seid.

Denn es ist Geduld nicht ein Prinzip, welches euch prüfen will, welche Zeitdauer ihr ertragen könnt und welche Strapazen auf euch zu nehmen ihr fähig seid, um die Erfüllung eines Wunsches zu erwarten. Geduld ist das Bewußtsein, das euch verstehen läßt, welcher Zeitraum benötigt wird, um gewünschte Ziele zu erreichen.

Alles in diesem Universum wird beständig gemessen und gewogen, und entsprechend den Resultaten betätigt sich das Prinzip Geduld aus seinem eigenen Gesetz und tritt in Wirkung, was bedeutet: So ihr einen Samen in den Boden legt, wißt ihr aus eurer Weisheit und aus dem Verstehen, daß dieser Samen eine vorgeschriebene Zeit bei sich hat, die äußere Umhülsung des Kernes zu sprengen, den inwendigen Samen auszutreiben und sich zuerst zur Blüte und dann zur Frucht zu entfalten. Und hier erkennt ihr, daß es töricht ist, ungeduldig zu sein, weil ihr den Vorgang des Werdens versteht, da ihr um das Gesetz von Keimen, Blühen, Wachsen und Reife wißt.

So erkennt und versteht, daß alles, was im Leben bei euch und um euch ist, ebendiesem einen Gesetz folgen muß. So ihr also wünscht, dieses oder jenes bei euch zu haben, setzt ihr durch euren Wunsch augenblicklich eine Vielzahl geistiger Gesetze in eine Betätigung. Und so ihr das Prinzip der Geduld versteht, wißt ihr, daß ein jeglicher Wunsch entsprechend seinem Ausdruck eine vorbestimmte Zeit benötigt, um sich sodann für euch zu offenbaren.

Die Wünsche, die ihr in das Universum entsendet, können viele Male auf dem Weg ihrer Wirklichwerdung in ihrem tätigen Ausdruck und Gesetz von euch nicht erkannt werden. Und so ihr nicht sehen könnt, daß die Prinzipien tätig sind, um euren Wunsch zu verwirklichen, und ihr eine Zeit als lange empfindet, da ihr wünscht und die Erfüllung immer noch nicht bei euch ist, so verliert ihr die Geduld.

Ein jeder Wunsch, der seine Erfüllung und Verwirklichung finden soll, bedarf hierfür eines bestimmten Weges. Und dies bedeutet, daß der gedachte Wunsch als die geistige Ursubstanz seines künftigen Werdens nun eine Vielzahl von Stufen der Transformation durchwandern muß, bis diese geistige Substanz schlußendlich dann fähig ist, sich im materiellen Bereich vor eurem physischen Auge sichtbar zu offenbaren. Und so ihr hineingreift in den ausgesendeten Wunsch mit eurer Ungeduld, stört ihr die Tätigkeit der wirkenden Prinzipien, die augenblicklich dabei sind, euren Wunsch zu manifestieren.

So wie ihr wißt, daß auf eurer Erde durch die Jahreszeiten alles einen weisen, wohlbedachten Sinn in sich trägt, daß das Reich der Natur ruht in den Gezeiten eures Winters und ihr in keinem Fall hierüber ungeduldig seid, da ihr nicht die blühende Blumenwiese und die fruchttragenden Bäume in dieser Jahreszeit bei euch habt, weil ihr versteht, daß die Frucht reift, so sie zuvor gewachsen ist – so nehmt dieses Bild in eurer menschliches Verständnis auf. Jedesmal, wenn die Ungeduld euch berührt, tut es gleich wie mit dem Glauben: So ihr am Anbeginn eures geistigen Erwachens steht und vieles nicht begreifen könnt, so wird euch die Glaubensnotwendigkeit auferlegt. Und indem ihr glaubt, habt ihr Brücken geschaffen über die tiefen Klüfte eures Unverständnisses. Und so ihr dann über die Glaubensbrücke schreitet und angekommen seid in einer höheren Bewußtseinsstufe, ist dieser Glaube alsbald nicht mehr vonnöten und wird ersetzt durch Erkennen, Wissen und Verstehen.

Tut es von nun an ebenso mit der Geduld. So ihr wünscht, innerhalb eurer Entwicklung bewußter und reifer zu sein, und dieses sich nicht augenblicklich vollzieht, sichtbar, erkennbar vor eurem Menschsein, nehmt die Geduld als die Brücke, die euch helfen wird, diese Ziele zu erreichen, obschon ihr das wirksame Prinzip der Geduld noch nicht verstehen könnt.

Wäret ihr fähig, euch aus dem höheren Bewußtsein des eigenen Wesens in eurem irdischen Menschsein zu betrachten, wäre viele Male ein Lächeln bei euch, so ihr seht, daß der irdische Mensch ungeduldig ist. Jedesmal, wenn die Ungeduld in oder durch euch tätig wird, haltet inne und bedenkt: Dies ist der Augenblick, da ihr einwirkt auf die tätigen Kräfte, die ihr in Bewegung gesetzt habt, um eure Ziele und Wünsche zu erreichen.

Erlernt also die Geduld in eurem menschlichen Bewußtsein, indem ihr innehaltet und ausharrt und beharrlichen Frieden in eurem Menschsein übt. So werden die Kräfte, die auf dem Weg der Verwirklichung eurer Wünsche tätig sind, nicht gestört, nicht behindert durch die Frequenz eurer Ungeduld. Und so ihr dieses etliche Male vollzogen habt, werdet ihr erfahren, daß eure Wünsche und Ziele bald schneller zu erreichen sind. Diese Erfahrung wiederum wird euren menschlichen Geist öffnen, und weitere, höhere Erkenntnisse werden einströmen können und bald, so ihr die Geduld nicht nur verstanden habt, sondern in Freude und Gelassenheit üben könnt, dafür Sorge tragen, daß ihr euch jener Frequenz nähert, welche das Gesetz der Barmherzigkeit in sich trägt.

Ihr steht also an einer wichtigen Stufe, da ihr nicht mehr nur erwacht seid, da ihr nicht mehr nur wünscht, sondern da ihr beginnt, schöpferisch tätig zu sein. Und so ihr dieses schöpferische Tätigsein vollzieht mit einer weisen und liebenden Geduld, werden bald jene Tore geöffnet sein, da ihr vor dem Gesetz der Barmherzigkeit stehen könnt.

So ist Almania augenblicklich dabei, die Schwingung des beharrlichen Friedens auf euren Geist zu legen. Und so es euer Wunsch ist, Geduld zu verstehen und euch ihrer in Liebe und Weisheit zu bedienen, so laßt diesen beharrlichen Frieden auf euren Geist einwirken, auf daß es euch künftig mit Leichtigkeit und Freude möglich ist, geduldig zu sein. Denkt allezeit daran: Die Geduld ist der Schlüssel zum beharrlichen Frieden.

Alaniel und Madenia verneigen sich in tiefer Ehrfurcht vor euch, den künftigen Friedensfürsten dieser Welt. Gott zum Gruße!

Aufgabe und Herkunft der Wale und Delphine

Lichtboten aus dem Strahl von Raphael und Acralia *Hörbuch (CD)*
9. Februar 2002 in Frieding *ISBN 978-3-935173-40-7*

Wir sind eine Vielzahl von Lichtboten und geistigen Freunden, die unter dem mächtigen Strahl von Raphael und Acralia wirken. Diesem Strahl der Barmherzigkeit ist untergeordnet das Bewußtsein der Cetaceans. Dieses kollektive Bewußtsein der Cetaceans aber ist die Schwingung und der geistige Verbund jener Tiere, die euch als die Wale vertraut sind. Gott zum Gruße!

In großer Freude grüßen euch die irdischen Engel, die sich in den Tieren eurer Wale und Delphine manifestiert haben. Es ist der Wunsch und die Aufgabe, das Bewußtsein der Lebensfreude, die allezeit ungebrochen war und ungebrochen ist, in das Schwingungsgitter eurer Atmosphäre zu manifestieren. Ungebrochene Freude, unerschütterliche Hingabe im Dienst der Liebe für die Schöpfung auf dieser Erdenwelt ist der Wunsch und der Auftrag, den das kollektive Bewußtsein dieses Tierreiches sich erwählt hat.

So wirkt das kollektive Bewußtsein der Wale und der Delphine innerhalb eurer Naturbereiche, um die Schwingung der Freude, um die Schwingung der absoluten, uneingeschränkten Hingabe an das Leben und die Liebe aufrechtzuerhalten, damit diese Energie all jenen Menschen dienen möge, die sich in ihrem Herzen hierfür geöffnet haben und als geistiges Licht in dieser Dunkelheit der Erde dienen wollen.

Vor vielen Zeitabläufen kamen, gleich wie Sternschnuppen, geistige Energiespiralen durch den Kosmos und haben die Lebensräume eures Sonnensystems durchdrungen. Sie wurden entsandt aus dem Planetenbereich des Sirius und haben sich zuerst in den atmosphärischen Bereichen der Venus manifestiert und sind von dort aus weiter ausgezogen, nach und nach jeden Lebensraum innerhalb dieses Sonnensystems zu durchdringen.

Das Bewußtsein der Delphine und der Wale wurde in den Tagen von Atlantis von vielen Menschen in ihren Träumen wahrgenommen. Am Firmament ihres Verständnisses sahen sie gleich Geistesblitzen diese Energiespiralen durch den Kosmos reisen und haben diese Reise verfolgt, um dann in ihrem Erwachen in einem Verständnis fortan leben zu können, welches es diesen erleuchteten Menschen zu jener Zeit gestattet hat, Zugang zu heiligen Schlüsseln, Zugang zu altem Wissen zu erfahren. In stillen und geheimen Bündnissen fanden sich in jenen Tagen auf Atlantis jene wenigen Erleuchteten zusammen, um die Schlüssel auszutauschen und das Wissen zu ergänzen, um dann aus dieser Einheit eine vollkommen neue, eine vollkommen neu verstandene Kosmologie und geistige Wissenschaft zu erkennen und aus diesem Bewußtsein einen Zugang zu den göttlichen Kräften innerhalb der Naturreiche zu finden.

Jene wenigen erleuchteten Atlantiden wurden ob ihrer großen Errungenschaft verfolgt und getötet. Ein Teil aus dem Bewußtsein jener damals getöteten Erleuchteten hat sich in dem Bewußtsein eurer Wale und Delphine manifestiert und wirkt nun für den Aspekt der Barmherzigkeit auf eurer Erdenwelt. Es ist der Wunsch jener damaligen Erleuchteten gewesen, ihr eigenes Bewußtsein in den Dienst des Lebens und der Liebe zu stellen. Und so wählten sie die Kraft der Freude, um jedwedem Übel den Stachel und die Kraft zu nehmen. Ungebrochen ist, war und bleibt die Lebensfreude dieses Bewußtseins aus dem Strahle Cetaceans, der sich erhoben hat, Barmherzigkeit in euren materiellen Lebensbereichen zu offenbaren.

So die Delphine und Wale auf eurer Erde getötet werden aus unterschiedlichen Beweggründen, so sind wir, die Engel aus dem Reich von Raphael und Acralia, berufen, das hierdurch frei gewordene Bewußtsein zu empfangen. Und wir können euch zu eurem Trost und besseren Verständnis versichern, daß dieses Bewußtsein in keinem Fall leidet, denn dieses Bewußtsein hat sich über den Schmerz längst erhoben. Augenblicklich ist dieses frei gewordene Bewußtsein bereit für den nächsten und höheren Dienst. Und so werden die Delphine und die Wale auf eurer Erdenwelt als die irdischen Engel in der Tiergestalt von uns betrachtet.

Sie sind uns geistigen Engelwesen nahe, und wir betrachten sie als unsere Brüder und Schwestern auf der Erde, die mit uns gemeinsam ein und denselben Dienst vollziehen, der darin besteht, die Frequenz der Barmherzigkeit in den Bereichen der Ungerechtigkeit, der Gesetzlosigkeit und der Gewalt wirksam werden zu lassen. Der göttliche Ausdruck tätig gewordener Liebe drückt sich stets durch eine vollkommene, uneingeschränkte Hingabe im Dienen aus. Es ist dies ein Dienen, das bereit und willens ist, vorbehaltlos ohne Unterschied allem Leben und aller

Schöpfung dienend zur Seite zu stehen. Diese absolute Hingabe an das Dienen ist der Ausdruck ihrer tätig gewordenen Liebe, die sie für ihren Schöpfer empfinden. Und es ist hierüber eine Glückseligkeit, die sich nicht anders auszudrücken und zu betätigen weiß als in der ungebrochenen, beständigen Freude darüber, daß sie sind.

Ihr Leben ist ein immerwährendes Bekenntnis: Ich bin. Ihr Lachen ist der Ausdruck ihrer Liebe zu Gott und zum Leben. Und es ist die natürliche Ernte dieses Bewußtseins die Freude, die kein Leid, keine Ungerechtigkeit und kein Schmerz, gleich woher dieser kommen mag, zu brechen oder zu trüben vermag.

Ihr seid hier versammelt, um zu euch selber heimzukehren und dann zu erkennen und zu verstehen, daß ihr inmitten unserer Reihen seid, so wie ihr ebenso inmitten der Reihen jener Tiere seid, die sich dem Bewußtsein der Freude verschrieben haben. Es wird der Augenblick für einen jeden von euch kommen, wenn auch zu unterschiedlichen Zeiten, da ihr erwacht, da ihr die Augen öffnet und weit über diese Erde hinauszublicken vermögt und erkennt, daß ihr mitten unter uns seid, daß ihr euch niemals entfernt habt und daß ihr lebt auch in dem Geist des Cetaceans und daß ihr lebt im Geist der Engel, die Raphael und Acralia dienen, daß ihr lebt und dient für einen jeden weiteren Engel, der sich dem Leben, der Liebe und dem Licht verschrieben hat.

Eine wichtige Erkenntnis will sich in eurem Menschsein offenbaren, und wir bitten euch sehr: Laßt diese Erkenntnis in eurer Menschwerdung erwachen. Laßt diese Erkenntnis Raum in euch einnehmen. So wie ein Raum dunkel erscheinen mag, der in Wahrheit lichtdurchdrungen und hell ist, ihr dieses aber nicht wahrzunehmen vermögt, weil ihr die Augen geschlossen habt, so erscheint uns euer geistiger Schlaf, denn ihr seid inmitten von Licht, ihr seid umgeben von Reichtum und Fülle, und die Kraft der Unendlichkeit umgibt euch einen jeden Augenblick eures Seins.

So ihr all dieses aber noch nicht erkennen, erspüren, erschauen könnt, wirkt für euch der Geist des Cetaceans, der gekommen ist aus dem Strahl der Barmherzigkeit, um dennoch zu lieben, obschon Ungerechtigkeit besteht, um dennoch zu dienen, da Kälte und Dunkelheit und Unliebe auf dieser Erde wohnt. All diesem begegnet der Geist des Cetaceans durch die Barmherzigkeit mit Freude, mit bedingungsloser Hingabe im Dienst am Leben, im Dienst an euch.

Es soll das Lachen der Delphine euch stets ein Ruf zur Freude sein, um euch auf die Versöhnung vorzubereiten. Und es soll der kräftige Schlag, den der Schwanz des Wales in den großen Ozeanen zu schlagen vermag, euch erinnern an die Kraft des Universums, welche in einem jeden von euch mit Mächtigkeit ruht. Dies ist die Barmherzigkeit aus Gott, daß um euch alles vorhanden ist, wonach ihr euch sehnt, daß in euch wohnt und vorhanden ist, was ihr benötigt und was ihr euch wünscht. Nehmt die Geschenke eures Schöpfers an. Antwortet hierauf, indem ihr die Freude und die Bereitschaft zur uneingeschränkten Hingabe im Dienst am Leben bejaht.

So euch Unrecht widerfährt, antwortet darauf mit Gerechtigkeit. So ihr der Trauer begegnet, antwortet hierauf mit Freude. Und dort, wo die Tränen sind, löscht diese aus mit dem Lachen. Dies ist der Wunsch, dies ist die Botschaft, die wir geistigen Helfer und Lichtboten aus dem Strahl von Raphael und Acralia, im Wirken der Barmherzigkeit, aus dem Bewußtsein der Delphine und Wale an euch weitergeben hier zu dieser Stunde, an diesem Ort, denn ihr habt das Bewußtsein dieser Tiere auf euch gelenkt*, und sie haben geantwortet in ihrer Weise. Es ist dies der Ausdruck ihrer Freude, daß sie wünschen, daß ihr das Lachen nicht verliert, daß ihr Freude bei euch habt, daß ihr selber diese Freude werdet und sie hinaustragt in diese Welt, die arm und freudlos geworden ist.

Gebt großmütig die Freude! Gebt großzügig die Liebe! Und laßt euer Licht nicht erlöschen, wenn Ungerechtigkeit oder Schmerz bei euch ist. So die Delphine getötet werden um ihres Fleisches willen, um der klingenden Münze wegen, so ist kein Groll bei ihnen. Im Augenblick, da ihnen der physische Körper genommen wird, erklingt ein «Halleluja, es ist vollbracht, mein Geist ist frei, um im Größeren zu dienen!» Und Freude und Dankbarkeit strömen aus dieser befreiten Seele zur Erde hernieder.

Dies ist das Gesetz, das einstmals Jesus gegeben hat: Vergeltet nicht in der Weise, wie euch gegeben worden ist, sondern sucht stets zu übertreffen im Guten. So euch einer eine Münze gibt, um euch hierdurch eine

* Eine Seminarteilnehmerin hat bei diesem Seminar einen Vortrag über Delphine gehalten. Im Anschluß daran meldete sich das hier sprechende Bewußtsein durch Susanne zu Wort.

Not zu lindern, so gebt zurück zwei der Münzen. Gebt dies in Freude und Großzügigkeit und sorgt euch nicht, ob ihr darüber ärmer geworden seid. Denn so ihr gebt zum einen Teil, wird zum doppelten Teil zu euch zurückkehren. Dies ist die Mathematik aus Gott, die ihr noch zu erlernen habt.

Segen über euch! Es grüßen euch aus dem Strahl der Barmherzigkeit die Delphine und die Wale, und es winken euch als Brüder und Schwestern freudig zu aus dem Geiste jene, die da sind an der Seite von Raphael und Acralia. Gott zum Gruße!

Das Wissen und richtige Denken über das Geld

Herakles
2. März 2002 in Pfronten

Hörbuch (CD)
ISBN 978-3-935173-41-4

Musik – Musik. Ein Teppich aus Tönen. Sprache ohne Worte. Zärtlichkeit ohne Berührung.* Doch ihr seid gekommen, nicht um über die schönen Töne der Musik zu sprechen, sondern über einen großen und mächtigen Herrscher dieser Erdenwelt.

Gott zum Gruße, die ihr euch hier eingefunden habt! Ich bin es, Herakles, der gerufen und der gewiesen worden ist, heute über dieses zu sprechen, was eure Herzen bewegt, was in großem Maße euer Leben bestimmt und welches augenblicklich noch das Schicksal dieser Erde besiegeln will.

So laßt uns also über die Silberlinge, über das Gold, über die Scheine mit den Bildern und den Ziffern sprechen und über dieses, was ihr Geld nennt. Denn diesem habt ihr eine Macht gegeben, welche ihm nicht zusteht.

So laßt uns den Wert des Geldes betrachten. Ist es das Silber und das Gold oder das Metall oder das Papier, welche diesen Glanz, diese Anziehung und diese Macht in sich tragen? Nein. Es ist die Bedeutung, die ein jeder auf dieser Erdenwelt diesem Geld beimißt.

Versteht Folgendes: Da ein Maler die Leinwand, seinen Pinsel und die Farbe nimmt und ein Bild zu malen beginnt und es entsteht ein Werk aus den Händen dieses Künstlers: Wie werdet ihr den Wert eines solchen Werkes bemessen? Nach dem Preis der Leinwand? Nach der Kostbarkeit der Farben? Oder nach dem Werk, das entstanden ist aus diesem? So gibt es gar viele Künstler und Maler, die Musik kreieren, die das Bild oder die Skulptur kreieren, und es bestimmt der Mensch aus seiner Meinung, ob dies kunstvoll, wertvoll oder gar kostbar ist. Und ebenso bestimmt das Denken, die Meinung darüber, was Geld bedeutet und was Geld ist, die Macht des Geldes – nicht das Material selbst.

---

* Um in Trance zu gehen, ließ Susanne Musik abspielen. Dies wird hier von Herakles kommentiert.

So habt ihr euch nun in eine Zeit entwickelt, da dieser mächtige Herrscher Geld euch allesamt knechtet in einer Art und Weise, daß es vielen von euch beinahe unmöglich ist, das alltägliche Leben in Freude oder gar in Sorglosigkeit zu bestreiten. Und ihr seid gekommen, um zu erfahren, ob dies ein Preis ist, den es zu bezahlen gilt, so der Mensch sich aufmacht, um Gott zu finden, die Wahrheit zu leben. Glaubt ihr wahrhaft, daß euer Schöpfer von euch fordert, daß ihr in Armut lebt, daß ihr verzichten sollt?

Jene, die euch vertraut sind aus der Vergangenheit als Überwinder und Meister und die sich kleideten in Sack und Asche, die die Nahrung verweigerten und in großer Bescheidenheit lebten, um auf diese Weise das Reich Gottes, die Wahrheit oder Gott selbst zu finden, von denen ihr wißt, daß sie aus ihren eigenen Kräften, durch ihr Leben, durch ihren Verzicht in sich große Kräfte erworben haben und durch diese Kräfte befähigt waren, zu heilen und andere große Dinge zu tun – wißt, daß ihnen diese Kräfte nicht zuteil geworden sind ob des Verzichtes. Nein. Es war das Abwenden von einem kollektiven Bewußtsein. Es war die Hinwendung zur inneren, eigenen Vollkommenheit. Und da nicht von außen das Geld, der Ruhm und all die vielen anderen Dinge, die euch verführen, vorhanden gewesen sind, war es diesen Menschen möglich, sich selbst in ihrer Wahrhaftigkeit zu erkennen und aus dieser Erkenntnis all jene Dinge zu tun, die einem jeden Einzelnen von euch in ebensolcher Weise möglich und zugänglich sind.

Es ist also nicht das Geld selbst, welches euch bereichert oder aber Armut gibt. Gott schuf den Menschen nach Seinem Bilde in einer unbeschnittenen Vollkommenheit. Und es gab Gott Seiner Schöpfung, dem Menschen, jene Schöpferkraft, die ihm selber innewohnt. Das wahre Wesen des Menschen ist Vollkommenheit, Reichtum und Fülle. Und so der Mensch lernen wird – und dies sage ich euch als eine Verheißung, diese Zeit wird kommen –, so also der Mensch lernen wird, diesen äußeren, materiellen, scheinbaren Schätzen und Werten nicht mehr jene Bedeutung beizumessen, sondern sich selbst in vollkommener Wahrhaftigkeit zu erkennen vermag, so wird er auferstehen in einem neuen Bewußtsein, welches ihm alle Kräfte, alles Wissen und alle Fähigkeiten eröffnen wird, damit er selbst vollkommener Reichtum und Fülle werden kann.

Es ist nicht Gott, der Armut erschaffen hat. Es ist nicht Gott, der Krankheit und Tod erschaffen hat. Falsches Denken, Unwissenheit und

Unglaube des Menschen haben all dieses erschaffen, denn der Mensch auf Erden hat vergessen, daß er ein beständiger und tätiger Schöpfer ist einen jeden Tag aufs neue. Alle, die ihr bei euch das Geld habt – der eine viel, der andere wenig und wieder ein anderer in mittlerem Maße –, ihr alle habt bei euch in diesem Augenblick eine Prüfung. Und es ist dies eine Prüfung, die euch helfen soll, zu erwachen aus einer bedrückenden Illusion.

Würde euer wahres Glück davon abhängig sein, daß ihr genügend Silberlinge und Scheine habt, so wäre dieses Glück gar leicht zu finden. Denn das Maß des Geldes, welches auf dieser Erde vorhanden ist, ist groß, und käme es in eine gerechte Verteilung, wäre bald ein jeder unter euch reich, und ebenso bräuchte keiner auf dieser Erdenwelt Hunger zu leiden. Diese Erde trägt Früchte in Reichtum und Fülle, und ein jedes Lebewesen – wäre die Verteilung gerecht – wäre satt tagein und tagaus. Doch ihr betrügt den Boden, welcher euch die Nahrung gibt, und vernichtet eure Ernten um des Geldes willen. Denn es ist nicht das Anliegen der Menschen dieser Welt, daß niemand Hunger leiden soll, daß niemand Armut oder Kälte fühle. Es ist das Ansinnen, Macht zu haben.

So sind etliche auf dieser Erdenwelt, die einen Anspruch erheben und sich zu bereichern suchen mit dem, was zum Leben notwendig ist, auf daß ihr kommen müßt und bitten, um dieses und jenes zu erhalten, so ihr noch nicht gelernt habt, aus euch selber fähig zu sein, zu erschaffen, was ihr für euer menschliches, fleischliches Sein braucht. Ist es also euer System, welches euch Last, Angst und Not auferlegt? Nein. Ebenso, wie es nicht das Metall und das Papier des Geldes ist, welches die Macht in sich trägt, ist es ebensowenig dieses irdische, weltliche System, das durch seine Macht und durch seinen Vorteil befähigt ist, das Schicksal der Menschen dieser Erde zu bestimmen.

Es ist die Unwissenheit des Menschen. Es ist der Glaube des Menschen. Ihr glaubt an dieses System. Und ihr glaubt, daß dieses System nicht zu verändern oder zu verbessern ist. Und ihr glaubt, daß ihr abhängig seid von der Anzahl eurer Silberlinge. Ebendieser Glaube ist es, der den Werdegang eures Lebens bestimmt. Ob ihr arm seid oder reich, liegt nicht in der Macht und in den Händen derer, die das meiste Geld haben, liegt nicht in der Macht jener, die das Gesetz schreiben, welchem das Volk Folge leisten muß.

Macht, Kraft und Möglichkeit zur Verwirklichung liegen einzig und allein im Glauben des Menschen. So der Mensch also glaubt an die Kraft und Größe, an die Abhängigkeit von diesem Geld, so wird der Glaube des Menschen dieses System mit einer Kraft bereichern, und diese Kraft ist es, die euch knechtet und die euch gefangenhält. Das Geld in sich ist tot. Ihr aber belebt es mit euren Gedanken.

Überprüft euch. Wie oft innerhalb eines Tagesablaufes sind eure Gedanken auf das Geld gerichtet? In welcher Weise denkt ihr an oder über das Geld? So ist der größte Teil auf dieser Erdenwelt damit beschäftigt, in einer Bangigkeit und in großer Sorge sich gedanklich jeden Tag aufs neue diesem Geld zuzuwenden. Wäre es euch möglich, diesen Prozeß eurer Gedankengänge zu erschauen, so ihr sehen könntet das Fließen der Energien eurer eigenen Gedanken, die sich zielgerichtet an das Geld wenden, würdet ihr große Strömungen mächtiger Gedankenkräfte erkennen. Und diese allein sind es, welche euer Schicksal bestimmen.

Ihr habt Sorge um des Geldes wegen – gleich ob ihr wenig Geld habt und nicht wißt, euren finanziellen Pflichten, Verantwortungen und Aufgaben gerecht zu werden; gleich ob ihr viel Geld habt und euch nicht sorgen müßt darüber, daß zuwenig der Silberlinge vorhanden sind und ihr euch nicht die notwendige Nahrung kaufen könnt – nein, da ihr vielmehr nicht wißt, wie ihr das Geld anwenden sollt, um nicht noch mehr Steuern zu bezahlen, oder aber, da ihr Angst habt, dieses Geld zu verlieren, da ihr es hineingegeben habt in ein weiteres System, wo viele mit euch wirksam sind, die ebenso ihr Geld gegeben haben, und ihr mit Bangigkeit den Kurs verfolgt, ob ihr verloren oder gewonnen habt. Gleichgültig also, ob ihr arm oder reich seid: Das Geld wird beiden Teilen stets eine Sorge sein und stets eine Sorge bleiben, weil das Bewußtsein und der Glaube hin zu diesem Geld in einer vollkommen falschen Struktur eures Denkens und Handelns und Empfindens befestigt ist. Würden alle Menschen, die sich augenblicklich arm nennen und Kummer spüren tagein und tagaus um des Geldes wegen, beschenkt werden; würden wir, gleichsam wie auf jenem Bild, das ihr gesehen habt, das Geld vom Himmel regnen lassen, daß ihr es nur sammeln müßtet – glaubt gewiß, so wärt ihr eurer Sorgen dadurch nicht enthoben.

Viele Götter habt ihr euch erschaffen, denen ihr dient mit eurer Kraft. Ihr opfert ihnen eure Zeit, ihr investiert eure Gefühle, und ihr gebt ihnen Energien, weil ihr an sie glaubt. So ist ein Gott auf dieser Welt die

Wissenschaft und ein anderer die Medizin und wieder ein anderer die Religion. Tausendfältig sind die Götter, die ihr euch erschaffen habt und denen ihr dient. Doch über all diese Götter habt ihr einen großen Gott gesetzt, der all diese von euch erschaffenen Götter unter sich hat. Und es ist dieser mächtige Herrscher jener, der den Namen Geld trägt.

So also der Mensch diese Götter erschaffen hat, ist es an den Menschen, diese Götter zu stürzen. Nicht die Welt der Engel, nicht die Kräfte der aufgestiegenen Meister und nicht Gott selbst wird hineingreifen in das Geschehen dieser Erdenwelt. Gott gab dem Menschen die Erde, damit er sich die Erde untertänig machen soll, und Er setzte ihn über diesen Erdenball. Und Gott gab einem jeden Menschen seinen freien, unbeschnittenen Willen, dieses zu tun, was sein Wunsch ist. So also wird diese Erdenwelt einem Schicksal entgegengehen, welches bestimmt ist aus dem menschlichen und nicht aus dem göttlichen Willen.

Eine Vielzahl Engel, eine große Schar von körperlosen Seelen – Menschen, die einstmals ebenso wie ihr in Fleisch und Blut auf dieser Erde lebten – sind heute, jetzt, in diesem Augenblick mitten unter euch, um zu hören, was gesprochen wird. So sind die Engel gekommen, um aus ihrem höheren Verständnis die Energien der Weisheit in euer menschliches Bewußtsein einströmen zu lassen. Und es sind die körperlosen Seelen gekommen, um durch dieses, was hier geschieht, zu erkennen und ebenso besser zu verstehen. Denn obschon sie jetzt in ihrem neuen Lebensbereich keine Silberlinge benötigen, ist dennoch eine Angst bei vielen, die mitgenommen worden ist als schmerzliche Erfahrung aus dem Vermeinen, ausgeliefert, schwach und unfähig zu sein, den Reichen dieser Erdenwelt gegenüber bestehen zu können.

Wir sind gekommen, um euch daran zu erinnern, daß ihr Schöpfer seid. Wir sind gekommen, um euch zu bitten, daß ihr innehaltet und darüber nachdenkt, welches die wahren Werte in eurem Leben sind. Wir sind gekommen, um euch zu bitten, daß ihr darüber nachdenkt, welchem Gott ihr dient. So der Mensch den geistigen Gesetzen des Lebens Folge leistet und so der Mensch seinem Schöpfer in seinem Herzen und Leben den ersten Platz einräumt, so ist es unmöglich, daß solch ein Mensch, der hier in Fleisch und Blut lebt, bei sich eine Not hat – weder an seinem Körper durch Kraftlosigkeit oder durch Krankheit oder durch Hunger noch durch zu wenig Silberlinge.

Keiner der aufgestiegenen Meister, da sie noch unter euch weilten, war genötigt, in Armut und Verzicht zu leben. Es ist nicht ein Opfer, welches Gott fordert, daß ihr euch kasteien sollt. Nein. So ihr erkennt und versteht und so ihr lebt nach dem göttlichen Gesetz, werdet ihr Reichtum, Fülle, Kraft und Gesundheit bei euch haben in dieser Welt wie in jeder anderen Welt ebenso.

Ihr müßt also nicht das Geld verändern. Und ihr sollt euren Groll ablegen gegen all jene Institutionen, die scheinbare Macht bei sich haben, euch ein Leid zu geben. Und so ihr geht in das Haus, um für euch das Geld zu erbitten, und dieses Geld nicht vorhanden ist, weil ihr es zuvor nicht in dieses Haus getragen habt, und ihr dennoch bittet um dieses Geld, weil ihr es benötigt, und euch dann ein Nein gegeben wird, so kehrt nicht zurück mit Bitterkeit und weist nicht eine Schuld auf jenen, der euch dieses Geld verwehrt hat. Könntet ihr jene Gedankenkräfte erschauen, die sich einen jeden Tag unablässig durch euren Ätherraum bewegen und die erstellt werden aus jenen Köpfen, die glauben, in ihrer Armut durch eine Abweisung betrogen worden zu sein, und könntet ihr die Bitterkeit schmecken, die auf dieser Erdenwelt manifestiert ist aus den schmerzlichen Erfahrungen derer, die um das Geld bitten und ein Nein erhalten, so wärt ihr augenblicklich krank.

Falsche Vorstellungen, die mangelnde Bereitschaft, Verantwortung zu übernehmen, das Gefühl von Abhängigkeit – dies sind die Wurzeln eurer Übel. Wäre die Medizin fähig, eure Krankheiten zu heilen, glaubt, so gäbe es auf dieser Erdenwelt nicht einen kranken Menschen. Denn zählt die Ärzte, zählt die Häuser und Spitäler und zählt die Medikamente, zählt all dies, was vorhanden ist, und seht die Bereitschaft der Menschen, die sich zusammenfinden, um hier und dort Geld und Medikamente und Brot für den Hunger zu spenden und Kleidung für den frierenden Leib – alles, alles ist in genügendem Maße vorhanden. Und dennoch habt ihr die Krankheit bei euch, und dennoch habt ihr Armut unter euch. Es ist also das falsche Denken, das darin begründet ist, daß ihr euch selbst als ausgeliefert und abhängig versteht.

Es ist diese Erde in ihrer materiellen Erscheinungsform ein Lebensbereich, in welchem die polare Gesetzmäßigkeit in allen Dingen wirkt. Dies bedeutet: Dort, wo ihr ein Licht habt, steht ein Schatten gegenüber. Und dort, wo Reichtum vorhanden ist, steht die Armut gegenüber. Und so der Mensch bereit wäre, in seinem Denken und Wünschen ausgewogene Ziele anzustreben, wäre die polare Welt in ihrem Erscheinen, in ihrem Wirken vollkommen ausgeglichen. Denn ihr bedürft in allem sowohl des einen als auch des anderen. Ihr braucht das Licht, um zu wachsen. Und ihr braucht die Dunkelheit, um zu ruhen. Und ihr braucht das viele, auf daß ihr erstarken könnt. Und ihr braucht ebenso das wenige, um auszugleichen und zu regulieren. Würde also der Mensch lernen, in allen Dingen das Maß der Mitte, der Ausgewogenheit zu finden, wäre keiner arm und keiner reich, wäre keiner stark und keiner schwach. Dies ist die Einheit.

Weil nun aber innerhalb eurer polaren Welt die Pole sich mehr und mehr voneinander entfernen und der Abstand hin zur Mitte und zur Ausgewogenheit stets größer wird, seid ihr diesen Extremen ausgeliefert. So hattet ihr in früheren Zeiten auf dieser Erdenwelt innerhalb der wirtschaftlichen Ebenen einen Bereich, da es Menschen gab, die gearbeitet und die viel von dem produziert haben, was ihr in eurem menschlichen Denken als teuer bezeichnet. Und ihr habt einen Bereich gehabt, da ihr produziert habt, da ihr gearbeitet habt in dem Maß der Mitte. Und ihr habt einen Bereich gehabt, da ihr gearbeitet und produziert habt und da ihr bei euch hattet der Produkte von geringem Preis und geringer Quantität.

Nun aber habt ihr begonnen, zuerst das Kleine aufzuheben, was bedeutet, daß das Maß der Mitte – jene, die stärker gewesen sind in den Bereichen der Politik, der Wirtschaft, in dem Bereich der Arbeit, der Produktion – begonnen hat, die Kleinen zu beherrschen, ihnen die Möglichkeit der Produktion, der Arbeit, des Erwerbs zu nehmen. So war dieser wichtige und wesentliche Gegenpol nicht mehr vorhanden. Und es vollführt dieses System seinen weiteren Werdegang, indem jene, die bei sich haben bessere und größere Möglichkeiten, also mehr der Macht durch das Gesetz, mehr der Möglichkeiten durch das Geld, in den Bereich des Mittleren hineingreifen. Und so erfährt dieser Bereich augenblicklich das Schicksal, welches er selbst vollzogen hat zuvor an denen, die ihm unterlegen gewesen sind.

So wie auf dieser Erdenwelt jene Bereiche, jene Arbeitsplätze, jene Parteien in eurer Politik nach und nach sich auflösen, um sich mit größeren zu verbinden; so wie sich die Häuser des Geldes nach und nach auflösen und sich mehr und mehr in größeren zusammenfinden und dadurch wohl weniger werden, aber in ihrer Macht wachsen, so wird dereinst das

Schicksal dieser materiellen Erdenwelt in den Händen weniger Mächtiger auf dieser Erdenwelt liegen. Betrachtet das Reich der Natur. So seht ihr, daß die unterentwickelten Tiere sich aus der Pflanzenwelt ernähren und daß die weiterentwickelten Tiere sich ernähren aus dem Reich der Tiere, daß das Stärkere das Schwächere tötet und als Nahrung in sich aufnimmt. Es ist dies ein Prinzip, welches der Erdenmensch in solcher Weise vollführt. Dies bedeutet, daß schlußendlich die Starken leben werden.

Ihr aber seid nicht Tiere, ihr seid Menschen, vernunftbegabt, intelligent, und es ist in einem jeden von euch eine göttliche Kraft. Und so also der Tag kommen wird, da wenige scheinbar Große und Mächtige durch ihre Position und durch das viele ihres Geldes das Schicksal dieser Erde bestimmen, werdet ihr auf dieser Erde Situationen ausgesetzt sein, die ihr euch augenblicklich noch nicht vorstellen könnt. So der Erdenmensch das wenige verliert, was er hat, so er nicht mehr Arbeit finden kann, so er nicht mehr weiß, das Geld zu bezahlen, damit er eine Heimstatt für sich und die Seinen hat, so ihm alles genommen wird und es nichts mehr gibt, was er zu verlieren hat – kein Gesetz, keine Macht wird solch einen Menschen aufhalten, weil er nichts mehr zu verlieren hat.

In dem Maße, wie ihr euch aus der Mitte entfernt, um in Extremen zu leben (und dies ist ein Gesetz, welches für alle Bereiche Gültigkeit hat), werdet ihr in das Verderben gehen. So ihr zu viel eßt, werdet ihr krank werden. So ihr zu wenig eßt, werdet ihr ebenso krank werden. Und so es keine Armut gibt, nur den Reichtum, so würde diese Welt ebenso zugrunde gehen. Es ist die Polarität, deren Bedeutung, deren Ausdruck und Wirksamkeit ihr auf eurer Erde nicht beachtet und versteht, weswegen ihr hier große Fehler begeht. In dem Maße, wie ihr gebet, werdet ihr empfangen. Auch dies ist ein Gesetz. So ihr das Geld gebt mit Angst, gebt ihr eine Energie, die nicht fließen kann, sondern stockt. Ihr gebt, weil ihr müßt, nicht weil ihr es wünscht. Und so wird auf diesem Geben kein Segen sein, und es wird dieses Geld nicht zu euch zurückkehren können, denn das geistige, inwendige Gesetz innerhalb dieses Aktes wird dies nicht ermöglichen.

Ihr alle lebt also unter dem tätigen Gesetz der Polarität, und ihr lebt unter dem Gesetz, das Ursache und Wirkung genannt wird. Und ihr lebt unter dem Gesetz, daß der Geist über die Materie herrscht. Weil ihr dies vergessen habt, lebt und handelt ihr in einer Weise, die eurem eigenen Wesen, Körper und Lebensumfeld nicht zum Guten, sondern zum Schaden ist. Nehmt eure Angst hinfort, daß ihr zuwenig Geld bei euch habt. Nehmt hinfort die Bitterkeit und die Traurigkeit, so ihr Wünsche verspürt und diese nicht zu erfüllen sind, weil ihr zuwenig Geld habt, und werft nicht Schuld auf jene, die da sind in der Politik und in den Häusern des Geldes. Denn es ist die Verantwortung nicht bei ihnen. Es ist die Verantwortung bei allen. Weil ihr trennt, weil ihr nicht die Mitte anstrebt – das Ausgewogensein – und weil ihr Angst habt; deshalb und nur deshalb ist Not und Leid bei euch.

Habt ihr einen Wunsch, und sei dies ein materieller Gegenstand, und habt ihr nicht das notwendige Geld, euch diesen Wunsch zu erfüllen, so seid nicht versucht, daß ihr hinausgeht und die Menschen bittet, daß sie euch beschenken, denn dies würde bedeuten, daß ihr euch selbst als arm und als Bettler erachtet, daß ihr euch selbst für unfähig haltet, dieses, was ihr euch wünscht, selbst zu realisieren. So euch jemand gibt, worum ihr gebeten habt, so ihr beschenkt werdet, seid ihr immerdar in einer Situation des Ausgeliefertseins, des Abhängigseins, und die Freude über das erhaltene Geschenk ist begrenzt und sehr beschnitten. Denn der materielle Wert, der bei euch ist, vermag euer menschliches Gemüt nur für einen kurzen Zeitraum zu erfreuen. Das Innere eures Menschseins, dort, wo euer wahres Wesen verankert ist, aber wird Enttäuschung und Bitterkeit verspüren.

In einem jeden von euch pulsiert eine lebendige Kraft – die Kraft des Lebens. Es ist diese Kraft nicht nur eine Energie, die sich betätigt nach dem Gesetz. Es ist diese Lebenskraft intelligent. Es ist der Geist in euch, der euch am Leben erhält. Es ist der Geist in euch, der euch befähigt, daß ihr atmet. Es ist der Geist, der bewirkt, daß euer Herz schlägt. Und es ist der Geist, der weiß, wie ein jegliches Organ und eine jegliche Zelle sich zu verhalten hat, auf daß ihr lebt. Und so eine Zelle stirbt in eurem Fleischeskörper, ist dieser Geist augenblicklich dabei, eine neue zu erschaffen. Dies ist das Prinzip des Geistes: Alles, was verlorengeht, wird augenblicklich aus eigener Kraft neu geschöpft und erschaffen. Und es ist dieses, was der äußere Wesensmensch aus Fleisch und Blut noch nicht verstanden hat: es dem inwendigsten Geist gleichzutun.

Wenn ihr euch hilfesuchend an Menschen wendet, werdet ihr immer wieder die Erfahrung machen, daß diese Hilfe, so sie euch gewährt wird, nur unvollkommen sein kann. Deshalb habt ihr Enttäuschung und Schmerz. Und ihr erbaut aus diesem Schmerz und aus dieser Enttäuschung eine Schuld, die ihr jenen zuweist, die euch nicht helfen im äußeren und menschlichen Sein.

So also eine Zeit kommen wird, da der mittlere Bereich mehr und mehr aufgelöst wird und einige wenige große Institutionen im Bereich der Banken und aus den Ebenen der Politik versuchen werden, das Schicksal dieser Erdenwelt zu bestimmen, und so demgegenüber das Volk der Erde sich erheben wird aus Angst, um für das eigene Bestehen zu kämpfen, so habt ihr innerhalb dieser Situation die Möglichkeit, Größeres und Besseres zu tun. So wie wir euch vor vielen Jahren die Informationen und die Vorherschau gegeben haben über vieles, was kommen wird in dieser Welt; so wie wir euch nicht nur die Information über das Kommende gegeben haben, sondern dem die Lösung gegenübergestellt haben, so wißt, daß dies erst ein Anbeginn ist.

Über Zeiträume nach menschlichen Jahren wird sich dieses, was ich als Vorherschau gegeben habe, vollziehen. Langsam wird es wachsen, und ihr sollt diese Zeit nutzen, um zu lernen, eure Gedanken, eure Gefühle und euch selbst geistig aus diesem System zu entfernen – daß ihr euch nicht verführen laßt, euch wider dieses System zu erheben und dagegen zu kämpfen; und daß ihr ebensowenig verfallt in Angst und scheinbare Ausweglosigkeit – daß ihr all dieses, so ihr es beobachtet und so ihr es kommen seht, vielmehr erkennt als die natürliche Reaktion auf all die falschen Vorstellungen und Glaubenssätze, die ihr in der Vergangenheit erschaffen habt und deren Zusammenbruch ihr nun erleben dürft. Lernt, all dieses aus einer Distanz wahrzunehmen, und lernt, in diesem eine notwendige Auflösung und Befreiung zu sehen.

Der Erdenmensch wird beginnen, mehr über sich selbst nachzusinnen, weil die Not ihn dazu treiben wird. Und so er beginnt, ernsthaft nach der Wahrheit und nach der Lösung – nicht nur für sich selbst, sondern für diese ganze Erde – zu suchen, so wird die Hilfe vorhanden sein. Noch glauben die Menschen nicht, daß das Geld auf dieser Erde keine Macht besitzt. Noch glauben die Menschen dieser Erdenwelt nicht, daß Krankheit und Not aufgelöst werden können. Ihr werdet in all diesen Dingen die äußersten Extreme erfahren und miterleben, und ihr seid hier heute in diesem Raum, um zu verstehen, daß dieses, was geschieht, nicht der Wille Gottes ist, sondern lediglich das natürliche Resultat all dessen, was zuvor geschehen ist und was einzig und allein aus den Köpfen der Menschen dieser Erdenwelt geboren worden ist.

Ob eine Sache gut oder ungut ist, ist wesentlich. In diesem Augenblick, da ihr an diese Sache glaubt, wird diese Sache durch euren Glauben an sie belebt, so als würdet ihr einem Körper eine Seele einhauchen. Unabhängig davon, ob das, was ihr tut, richtig oder falsch ist, wird sie sich in dem Augenblick, da ihr daran glaubt, daß es so sein muß und richtig ist, verwirklichen. Es ist nicht das Wissen, welches, wie ihr glaubt, Macht erhöht, und es bedarf der Glaube nicht eines Beweises, denn seht: Viele Male hat Jesus in seiner Erdenlebenszeit sichtbar geoffenbart die scheinbaren Wunder, und die Menschen sahen und wußten es, und dennoch konnten sie nicht glauben, und so sie nicht glauben konnten, war niemand befähigt, ihnen zu helfen.

Das Wissen, welches ihr euch erwerbt, beschwert nur euren Kopf und lenkt euch ab von euren wahren Fähigkeiten und Möglichkeiten, die in einem jeden von euch unbeschnitten und vollkommen vorhanden sind. Weil ihr aber glaubt mehr an dieses, was ihr seht, weil ihr es fassen könnt, weil ihr es sehen könnt, so ist es für euch eine Realität. Und all diese äußeren Dinge haben deswegen Macht, weil ihr an sie glaubt. Nehmt ihr also diesen Dingen den Glauben, nehmt ihr ihnen augenblicklich die Macht. Denn sie leben und existieren durch euch, und sie kommen von euch. Ihr habt sie erschaffen, und so ihr die Schöpfer dieser Welt seid, muß die Materie euch gehorchen. Beginnt also, euch selbst in eurer eigenen Schöpferkraft zu begreifen. Beginnt, tief und gründlich in euch selbst zu forschen, wer und was ihr seid, und laßt all dies Äußere hinfort, und augenblicklich wird hierdurch die Macht der Materie geschwächt.

Reichtum und Fülle, Freiheit, Freude, Glückseligkeit – dies ist die Bestimmung des Menschen. Alle werdet ihr geprüft durch das Geld, einen mächtigen Herrscher, den ihr erschaffen habt. Doch so ihr ihn erschaffen habt, ist es an euch, diesen Herrscher auch zu entkrönen. Ein jeglicher König, ein jeglicher Präsident ist so stark, so gut oder so schwach wie sein Volk – nicht mehr und nicht weniger. So ein Volk einen schlechten König hat, so ist das Volk selbst schlecht und unwissend. So ein Volk in sich gut und weise ist, wird es auch einen weisen und guten König haben.

Erkennt also: Es gibt keine Schuld, weder auf der einen noch auf der anderen Seite. Aber es gibt eine Verantwortung für einen jeden von euch, und diese Verantwortung ruft euch auf, daß ihr in Liebe für einen jeden Menschen, für ein jedes Lebewesen von Herzen das Gute wünscht, so wie für euch selbst, und daß ihr gebt in selbstloser Weise, ganz ohne Angst, damit das geistige Gesetz von Reichtum und Fülle ungehindert wirken kann, denn dieses Gesetz bedeutet: So ihr gebt aus dem Herzen in Liebe, wird es hundertfach zu euch zurückkehren. So ihr aber gebt aus Angst, wird diese Enge den Rückfluß der Energien verhindern.

So werden wir in diesen Tagen darüber sprechen, was Energie, was Macht, was Geist ist und was ihr selbst seid. Wir sind in großer Freude, euch zu erwecken aus einem geistigen Schlaf. Wir sind in großer Freude, euch zu ermutigen und neue Wege aufzuweisen. So wißt: Wir verstehen euch gut, und wir beschauen aus einer höheren Sicht all dieses, was geschieht. Denn über einer jeden menschlichen Handlung steht ein Gedanke und steht ein Gefühl, die dem vorausgegangen sind. Und dieses allein ist es, was den Werdegang und das Schicksal dieser Erde bestimmt. Und es sind die Gedanken frei, und es ist euch möglich, die Gedanken in einer Vielzahl zu erstellen. Ihr müßt nicht sparen wie mit eurem Geld. Reichtum und Fülle ist euer Ursprung, und wir sind gekommen, um euch Wege zu weisen, diesen geistigen Reichtum auf die Ebene der materiellen Erscheinungswelt zu tragen.

Segen mit euch! In großer Liebe und Freude über diese Begegnung und diese Stunden des Zusammenseins verabschiede ich, Herakles, mich und sende den Liebesgruß all derer, die mich im Geiste umgeben. Gott zum Gruße!

Es gibt nur ein Gebot

Christus
3. März 2002 in Pfronten

Hörbuch (CD)
ISBN 978-3-935173-42-1

Der himmlische Vater hat die Flügel Seines Segens über euren Häuptern ausgebreitet, und das Licht der großen, ewigen Gnadensonne durchströmt euer menschliches Sein.

Wer bist du, Erdenmensch? Wo suchst du deinen Gott, deine Zuflucht und deine Hilfe?

Trachte zuerst nach dem Himmelreich, und alles andere wird dir aus sich selber zufließen. Erdenmensch, so dein himmlischer Vater weiß um die Zahl der Haare auf deinem Kopf, so Er kennt die Summe aller Sterne, so Er weiß um deine Not, noch ehe du selber dir ihrer gewahr geworden bist, so dieser Gott, dein Schöpfer, dein dich ewig liebender Gott allezeit bei dir ist – wovor fürchtest du dich? Welche Macht ist größer als die Seine?

Euer himmlischer Vater weiß um den Schmerz einer blutenden Wunde, denn euer Gott ist kein Fremder unter euch. Er kennt den Schmerz des Fleisches. Er weiß um das Heimweh eurer Seelen, denn siehe, all dieses hat Er mit euch geteilt im Menschen Jesus.

Alle Tage werde ich bei euch sein bis an der Welt Ende. Doch ihr fürchtet das Ende dieser Welt, obschon der Geist in euch und eure Seelen nach der Freiheit rufen. Das Ende dieser Welt bedeutet nicht, diesen Planeten zu zerstören, noch bedeutet das Ende der Welt, dieses zu verlieren, was euch scheinbar Sicherheit und Heimat gibt. Das Ende dieser Welt bedeutet, daß alles aufgelöst und hinfortgenommen wird, was verhindert, daß das von euch erbetene Himmelreich auf diese Erde kommen kann – auf daß nicht mehr herrsche diese Welt, sondern das Reich Gottes.

Doch ihr habt vergessen, was das Reich Gottes, das von euch so inniglich herbeigesehnte Himmelreich, ist. Und ihr habt die Größe, die Kraft und die Herrlichkeit eures himmlischen Vaters vergessen. Und ihr habt vergessen, wer ihr selber seid. So wandelt ihr also über diese Erdenwelt gleichsam wie Verlorene, und ihr sucht und vermögt nicht zu finden, denn ihr sucht in den äußeren Bereichen all dessen, was für euch Leben und Erde ist. Ich aber sage euch: Das Himmelreich ist in einem jeden von euch. Und ein jeder muß dieses Himmelreich in seinem eigenen Wesen eröffnen, es wirken und leben lassen, bis es ins Äußere eures Lebens hinausstrahlt.

All die Kräfte, all die großen Gaben, die bei euch sind – daß ihr denken und fühlen könnt und daß ihr die Worte, die gesprochen werden, in ihrer Bedeutung verstehen könnt, daß ihr Ohren habt zu hören, daß ihr den Schatten vom Licht zu unterscheiden vermögt – all dies ist euer Reichtum. Kein einziger unter euch wurde von Gott weniger bedacht und mit weniger ausgestattet. Einem jeden Lebewesen gab Gott nach Seinem eigenen Bilde Reichtum und Fülle. Und so Gott sucht, einen jeden Menschen ohne Unterschied auszustatten, ihn zu schützen, ihn zu segnen, so hat Gott sich selbst in Seine Schöpfung hineingeboren. Denn da ist kein Stein, in dessen tiefstem Inneren der Geist Gottes nicht wohnt. Und kein Blatt im Wind vermag sich jemals zu bewegen, so der Geist Gottes nicht in ihm ist. Und so also Gott in euch ist, ist es Ihm ein leichtes, die Haare auf eurem Kopf zu zählen, euch zu schützen, euch zu segnen, gleich wohin ihr euch bewegt.

Wäre euer Gott ein entferntes Wesen in hohen Himmeln, weit entrückt von euch, wie wäre es Ihm möglich, um eure Nöte, um eure Ängste, um die Zahl der Haare auf eurem Haupt zu wissen? Ihr seid die Strahlen einer großen Geistessonne. Und es ist Gott selbst in Seinem universellen Wesen das alles durchdringende, niemals verlöschende, ewige Licht einer Sonne, die das Firmament erschaffen hat. Gott ist das Licht, aus welchem Er selbst Sein Wesen geformt hat.

Die unfehlbare Weisheit schuf das Maß aller Dinge, bestimmte den Lauf der Gestirne und setzte über alles nur ein einziges Gebot. Und es lautet dieses Gebot: *Du sollst Gott, deinen Schöpfer, lieben und ehren und keine fremden Götter haben neben Ihm.*

So der Mensch seinen Schöpfer liebt, wird es ihm nicht möglich sein, seinen Nächsten zu betrügen. So der Erdenmensch seinen himmlischen Vater ehrt mit aufrichtigem Herzen, wird er seine Hand nicht wider seinen Nächsten erheben, um ihm das menschliche Leben zu nehmen. Alles, dessen ihr bedürft, trägt der Himmel in sich in Reichtum und Fülle, und ihr seid nicht fähig, diesen Reichtum anzunehmen und zu ertragen, denn das Maß all der schönen, kostbaren Dinge ist in einer Größe, in einer Vielfalt vorhanden, daß ihr weder in eurem Herzen noch in eurem irdischen Leben dafür Raum habt, es aufzunehmen.

Euer Denken ist zu klein, euer Glaube zu gering, und die Liebe zu Gott ist beinahe erkaltet, denn ihr habt euch in eurem Geist Bilder gemalt von einem mächtigen Herrscher, der Glück oder Unglück gibt und der alle Völker und Nationen dieser Erdenwelt in einem Endgericht richtet, um Auserwählte zu erhöhen. Und ihr lest in euren alten Schriften von einem Gott, welcher die Völker kämpfen läßt, der da richtet durch das Schwert. All dieses sind Bilder, Vorstellungen in den Köpfen der Menschen dieser Erdenwelt, die vergessen haben, daß sie selbst der sichtbar gewordene Ausdruck der göttlichen Liebe, der vollkommenen Weisheit, des ewigwährenden Lebens und der Wahrheit sind.

In jenen Tagen, da diese Erde noch nicht geboren war, als noch kein Glanz der Sterne die Firmamente der Universen erleuchtete, als der Raum noch nicht erfüllt war, als Dunkelheit und Leere war, war euer himmlischer Vater in jener Dunkelheit der schlafende Geist, die Kraft allen Lebens, welche in sich selber ruhte, weshalb es im Raum dunkel war. So also der Geist Gottes in sich selber ruhte, war dennoch Sein Geist lebendig.

Und es träumte der Geist in Gott. Und der Geist Gottes begann sich selbst im Traume zu erspüren. Und der Geist Gottes erkannte, daß der Raum, der Er selber war, dunkel und leer war. Und der Geist Gottes erkannte das Alleinesein, und ein großes Sehnen erfaßte den Geist. Und der Geist Gottes spürte Seine große Liebe aus sich selbst. Und es wünschte der Geist Gottes, diese Liebe zu teilen. Und es wünschte der Geist Gottes nicht nur aus sich selbst zu erspüren, sondern zu empfangen, so, wie der Geist Gottes wünschte, die Liebe auszusenden. Und der Geist Gottes träumte von einem Licht, von einer Liebe. Gott träumte aus und von sich selbst. Und Gott erkannte sich in Seiner vollkommenen Einheit, in welcher alles vorhanden war.

Und es träumte der Schöpfer von Kindern. Und es träumte der Schöpfer von Mann und Frau, von Vater und Mutter, von Töchtern und Söhnen, von Sonnen und Sternen und von Planeten. Dies waren die Wünsche des Geistes Gottes vor allem Sein. Und so der Geist Gottes träumte und die Bilder Seiner Wünsche kein Ende nahmen und die Wünsche und das Sehnen nach dem Austausch der Liebe größer wurden mit jedem Gedanken, erwachte der Geist. Dies war jener Augenblick, da der Geist Gottes Sein eigenes Wesen erkannte und verstand. Der Augenblick, in dem der Geist Gottes aus dem Zustand des Träumens erwachte und sich selbst erkannte als dieses, was Er ist und war, war jener Augenblick, da die Schöpfung geboren ward.

Es träumte der Geist, Seine Wünsche zu erfüllen. Und Er sah, daß der Raum dunkel und leer war. Und so sprach der Geist: «Es werde Licht!» Und da der Geist Gottes selbst der Raum ist und zuvor selbst die Dunkelheit war, weil Sein Geist im Zustand des Träumens und des Schlafens sich befunden hatte, wurde und war und ist und bleibt Er von Ewigkeit zu Ewigkeit dieses ewigwährende Licht.

Jedweder Gedanke aus Gott ist ein geistiger Urbaustein, der sich nach seinem vorgeschriebenen Gesetz ausrichtet nach den Prinzipien der Ordnung aus der Natur. Und es füllte Gott den Raum mit Seinen Gedanken. Und es schuf Gott für sich als der ewigwährende und liebende Vater Seine Kinder. Und so begann die geistige Sonne sich auszudehnen und wurde größer von Mal zu Mal.

Seinen ersten Urkindern aber, welche Er aus sich selber erschaffen hat durch das Elixier Seiner Gedanken, gab Er das Wissen über den Plan der kommenden Schöpfung. Und Er setzte Seine Kinder ein, diese Schöpfung mit Ihm zu vollziehen. Und Er gab ihnen Macht, Fähigkeit und Verständnis, die aus Ihm strömenden Gedankenkräfte, die geistigen Gedankenkräfte, die geistigen Urelemente aller künftigen Substanz und erscheinenden Schöpfungswelten nach Seinem Wunsch und Plan zu formen. Und die Ursöhne aus Gott begannen, das göttliche Urelixier allen Seins, die ausströmenden Gedanken aus Gott zu sammeln. Und so schufen die Ursöhne geistige Formen und Wesen. Und so sie geformt und erschaffen waren, belebte Gott sie. Sein Geist, Seine Weisheit, Seine Liebe, Seine Unendlichkeit erfaßte die geformten Wesen, durchdrang diese Wesen und füllte sie vollkommen aus.

Und so war die Seele belebt durch Gott, und Gott lebte als lebendiger Geist und ewigwährende, niemals endende Lebenskraft in einer jeden Seele. Und so wurde der Traum und Wunsch des Geistes Gottes Wirklichkeit. Er wurde zum himmlischen Vater und füllte Sein himmlisches Reich auf mit Kindern, die er liebte ohne Maß, ohne Unterschied. Und einem jeden gab Er unbeschnitten in gleicher Weise dieses, was Er selber war und ist. Und weil die Weisheit und die Liebe Gottes in einer jeden erschaffenen Seele vorhanden war, erkannten sie ihren himmlischen Vater, erkannten ihren Schöpfer und Gott. Und sie waren nahe bei Ihm, an Seinem Herzen. Und es sprach Gott zu seinen Kindern: «Ziehet hinaus! Erleuchtet alle Räume, auf daß nirgendwo mehr die Dunkelheit sei! Ihr seid das Licht, durch welches die Sonne scheinen will.» Und die geistige Ursonne der ewigwährenden Gnade sandte ihre Strahlen aus.

So ist also eine jede Seele der Strahl einer göttlichen Sonne, die niemals verlischt – gleich ob diese Seele um sich den Körper aus Fleisch und Blut gewoben hat oder im körperlosen Reich der Seelen lebt, in den astralen Welten, da diese Erdenwelt und das Leben der Materie überwunden ist, oder ob sie bereits als Überwinder lebt, als erkennender und befreiter Geist. Ihr alle seid Strahlen dieser Sonne. Ihr seid ausgegangen aus der innersten Glut einer Liebe, die ein menschlicher Geist nicht zu erfassen vermag.

Und ihr seid gekommen in eine Welt, um die Dunkelheit in ihr zu erhellen. Ihr seid gekommen, um aus allem, was ist, das Himmelreich zu formen. Es ist nicht an euch, daß ihr trauert, daß ihr jammert nach dem verlorenen Paradies und daß ihr zurückzukehren wünscht dorthin, von wo ihr ausgegangen seid. Vielmehr ist es an euch, daß ihr dieses, was in euch als Himmelreich vorhanden ist, in alle Universen tragt, damit nach und nach der Kosmos erlöst und befreit werde.

Denn was ihr seht in einem jeden Planeten, in einer jeden gefestigten Materie, ist nichts weiter als der gefangene Geist eines göttlichen Himmelreiches, welcher festgebunden ist und nicht nach seiner Fähigkeit, nach seiner Bestimmung, nach seinem Wunsche zu wirken vermag, weil der äußere, abgetrennte Wille dieser Lebensform sich nicht dem Himmelreich, sondern vielmehr der Welt der Erde, der Materie zugewendet hat. Weil ihr also euer Denken, euer Wünschen, euren Glauben, eure Kräfte ausgerichtet habt auf diese Welt, trachtet ihr nicht zuerst nach dem Himmelreich, sondern zuerst danach, dieser Welt zu dienen.

Deshalb habt ihr Nöte bei euch. Denn der Geist in euch, welcher vollkommen, lebendig und ewigwährend ist, will dieses äußere Leid nicht ertragen, da er weiß um die Freiheit, um den Reichtum, um die Glückseligkeit und um die Gemeinschaft, die da ist mit aller Schöpfung, mit allen Seelen, mit allen Wesen. So sind also die Kinder Gottes als Strahlen in die Schöpfung entsendet. Und so die Strahlen die Erde erreicht haben, ist so manch ein Sonnenstrahl erkaltet und verblaßt, hat seine Wärme verloren und seinen Glanz eingebüßt.

Es hat das Licht sich vor der Finsternis gefürchtet, denn es vergaß der Sonnenstrahl die große Sonne, aus welcher er gekommen war. Es vergaß der Sonnenstrahl, daß sein Weg aus der Sonne zur Erde die Lebensbahn des Unvergänglichen ist. Abgetrennt und weit entfernt, vermeinte der Sonnenstrahl vom himmlischen Vater verlassen zu sein. Und so begann das äußere Licht von Mal zu Mal weniger zu werden.

Und es begann der Erdenmensch, eigene Gesetze zu erschaffen. Unbewußt suchte der Mensch eine Macht, die ihm überlegen war und die für ihn all dieses übernehmen sollte, was er nicht aus sich selber glaubte erschaffen zu können. Und es versuchte der Mensch, einen König zu berufen, und dieser König sollte das Land schützen und segnen und für sein Volk sorgen, so wie die Seele wußte um das Geschütztsein und um das Geborgensein durch Gott, den himmlischen Vater.

Das Vermeinen, daß es unter euch Menschen gibt, die besser befähigt sind als ihr selbst, die ihr über euch setzen könnt, damit sie euch beherrschen, um euch Sicherheit, um euch Segen und Schutz zu geben – dies ist das Übel, welches euch alles Leid beschert hat. Vor Gott sind alle Menschen gleich, ohne Unterschied. Und so ihr den Unterschied wählt und über euch erhebt, was ebenbürtig ist, erschafft ihr ein Ungleichgewicht, und es ist dieses Ungleichgewicht, was ihr als Kampf des Lebens auf eurer Welt empfindet. Kein König, kein Priester, kein Präsident vermag die Sorgen, Nöte, Lasten und Probleme eures Lebens und dieser Welt zu lösen.

«Gebt dem Cäsar, was des Cäsars ist. Gott aber gebt, was Gott gebührt.» Dies waren meine Worte, die ich zu euch gesprochen habe in alten, vergangenen Tagen. So ihr also einen Cäsar braucht und ihm Macht durch das Gesetz gebt und so ihr nicht willens seid, dem Gesetz aus Gott zu folgen, und eure eigenen Gesetze berufen müßt, und so diese Gesetze aus der von euch gegebenen Macht wirken und ihr diesen Gesetzen ebenso nicht Folge leistet: Was also soll aus dieser Erde werden? So der Mensch nicht willens ist, das Gesetz aus Gott zu befolgen, welches da einzig und allein lautet: *Du sollst Gott, deinen Schöpfer, lieben und ehren und keine fremden Götter haben neben Ihm,* und so er eigene Gesetze zu erbauen sucht und ebenso diesem, was er selbst erschaffen und kreiert hat, zu dienen nicht willens ist, so muß alles vergehen.

Ihr habt euren freien Willen. Und es ist an euch, ob ihr dem Gesetz aus Gott folgt, ob ihr dem Gesetz des Menschen folgt oder ob ihr weder dem einen noch dem anderen folgt. So der Mensch sich nicht bekennt und bekehrt zu einer Ordnung, wird er sich bald verlieren in einer

Unendlichkeit und Vielfalt, die ihm das Vergessen über sein eigenes Wesen bescheren wird. Alle Lebewesen existieren aus und durch Gott, und jede Schöpfung lebt aus und in Gott. Ein Leben außerhalb der göttlichen Schöpfung ist nicht möglich. So also alle Schöpfung eins ist und diese Schöpfung ihre Einheit, ihren Ursprung, ihren Sinn und ihren Werdegang erkennt, wird die Schöpfung durch dieses Erkennen vollkommen frei in den Ursprung des eigenen Zustandes zurückkehren.

So ihr also dem Cäsar nicht gebet die Steuer und so ihr dem göttlichen Gesetz nicht folget, seid ihr nicht willens, euch unter eine Ordnung zu fügen. So ihr aber Ordnung in euch und bei euch nicht wirken laßt, werdet ihr allezeit Not bei euch haben. Diese Erdenwelt hat sich durch ihren Willen abgewendet und aus sich selber Gesetze geschaffen und kreiert. Und es sucht diese Erdenwelt diese eigenen Gesetze zu missachten, und deshalb sind Nöte bei euch.

Seid ihr willens, die von euch berufenen Gesetze zu befolgen, habt ihr wahrlich ein schweres Joch. Mühselig wandert ihr durch die Tage eures Erdendaseins. Deshalb habe ich dereinst gesprochen: «Meine Last ist leicht, und mein Joch wird euch nicht bedrücken, denn es gibt nur ein Gebot und ein Gesetz, welches über alle weiteren Gebote herrscht – das Gebot der Liebe.» So ihr Nöte bei euch habt, weil zuwenig der Silberlinge vorhanden sind, so seid gewiß, ist nicht euer himmlischer Vater einer, der euch genommen oder gegeben habt. So habt ihr gewißlich das Gesetz der Ordnung nicht gehalten.

So ihr das Wort haltet, das ihr gegeben habt, und ebenso dieses, was ihr als einen Vertrag auf das Papier schreibt und wofür ihr durch euren Namen auf diesem Papier Bürge steht, so werdet ihr niemals Not leiden. So ihr aber ängstlich seid und so ihr diese geschriebenen Worte eurer Pflichten in einer Weise gebet, daß ihr sie nicht zu tragen vermögt und deswegen die Sorge bei euch ist, so ist nicht die Lösung, daß ihr den Vertrag und euer Wort brecht, sondern daß ihr um die Hilfe bittet. So ihr Gesetze erschafft, haltet sie ein. Und so ihr diese Gesetze als Unrecht erkennen mögt, ist es an euch, diese Gesetze nicht deshalb zu brechen, sondern sie zu verändern, sie zu erneuern.

Ihr könnt dem Gesetz Gottes dienen. Ihr könnt aber ebenso eure eigenen Gesetze kreieren. Auf beidem wird ein Segen sein, so ihr diese Gesetze erschafft aus dem Bestreben, daß allem durch dieses Gesetz zum Guten, zum Besseren gedient sei. Und so ihr eure selbsterschaffenen

Gesetze befolgt in Freude und in Willigkeit und so ihr erkennt, daß es keinen Unterschied gibt und daß göttliche Gerechtigkeit bei euch ist – so der Mensch dies zu verstehen weiß –, werdet ihr keine Nöte und keine Kriege haben.

So ihr einen Menschen seht, der im Äußeren arm erscheint, und ihr seht demgegenüber einen Menschen, der euch im Äußeren reich erscheint, und es keimt im Herzen des scheinbar Armen die Trauer oder gar der Neid und der Zorn, werdet euch gewahr: Alle ohne Unterschied habt ihr empfangen das volle Maß göttlicher Vollkommenheit in eurem inwendigsten Wesen, und es ist das äußere Erscheinungsbild dieses, was ihr gewoben habt aus dem, was euch gegeben worden ist. Und so der Reiche reich ist, erkennt daran, daß er das Gesetz der Ordnung zu verstehen und zu befolgen weiß. Und so der Reiche reich ist, da er bekommen hat aus den Generationen, die vor ihm im Kreise seiner Familie gelebt haben, so erkennt daran lediglich, daß innerhalb dieses Blutbandes sich Seelen inkarnierten, die wußten um die Wichtigkeit und die Bedeutung, das Gesetz der Ordnung einzuhalten.

Jedwede Not hat die Wurzel ihres Übels in der Übertretung der Gesetze, gleich ob ihr die Gesetze aus Gott übertretet oder ob ihr die Gesetze übertretet, die ihr selber kreiert habt. Eine Vielzahl der Gesetze gibt es auf eurer Erdenwelt, die Ungerechtigkeit, Last und Leid hervorgerufen haben. So ihr diese Gesetze übertretet, werdet ihr weder Last noch Ungerechtigkeit noch Leid hierdurch erlösen, sondern vielmehr vermehren. Der Weg des Menschen wird sein, seinen Willen auszuüben, sich in seinem Menschsein, in seiner menschlichen Macht und Möglichkeit zu erproben. Und so dieser menschliche Wille nicht aus Liebe gewoben ist, muß der Mensch das Leid erfahren.

So wird der Erdenmensch durch viele Leidenserfahrungen schlußendlich erkennen, daß er keinen König, keinen Cäsar und keinen Präsidenten braucht, um geborgen, reich und glücklich zu sein. Schlußendlich wird der Erdenmensch erwachen in dem Erkennen und Verstehen: «Gott ist in mir. Ich bin in Gott. Das Himmelreich ist allezeit bei mir.» Und der Mensch wird das letzte Gericht erkennen, welches nicht eine Verderbnis und ein Unglück ist, sondern die Freiheit.

So der Mensch sich selbst gerichtet hat durch tausenderlei Erfahrungen des Leides und des Schmerzes und willig und freudig heimkehrt zu sich selbst und dieses letzte Gericht antritt, welches da ist, seinen Geist auszurichten auf die Weisheit aus Gott, sein Herz zu öffnen und zu leben und zu lieben nach der Weise Gottes, und so der Mensch willens ist, Gott in sich und durch sich wirken zu lassen, wird diese göttliche Weisheit und Liebe ein jedes Molekül seines Seins, einen jeden Funken seines Atoms richten, damit es in jene Richtung fließe und sich bewege, die dem Menschen selbst, dem Schöpfer, der Schöpfung und allem Leben stets zum höheren Wohl und Segen dient.

Das letzte Gericht ist nicht die Zerstörung dieser Erde. Das letzte Gericht ist das Erwachen des Menschen, so er sich erkennt und reif geworden ist, in Reichtum und Fülle zu leben, und das Gesetz und den Cäsar nicht mehr braucht. So der Mensch ist, was er ist, und lebt, was er ist, so wird Gott selbst als das Gesetz des Lebens in ihm alles ausrichten. Dies ist das letzte Gericht, da der Mensch vollkommen ausgerichtet ist nach dem Gesetz des Lebens und Gott ungehindert durch ihn wirken kann.

«Mein Joch ist sanft, und meine Last ist leicht.» Euer himmlischer Vater gab euch nur ein Gebot. So ihr dieses haltet, wird es unmöglich sein, daß ihr Leiden bei euch habt oder aber daß die Hand des weltlichen Gerichtes und die Macht des weltlichen Gesetzes sich gegen euch erhebt. Sucht also nicht die Dinge zu verändern und sucht nicht die Lösung im Außerhalb. Stürzt nicht die Präsidenten. Denn was ihr erschaut, ist lediglich dieses, was ihr erkennen sollt in eurem eigenen falschen Denken.

Wir wissen in unseren Bereichen, daß ihr euren menschlichen Geist mit großer Aufmerksamkeit ausgerichtet habt auf jene Bereiche, wo der Krieg tätig ist. So ihr diesen Mann verurteilt, welcher augenblicklich dabei ist, diese Welt in Brand zu versetzen, werdet ihr die Macht dieses Menschen nicht schmälern. So ihr weint um jene, die in den Kriegen fallen, werdet ihr das Leid des Krieges nicht mindern. Kehrt euch um, hinweg von all diesem, und trachtet danach, das Himmelreich zu errichten. Euer erster Gedanke, so ihr vom Schlaf erwacht, sei gerichtet auf das Himmelreich, nicht auf die Not. So also wird und muß dieses Himmelreich kommen.

Verändert das Maß der Zeit, die ihr in die irdische, weltliche Betätigung gebt. Verändert das Maß der Bedeutung, die ihr den äußeren Dingen gebt. Beachtet all dieses nicht mehr. Gebt dem Ewigen, dem Göttlichen die Bedeutung, die Kraft eures menschlichen Lebens und das größere Maß eurer Zeit. So kann dieses Reich Gottes in euch und durch euch auf dieser Erde verwirklicht werden.

Sprecht: «Vater, Dein Wille geschehe – jetzt!» Gestattet dem ewigen Licht der Gnade, der Liebe und der vollkommenen, unfehlbaren Weisheit aus Gott, in euch zu wirken. Die Macht der Unendlichkeit wohnt in einem jeden von euch. Ohne Unterschied hat ein jeder zu gleichen Teilen den göttlichen Geist empfangen, ohne den niemand zu leben vermag. Dieses pulsierende Leben ist Gott in euch, und ihr habt darum einen Mantel, die Seele, geformt, um einen Körper zu haben, damit ihr hinaustreten könnt in eine sichtbare, materielle Erscheinungswelt. Und ihr habt um diesen Mantel der Seele einen weiteren Körper, einen weiteren Mantel aus Fleisch und Blut gelegt. Und ihr habt um dieses menschliche Wesen aus Fleisch und Blut weitere Mäntel gelegt, und ihr tragt unsichtbare Kleider in einer Vielzahl, welche das wahre Gesicht eures wirklichen Seins vor euch selbst verbirgt. Ihr schaut in den Spiegel und seht euch nicht. Ihr seht Masken.

So wie der Mensch zur Erdenwelt nackt und bloß kommt, so muß der Mensch auch in diesen Zustand zurückkehren, um frei zu werden. Legt ab eure Masken, eure falschen Vorstellungen, eure Irrtümer. Durchdringt die Schalen eurer oftmals schon verhärteten Seelen und öffnet die Tür zu dem Ort, an welchem ihr eure Liebe vergraben habt. Liebt diese Welt. So ihr Unrecht seht, gleicht es aus, indem ihr euch umkehrt und es augenblicklich besser zu tun sucht. Haltet die Gesetze ein und erschafft sie neu, so sie euch nicht zum Segen sind.

Das Maß der Zeit, da das Reich Gottes auf dieser Erde herrschen wird, werdet ihr bestimmen. Das letzte Gericht empfängt ein jeder für sich selbst in aller Stille, und dieses letzte Gericht bedeutet: Freiheit!

Erdenmensch, wo suchst du deinen Gott? Wo ist dein Himmelreich? Welchen Göttern dienst du?

Glaubst du, Gott hat dir dieses Gebot: «Du sollst keine fremden Götter haben neben Mir», gegeben, weil Er die Konkurrenz nicht zu ertragen vermag? Nicht um Seiner eigenen Verherrlichung willen gab Gott dir dieses Gesetz. Gott weiß: Niemand ist fähig, dich so zu lieben, wie Er es tut. Und es ist das Gesetz und der Wunsch aus Gott nur dieses: Diene der Liebe. Alles, was darunter ist, ist weniger. Du aber sollst dem Höchsten dienen, und so du der Liebe dienst, wird niemals Not noch Schmerz mehr sein. «Und Gott wird abwischen jede Träne. Noch wird Trauer noch wird Schmerz noch wird Geschrei mehr sein. Und sie werden der alten Erde nicht mehr gedenken. Siehe: Ich mache alles neu.»

Und sie werden ihre Schwerter zu Pflugmessern schmieden. Nicht Gott wird aus Seinem Himmel herabsteigen und die Schwerter sammeln. Und Er wird nicht Seinen Thron verlassen und euch mit einem Tuch die Tränen trocknen. Ihr werdet auferstehen. Und ihr werdet es tun. Ihr werdet die Schwerter sammeln, und es wird dann die Zeit gekommen sein, da ihr es tut. Und es wird dann der Friede sein, da ihr ihn lebt. Und es wird dann der Reichtum und die Fülle sein, so ihr nicht vergleichet, so der Neid nicht mehr existieret, da alle Menschen erkannt und verstanden haben: Keiner ist höher als der Nächste, und ein jeder Mensch hat bei sich dieses, was er sich erschaffen hat.

Und so ich das Wasser zu Wein gemacht habe und so ich die Toten aus ihrem Schlafe gerufen habe und so ich die Krankheit hinfortgenommen habe von den Menschen, habe ich zu euch gesagt: «All dieses werdet ihr tun und weit darüber hinaus.» Öffne die Tür deines Herzens und lasse Gott in dir wirken und leben. Augenblicklich wirst du wieder der Strahl einer göttlichen Sonne sein, und du wirst wissen, wer du bist. Und du wirst die Stimme deines Gottes hören, wenn du dein Ohr nicht allzusehr dem Lärm dieser Welt zuneigest.

Dein Gott wohnt nicht in weitentfernten Himmeln. Dein Gott ist bei dir. Gib dem Geist Gottes die Freiheit. Denn wisse: Dein himmlischer Vater weint um die Schmerzen, die du leidest. Dein himmlischer Vater weint, weil du dich einsam wähnest. Dein himmlischer Vater weint, weil du rufest nach Gott und du Seine Antwort nicht zu hören vermagst. «Denn sie haben Ohren und hören nicht.» Und sie haben Augen und erkennen nicht den Weg zur Erlösung. Erhebe das geistige Schwert deines Mutes und schlage alle Stricke durch, die deinen Gott in dir noch binden.

Sprich in Gedanken: «Vater, dein Wille geschehe jetzt!» Wahrlich, wahrlich, ich sage euch: Und es wird geschehen.

Mit diesem heiligen Versprechen, mit dem Segen des himmlischen Vaters und mit dem Liebesgruß des Jesus, der euch heute als Christus begegnet ist, nehme ich Abschied. Gott zum Gruße!

Es liebt euch, es ist bei euch, der einst als Jesus über diese Erde ging. Euren Frieden lasse ich euch. Meinen Frieden gebe ich euch. Spürt die Liebe, die bei euch ist. Es sind die geistigen Arme eures himmlischen Vaters, die euch umfangen. Segen über diesen Tag! Segen über einen jeden von euch! Habt Mut! Erhebt eure Schwerter und kämpft nirgendwo anders als in euch selbst. Wahrlich, wahrlich, ich sage euch: Der Sieg ist euer. Amen.

Fragestunde III mit Herakles

Herakles beantwortet Fragen der Seminarteilnehmer *Hörbuch (2 CDs)*
3. März 2002 in Pfronten *ISBN 978-3-935173-43-8*

Abermals ist es Herakles, der berufen ist und der das Vorrecht genießt, euch in dieser Weise zu berühren. Gott zum Gruße! Die Arme meiner großen Freude sind ausgebreitet, um euch, die ihr die Weltenbeweger dieser Zeit seid, zu umfangen. Nicht nur die schönen Töne der Musik haben Herakles hierher gelockt. So habt ihr mich gerufen in euren Herzen, und ihr wißt wohl, daß Herakles in einer ebensolchen Sehnsucht ist, wie ihr sie selbst empfindet. So laßt uns das Fest des Austauschens und unserer Gemeinschaft feiern, auf daß wir lernen und erkennen, daß es keine Grenzen gibt als einzig und allein jene, welche wir selbst erschaffen.

Ihr seid gekommen, um den Ratschluß, die Energien und die Hilfe aus unseren Reichen zu empfangen, und ihr sollt wissen: In großer Demut verneige ich mein Haupt vor einer jeden Seele, die aus reinem, ernstem Herzen sucht, Verstehen und Erlösung für sich selber zu finden. Nehmt den ersten Rat von Herakles, daß ihr es nicht beim Bitten belaßt, sondern diesem den Dank augenblicklich folgen laßt. Dankt eurem himmlischen Vater, der euch hierher berufen hat, auf daß wir uns wiederfinden und vereinen wie von alters her. Denn unsere Seelen sind sich vertraut aus weit zurückgelegenen Tagen.

Ich erkenne manchen unter euch, der nicht ein Schüler ist im Hier und Jetzt, sondern aus vergangener Zeit, als ich suchte, meine Kraft des Körpers in die Macht des Geistes zu geben, als ich euch lehrte das Gesetz von Bewegung, von Materie und Geist, als ich euch in jener Zeit geoffenbart habe das starke Schwert der Demut. Denn die große Kraft meiner Muskeln in jener damaligen Zeit ist nicht aus meinem Fleischeskörper entsprungen, sondern aus der Tiefe meiner Liebe zu Gott und aus der Größe meiner Demut.

Je mehr ich Gott liebte, beugte ich mein Haupt demutsvoll und weinte viele Tränen, weil ich die Größe dieser Liebe manches Mal nicht tragen konnte. Und je mehr ich meinen Gott liebte, um so größer ward meine Kraft. Und als ich begann, meinem Gott zu danken, lösten sich augenblicklich alle Grenzen auf. Dies ist heute mein Rat an euch: daß ihr in diesem meinem Vorbild folgt, daß ihr dankt und nicht nur bittet und daß ihr erkennt, daß ihr die Weltenbeweger seid, jene Menschen, die das Maß der Zeit dieses Weltengeschehens bestimmen. Und so bin ich in großer Freude bereit, euch für dieses hohe Amt, das einem jeden von euch obliegt, zu dienen.

Gebt mir also beherzt eure Fragen und seid gewiß: Ich, Herakles, werde mein ganzes Selbst, alle Liebe, derer ich fähig bin, und jedwede Größe an Demut, über die ich verfüge, in euren Dienst stellen. Kommt denn. Ich erwarte euch in Freude.

Gott zum Gruße, geliebter Herakles! Als erstes möchte ich mich bei dir persönlich bedanken für den Segen, den du in mein Leben gebracht hast, und ich habe hier zwei Fragen an dich. Du hast uns empfohlen, wir sollen uns von den Verhaftungen, von den Ummantelungen, die wir um unser menschliches Wesen gesponnen haben, befreien. Ich habe an mir selbst diese Loslösung gemacht, und ich nenne diese Methode nun die Arbeit mit inneren Bildern. Und nun möchte ich dich fragen, auf was ich aufpassen muß und wie das genau wirkt, damit ich das auch verstehe. Und die andere Frage ist: Woher kann ich erkennen, welchen angemessenen Betrag ich für eine Dienstleistung, für meine Arbeit, verlangen kann?

So hast du also deinem alten Lehrer verziehen, denn ich gab dir dereinst einen Rat, der dich in deinem menschlichen Gemüt verletzt hat. Und du weintest darüber bittere Tränen. So erkenne: Menschliche Vorstellung hat dir diesen Schmerz beschert und nicht die Worte von Herakles. Dies ist, was du erkannt und verstanden hast, nachdem ich dir deine Tränen getrocknet habe. So hast du den Segen erkannt, der in dein Leben gekommen ist und der die natürliche Ernte deiner Einsicht und deiner Umkehr und der Korrektur deines falschen Denkens ist.

Ich habe dich nicht weniger geliebt als jene, die neben dir waren in jenen Stunden der Belehrung. Und ich gab dir einen bitteren Kelch zu trinken, da ich wußte, daß du eine bist, die sich berufen hat, den Menschen zu dienen. Da ich wußte, daß du der Stärke des Segens und des Schutzes im besonderen bedarfst, habe ich dir nicht geschmeichelt, denn du bist stark und du hast begonnen, an deine Stärke zu glauben. Doch es fällt dir manches Mal schwer, diese Stärke dienstbar zu machen, auf daß sie dir selbst und denen, denen du zu helfen wünschst, eine Stütze ist, nicht eine Last oder gar eine Überforderung.

Du hast mir eine schwere Frage gegeben. Denn das Geld, welchem ihr augenblicklich noch so viel Macht beimeßt, ist weit von mir entfernt. Dennoch ist diese Frage besonders und wichtig. Denn so ihr nicht den richtigen Wert bemeßt und so ihr die Energien, die von euch ausgehen, ebenso wie jene, die zurückkehren, nicht nach dem Gesetz der Gerechtigkeit bewegt, schadet ihr nicht nur euch selbst, sondern eurem Gegenüber ebenso wie diesem ganzen Universum.

Die Atmosphäre dieses kosmischen Raumes, in welchem eurer Sonnensystem befestigt ist, ist auf das genaueste bemessen und ausgewogen. So ihr einatmet, entnehmt ihr diesem kosmischen Lebensraum das Elixier des Sauerstoffs, und augenblicklich entsteht eine Lücke, die aufzufüllen ist, und dies vollzieht unser Gott. So ihr aber den Atem zurückgebt, welchen ihr zuvor eurem Lebensraum entnommen habt, habt ihr ihn durch euer Einatmen verwandelt, nicht daß ihr diesem den Sauerstoff nur entnommen habt und chemische Prozesse eures Körpers hier das Elixier verwandeln. Der Atem, den ihr in euren Lebensraum entsendet, trägt euren Namen, euren Geist und euer Wesen. Und ihr füllt und prägt diesen Raum mit euch selbst.

So du also nicht nur den Atem in den Raum gibst, sondern den Dienst deines menschlichen Lebens, daß du gibst und opferst deine Zeit, diese nicht für dich aufzuwenden, sondern um den Hilfesuchenden und jenen, die schwächer erscheinen als du, zu helfen, so muß zum ersten die Zeit ausgeglichen werden, die du zur Verfügung gibst. Da du aus dir deine Kraft gibst, so muß auch die Kraft ausgeglichen werden. Da du einen Raum gibst, in welchem deine Hilfe vonstatten gehen kann und du nach irdischem Gesetz und Lauf ebenso den Ausgleich für diesen Raum bewerkstelligen mußt, so mußt du auch diesen Raum berechnen. So also ein Mensch zu dir kommt und von dir die Hilfe erbittet, so muß er all dieses ausgleichen, was ich soeben benannt habe.

Da du gibst die Hilfe aus dem Geist und du dich wendest in dein göttliches Bewußtsein, welches inmitten deiner Seele tief im Innersten deines menschlichen Wesens wohnt, hast du dieses, was nicht aus dir, dem Menschen, sondern aus Gott entspringt, umsonst empfangen, und du mußt es auch umsonst geben. So du den Ratschluß gibst und er entspringt nicht deinem menschlichen Denken, sondern der höheren Weisheit aus Gott, welche ebenso im tiefsten Inneren deines Menschseins wohnt, so kannst und darfst du auch für dieses nicht den Ausgleich verlangen.

Sprich in dieser Weise zu den Menschen, die bei dir sind: daß du für dich einen Ausgleich brauchst für jenes, was du zuvor aus dir gegeben hast. Denn es ist das falsche Denken auf dieser Erdenwelt, daß ihr meint, Anspruch zu haben, jene, die berufen und befähigt sind, umsonst und kostenfrei zu belangen. So die Menschen nehmen und nicht geben wollen, ist ein Segen, eine Heilung, ein Ausgleich niemals möglich, denn es wird hier das göttliche Gesetz verletzt.

Dieser kosmische Raum muß im Gleichgewicht der Energien, im Ausgewogensein aller vorhandenen Kräfte schwingen und wirksam sein. Und so der Mensch diese göttliche Gerechtigkeit und dieses kosmische Gleichgewicht aus Geiz, aus falschem Denken, aus dem Bestreben, sich zu bereichern, verletzt, so wird da nicht ein Schaden nur im eigenen Wesen vorhanden sein, sondern euer Haus, in welchem eure Erde wohnt, wird augenblicklich bedroht. So kann ich dir nicht die Ziffern benennen, doch gebe ich dir den Rat: Kläre die Menschen auf, die zu dir kommen und die viele Male die Hilfe, den Rat, die Tat wünschen, ohne selbst von sich etwas zu geben. Danach fahre fort, dieses dem Menschen abzuverlangen und zu erbitten von ihm, was du brauchst, um dieses, was dir selber fehlt, zu bestreiten. Und hier nimm das Maß der göttlichen Weisheit und nicht des menschlichen Vermeinens.

So dir ein Mensch zu wenig gibt für dieses, was du gegeben hast, und es dir danach fehlt, das Eigene zu vollführen, hege du keinen Groll wider diesen Menschen, sondern wende dich an deinen Gott, daß er auffülle, was dir fehlt, und sei gewiß: So ihr bittet, daß Gott euch geben soll, was ihr braucht, wird Er euch weit darüber hinaus zukommen lassen. Denn Gott ist eine Macht der Fülle, der Vielfältigkeit und des Reichtums.

Und so du lernst, die Menschen aufzuwecken in ein besseres Verstehen darüber, was die Sinnhaftigkeit und große Auswirkung von Geben und Nehmen ist, von Dienen und Bedientwerden, so wirst du bald ein sich selbst erschaffendes System bemerken, das aus sich selber wirkt und durch diese Art des Denkens und Vollführens von dir ins Leben gerufen worden ist. Du wirst erkennen, und göttliche Weisheit aus dir wird in deinem menschlichen Bewußtsein dir offenbaren zu jedweder Stunde und Zeit, wieviel der Scheine, wieviel der Münzen angemessen sind, deine äußeren und menschlichen Dienste auszugleichen, damit dieses Äußere und Menschliche erhalten und gesegnet bleiben kann.

Die Ummantelungen, von denen du sprichst und von denen du vermeinst, daß sie in einer Vielzahl bereits gefallen sind, sind menschliche, unbewußte Vorstellungen, Erwartungen, Strukturen, mit denen ihr euch alle und jene große göttliche Kraft des Lebens in euch gebunden habt. So werden also erst alle Masken, Mäntel, Mauern und Umhüllungen gefallen sein, da du nicht mehr deinen alten Herakles fragen mußt. So weißt du alles aus dir selbst.

Ich segne dich.

Gott zum Gruße, Herakles! Ich umarme dich ganz herzlich. Jesus hat uns heute mitgeteilt, daß Gott einen Traum träumte. Und als Er aus diesem Traum erwachte, entstand die Schöpfung. Jetzt möchte ich dich fragen: Was war davor, bevor Gott diesen Traum träumte? Ich danke dir auf das innigste.

So beruhige dein zitterndes Herz. Du stellst mir diese Frage zum dritten Mal.

Ich gab dir dereinst den Bogen in die Hand, und in deinen Muskeln war nicht genügend Kraft, diesen zu spannen. Und ich sprach zu dir: «Dieser Bogen ist dein Gott, jener Geist und Schöpfer, der alles ins Leben gerufen hat und aus dessen Wunsch auch du gewoben bist.» Und ich sprach: «Gott, ich liebe Dich.» Und ich nahm den Bogen und spannte ihn, als wäre er ein dünner Faden. Ich reichte dir abermals den Bogen, und du hast deine Augen geschlossen und deine Lippen bewegten sich leise. Doch Herakles hat es vernommen. Und du sprachest mehr zu dir selbst, und dennoch in vollkommener Wahrheit deines wirklichen Seins: «Gott, ich liebe Dich.» Und du spanntest den Bogen, gleichsam als wäre er ein dünner Faden, und der Pfeil flog ohne Ende. Deine Augen konnten dem Lauf seines Weges nicht folgen. In deinen Augen war ein Licht, auf deinen Lippen war ein Lächeln. Du begannst deinen Schöpfer zu lieben. Seit jenem Augenblick suchst du Ihn tagein, tagaus. Durch viele Welten bist du gereist, den Gott, den du so sehr liebst, zu finden. Deshalb zittert dein Herz.

Du wünschest mit allen Fasern deines Wesens bei deinem Gott zu sein. Du wünschest deinen Gott zu verstehen. Du wünschest Seinen Anbeginn zu wissen.

Im Anfang war der Raum leer, und dieser leere Raum war das schlafende Bewußtsein Gottes. Deshalb, weil Gott schlief, war keine Bewegung. Gleich so du dich in eine Form der Meditation begibst, da du deinem Körper gebietest, vollkommen ruhig zu sein, da du dich bemühst, nicht zu denken und nicht zu fühlen, ist dies ein Augenblick, da das geistige Licht in dir verglimmt bis hin zu einer kleinen Lebensflamme. So also stelle dir Gott vor. Der leere Raum war das schlafende Bewußtsein des Geistes Gottes, der sich zu diesem Zeitpunkt Seiner selbst nicht bewußt gewesen ist und der durch das Träumen begann, zuerst sich selbst zu erahnen und danach sich zu erkennen. Das Erkennen und das Bewußtwerden über sich selbst war das Erwachen in Gott und war augenblicklich das Erhellen des Raumes.

Besser vermag ich deine Frage mit menschlichen Worten nicht zu beantworten. Ich wünsche sehr, ich habe dir dennoch gedient, mein großer Freund von alters her.

Herakles, ich habe eine Frage an dich, die mich schon sehr lange bewegt. Da gibt es religiöse Programmierungen und dementsprechende gesellschaftliche Beeinflussungen, die Menschen dazu bringen, Selbstmordattentate zu begehen. Wie steht es darum, daß der Glaube sich erfüllt, daß also der Glaube sie dahin führt, daß sie das ihrer Bestimmung entsprechend erleben. Das Zweite ist: In dem neuen Vaterunser gibt es den Aspekt nicht mehr: «Auch wir vergeben unseren Schuldigern.» Das sind meine beiden Fragen. Danke.

Du bist einer, der tief berührt und etliche Male verletzt gewesen ist über all dieses, was geschieht auf eurer Erdenwelt. So wisse: Jene Religionen, jene Gemeinschaften, die den Namen Gottes mißbrauchen, um in diesem Namen dieses oder jenes zu tun, was ihren Vorstellungen von Gerechtigkeit oder Notwendigkeit zur Erlösung der Menschen entspricht – jene Menschen dienen einem großen, mächtigen Geist, der den Namen Fanatismus trägt.

Da ihr in einer polaren Welt lebt und da euer aller Glück in allen Bereichen abhängt von der Ausgewogenheit der Energien, so kann jede

Form von Extremität niemals zur Erlösung, zum Segen oder zur Hilfe sein.

So der Mensch in sich das Bedürfnis spürt, das Leben, die Welt zu verbessern, so kommt er bald in das Bewußtsein und in die Erfahrung, daß er hierfür die Kraft seiner Glaubensfähigkeit nutzen kann. Und so er diese Glaubensfähigkeit und Kraft nicht in den Dienst seines göttlichen Seins stellt, sondern vielmehr in das falsche, unvollkommene Denken seines menschlichen Wesens, so wirkt diese große, grenzenlose Kraft des Glaubens augenblicklich zerstörerisch. Diese Menschen verfallen einem Wahn und bringen augenblicklich das Gleichgewicht der kosmischen Energien in Gefahr.

Jesus gab euch die Lehre: «Euer Reden sei ja oder nein, und alles, was darüber hinaus ist, ist nicht von Gott.» Und dies bedeutet, so ihr das Ja sprechet, soll es die Wahrheit und die Bedeutung sein, daß ihr einverstanden seid. So ihr darüber hinaus das Ja wiederholt: Ja, ja, ja, es ist die Wahrheit, und darüber hinaus, es ist das Recht, bringt ihr augenblicklich das Gleichgewicht der Energien, die durch euch in den kosmischen Raum entsendet werden, in ein Verdichten, in ein Schwanken. Ihr verdichtet die Energien, und die wichtige Balance der Harmonie, welche den Frieden auf dieser Welt befestigt, ist augenblicklich in Gefahr. So ihr das Nein sprechet, belaßt es bei diesem Nein und bekennt euch vorbehaltlos zu diesem Nein. Bekennt euch vorbehaltlos zu dem Ja. Es soll und muß die Welt um euch erfahren: Euer Ja ist die Wahrhaftigkeit, und es bedarf darüber hinaus nicht mehr der Worte.

Ein jedes Wort trägt großes Gewicht in sich, denn es kreiert und schöpft und bildet eure Erscheinungswelt. Erschafft nicht dieses, was euch selber beschwert. Sprecht Worte der Wahrheit und geht sparsam und bedachtsam mit euren Worten um.

Es ist jemand hier, der zu dir sprechen will, denn es sind etliche Fragen in deinem menschlichen Wesen, deren Antwort nicht für diese vielen Ohren bestimmt ist. So begib dich in einer stillen Stunde an das Ohr dieses Instrumentes, durch welches ich nun zu dir spreche. So ist jener Teil, der die natürliche Ergänzung deines eigenen Wesens hin zu deiner Einheit, zu deiner Ganzheit ist, in dem Wunsch, dir zu antworten.

Es ist die Arbeit, die du vollführst, in einer Bedeutung und Wichtigkeit, und es sind die Menschen, die dich in dieser Arbeit umgeben, in ebensolcher Bedeutung und Wichtigkeit, daß es der Wunsch ist von jenen, die eure geistigen Begleiter sind, in direkter und ausführlicher Weise zu euch zu sprechen. Gib du diesen Wunsch an das Ohr dieses Instrumentes, so will ich dir antworten auf einem anderen Weg.

Gott zum Gruß, lieber Herakles! In letzter Zeit habe ich beobachtet, daß die meisten Frauen den meisten Männern im Bewußtsein voraus sind. Kannst du mir darauf antworten? Danke.

Du hast dir viel Wohlgefallen erworben*, mein Freund. Doch wisse, deine augenscheinliche Beobachtung ist nichts weiter als versäumtes Aufholen, was du dort siehst.

Die Vorstellung darüber, was männlich und was weiblich ist, ist in euren Köpfen noch sehr menschlich. So schreibt ihr dem göttlichen Aspekt der Liebe den weiblichen Anteil zu, und siehe, dies ist ein Irrtum. Das Wesen Gottes, welches männlich und weiblich ist zugleich, so wie auch ihr männlich und weiblich seid zu gleichen Teilen, wirkt nach der Gesetzmäßigkeit, da sich der Aspekt und das Wesen der Liebe ausdrückt in männlicher Energie. Es ist die Weisheit jener Teil in Gott, welcher weiblich ist, und es ist die Liebe jener Teil in Gott, welcher den männlichen, den väterlichen Teil repräsentiert.

Es ist der erstgeschaffene Mensch aus Gott ein männliches Wesen gewesen. Und obschon dieses männliche Wesen ebenso den weiblichen Teil in sich getragen hat, wurde dem männlichen in seiner Erscheinung der größere Anteil zugesprochen. Aus jenem Teil, der weiblich war im erstgeschaffenen menschlichen Wesen, wurde das zweite menschliche Wesen geschöpft. Es war dies das Weib.

Dieses eine Wesen, welches in sich selbst geteilt wurde, welches einen Geist besitzt und welches durch das Weibliche und Männliche als zwei in der äußeren Erscheinungswelt erscheint, ist nichts anderes als die Offenbarung der Dualität, in der ihr euch alle befindet. Indem ihr das Männliche und das Weibliche bewertet und indem ihr verteilt durch eure Meinung den besseren oder höheren Wert in diesen oder jenen Teil, gebt

* ... bei den unter den Zuhörern anwesenden Frauen. Der Scherz wurde vom Publikum mit Heiterkeit aufgenommen.

ihr in den Lauf der Geschichte und in die Evolution des Menschen das Ungleichgewicht. Aus diesem falschen Vermeinen, da ihr denkt, daß der Mann stark ist und das Weib schwach, da ihr denkt, daß der Mann wichtiger, bedeutender ist als das Weib, habt ihr in der Vergangenheit viele Kriege, viele Ungerechtigkeiten vollzogen. Und so erhob sich das Weib und kehrte die Situation um. So gab es Völkerschaften, die ihre eigenen Männer bekriegten, um hier einen Ausgleich zu tun.

So tut hinfort jede Bewertung darüber, was männlich oder weiblich ist, was mehr an Bedeutung, an Gewichtigkeit, an Intelligenz oder Wachstum ist. Versteht: Das menschliche Wesen ist eine Einheit aus Seele und Geist. Der Geist im Menschen ist und bleibt auf ewig unteilbar, untrennbar in sich selbst, untrennbar auch von Gott. Dies ist der Sonnenstrahl, von dem euer Bruder Jesus heute morgen* gesprochen hat. Doch es vermag die Seele, die diesen inwendigsten, ewigen, untrennbaren Geist umgibt, sich aus sich selber zu spalten und jene Anteile zu separieren in weiblich oder männlich. Und so die Teilung vonstatten gegangen ist, steht ein und derselbe Mensch vor sich.

So du beobachtest, daß die Frauen – scheinbar – eine schnellere Entwicklung hin zur geistigen Reife vollziehen, so erkenne und verstehe, daß es das Wesen des Weiblichen ist, welchem es leichter gelingen mag, sich in seinen Gefühlen und Empfindungen zu offenbaren, sich zu bekennen zum eigenen Herzen. Den Männern auf eurer Erdenwelt wurde dies viele Male verwehrt. Ihr durftet nicht die Tränen weinen, obschon ihr einen Schmerz verspürtet, weil diese Welt euch dann als schwach erkannt hat. Und so habt ihr denn eure Herzenstüre viele Male verschlossen, um dieses nicht zu zeigen, welches der Stachel eures Schmerzes im tiefen Inneren eures Menschseins ist. Und so habt ihr euch Mauern gebaut, mehr als die Frauen, die unter euch sind. Wisse aber, geliebter Bruder, daß die Männer auf dieser Erdenwelt in einem größeren Sehnen, in einem tieferen Schmerz um das verlorene Paradies sind als die Frauen auf dieser Welt.

Habe du also nicht Bedenklichkeit, daß du den Anschluß versäumst. Gehe du beherzt deinen Weg weiter. Es gibt nichts aufzuholen, es gibt nichts nachzuholen. Sei einfach ganz du selbst in deiner Wahrhaftigkeit

---

* Botschaft: «Es gibt nur ein Gebot» (Seite 200).

und freue dich über einen jeden Fortschritt, den du erkennen und beobachten kannst bei allen Menschen, die dich umgeben, gleich ob diese weiblich oder männlich sind.

Meine geistigen Arme umfangen dich in großer Freude.

Gott zum Gruße, Herakles! Ich möchte dich gerne fragen, inwieweit die geistige Welt involviert ist in die familientherapeutische Arbeit von Bert Hellinger. Danke.

Dein Mut ist bemerkenswert. Und du gibst ebenfalls Herakles eine schwierige Aufgabe. Denn so du einen Namen nennst, wisse, ist es mir untersagt, hierüber ein Urteil zu bilden.

Wisse also Folgendes: In jedem Menschen wirkt der göttliche Geist. Wäre dies nicht der Fall, wäre das Leben nicht möglich. So du also einen Namen nennst und zu wissen wünschst, ob dieser Mensch im Bunde mit unseren geistigen Helfern arbeitet, mit jenen, die mir Wegbegleiter sind hier in dieser euch noch unsichtbaren Welt, so wisse, muß ich mit einem Ja antworten. Keiner auf dieser Erdenwelt wandelt ohne einen geistigen Wegbegleiter durch sein irdisches Leben. Der Unterschied besteht einzig und allein darin, daß der eine um diesen unsichtbaren geistigen Freund weiß, ihn achtet und sich über ihn freut, und wieder ein anderer ihn nicht anerkennen will und so die Hilfe von ihm verweigert.

So diese Arbeit jenes Menschen, den du namentlich benannt hast, gute Früchte trägt, weißt du aus diesem Resultat, daß der Geist Gottes gewirkt haben muß. So das Resultat dieser Arbeit ein Ungutes ist, weißt du, daß dieser Mensch aus sich selber, nach seinem unvollkommenen Vermeinen, die Arbeit vollführt. Prüfe nun also selbst und stärke hierdurch dein Unterscheidungsvermögen, denn du suchest eine Hilfe, die bereitgestellt ist und die dich erwartet lange schon. Es fehlte dir zuvor der Mut, dich an diese Hilfe zu begeben. Geh also freudigen Schrittes.

So du das Gute bringst durch dein freudiges Anerkennen, daß in allen Menschen der göttliche Geist vorhanden ist, so muß dieser göttliche Geist dir in jedem Menschen begegnen. Auch du bist eine, die mir wohlvertraut ist von alters her. Und auch du bist eine, die inniglich und ernsthaft die Wahrheit zu finden sucht. Über viele Jahre hast du dich verloren in der Welt der Worte und der geschriebenen Buchstaben, da du vermeintest, daß die Wahrheit dort verankert ist in euren alten, weisen Büchern. Die Wahrheit lebt und bedarf nicht des geschriebenen Wortes. Die Wahrheit ist in dir.

Wisse: Alles, was Herakles dir als Antwort auf deine Frage gibt, ist als selbsterkanntes und -erfahrenes Wissen in deinen eigenen Zellen gespeichert. Das Wissen einer Ewigkeit ruht in euren Zellen. Dankt eurem himmlischen Vater, daß hierüber ein Mantel des Vergessens gelegt worden ist. Denn so ihr euch erinnern könntet an dieses, was ihr gewesen seid, und jenes, was ihr einstmals vollzogen habt, wäre es euch schwerlich möglich, unbeschwert in ein neues Leben zu gehen. Die alten Lasten und Erinnerungen würden einen jeden Schritt der Evolution hemmen.

Nun denn, verzeiht mir. Es ist nicht die Stunde des Lehrens. So vernimm also als Antwort: In einem jeden Menschen ist der göttliche Geist. An den Früchten, an den Taten und Resultaten werdet ihr erkennen, ob dieses, was der Mensch tut, richtig oder falsch, gut oder ungut ist. Uns geistigen Wesen ist es nicht erlaubt, ein Urteil auszusprechen.

Gott segne dich!

Gott zum Gruße, Herakles! Ich habe ein Problem mit der Zahl 144 000. In den Durchsagen, die ich bisher gelesen habe, kommt diese Zahl immer wieder vor. Und so wie ich das verstehe, werden 144 000 Bewohner dieser Erde mit auf die Schiffe genommen, und der Rest wird irgendwo ausgelagert. Damit habe ich echt ein Problem. Es heißt, alle sind Gottes Kinder, Gott freut sich über jede Seele, die nach Hause zurückkehrt. Die anderen werden irgendwo auf einen anderen Planeten gebracht, der der Erde gleich ist, und die würden das gar nicht merken. Die müssen das ja feststellen, wenn irgendeiner auf einer Seite fehlt. Diese zwei Fragen beschäftigen mich sehr. Ich danke dir.

Auch dies ist eine gesegnete, wertvolle und wichtige Frage. Und es hat dieses, was du diesbezüglich falsch verstanden hast, dich sehr betrübt. So verstehe Folgendes:

Die 144 000 auserwählten Seelen, die an ihrer Seite das Gegenüber, das Dual haben, sind jene Seelen, dich sich berufen haben, im Namen Gottes ihr eigenes Selbst in den Dienst der Schöpfung als Mensch für den Menschen zu geben. So ist ein Teil dieser 144 000 hier auf dieser Erdenwelt, und ein anderer Teil – das Gegenüber, die Ergänzung und die natürliche Vervollkommnung zur eigenen Einheit – sind jene 144 000 in den geistigen Gefilden. In einer ungetrennten Gemeinschaft suchen sie im Rat der weißen Bruderschaft, der Evolution, dem Fortschritt und der Errettung dieses Universums, dieses Sonnensystems zu dienen. Und sie tun dies in einer Weise, wie der göttliche Geist es ihnen gebietet. Und der göttliche Geist gebietet ihnen nicht, zu selektieren auf dieser Erdenwelt und die einen aus den Bereichen der Gefahr zu nehmen, die anderen aber in den Bereichen der Gefahr zu belassen.

In allen Entwicklungsphasen, solange die materielle Schöpfung besteht, gab es allezeit einen Verbund von sogenannten Auserwählten, die sich berufen haben, der Schöpfung selbstlos aus reiner Liebe zu dienen. So der Schöpfer diese selbstlose Liebe erkannt hatte, fügte Er dieses Bewußtsein zusammen zu einer großen, tätigen Kraft und ließ Seinen Geist durch dieses Bündnis derer, die sich selbst berufen hatten, in die Schöpfung einwirken. So wurde die geistige Kraft aus Gott transformiert von Dimension zu Dimension in das Reich der Materie, und es stellten und stellen sich zu jedweder Zeit der Evolution, in jeder wichtigen, bedeutungsvollen Phase der Veränderung, der Transformation, der Mutation solche selbstlosen Seelen zur Verfügung.

So verstehe, sind diese 144 000 nicht Menschen, die einen Übergang schadlos bestehen, da dieser Erdenplanet von einer Dimension in die andere transformiert werden wird, sondern diese sind vielmehr selbstlose Wegbegleiter oder Geburtshelfer für die neue Zukunft des Erdenmenschen, nach der er sich so lange sehnt.

Ihr lest die Worte, die geschrieben sind, mit einem menschlich begrenzten Geist, und deswegen könnt ihr viele Male die Bedeutung, die darin verborgen ist, nicht verstehen. Deshalb sprechen wir Worte zu euch, denn das gesprochene Wort ist lebendig, und eure Seelen sind befähigt, die Wahrheit darin zu erspüren, und es ist euch unmöglich, diese Worte durch euer falsches Verständnis ihrer Wahrheit zu berauben. So aber diese Worte, die gesprochen werden, geschrieben sind, und so ihr beginnt, das geschriebene Wort zu lesen, habt ihr die Möglichkeit, umzuwenden, und augenblicklich beginnt ihr, zu forschen und zu experimentieren. Schreibt Worte und schreibt Sätze und fügt diese zusammen und lest die Geschichte und gebt fünf Menschen ein und dieselbe Geschichte und fragt danach einen jeden, was er gelesen hat. Und obschon ein jeder dieselben Worte gelesen hat, werdet ihr fünf unterschiedliche Geschichten erfahren.

So ihr versucht, das Wort, welches eine lebendige göttliche Schöpfungskraft ist, auf dem Papier festzuhalten, beraubt ihr es augenblicklich der Lebendigkeit, und es kann sich das Wort nicht erwehren, so ihr darin nicht die Wahrheit zu finden vermögt, sondern lediglich euer Vermeinen hineininterpretiert. Ein Mensch liest und kann verstehen, was er gelesen hat, in der Weise, wie sein begrenzter Verstandesgeist bereit ist, sich auszudehnen, um diese Wahrheit aufzunehmen. Und so begreift, daß die göttliche Weisheit die menschliche Intelligenz um ein Vielfaches, in Zahlen nicht Benennbares, übersteigt. Und so ihr bemüht seid, durch euren menschlich begrenzten Verstand diese göttliche, grenzenlose Weisheit einzufangen, kommt ihr in dieses, was du nun für dich erfahren hast: Zweifel, Unverständnis, Schmerz.

Du hast Worte gelesen mit deinem Verstand. So du mit deinem Herzen liest und so du deinen himmlischen Vater bittest, daß Er dir mit Seinem Geist in deinem Menschsein aufschließe, was du noch nicht aus dir selber verstehen kannst, so sei gewiß, daß dein himmlischer Vater alles in dein menschliches Leben entsenden wird, auf daß es dir in Phasen und natürlichen Schritten des Wachsens nach und nach möglich ist, diese Weisheit zu erfassen.

Sorge dich nicht. Nicht eine Seele wird verlorengehen. Und es gibt nur ein einziges Haus in diesem Universum. Und so dieses Haus Gottes unzählige Räume in sich birgt, ist dennoch ein Dach und eine Türe nur. So die Menschen also in diesem Haus wohnen, sind sie allezeit geborgen, gleich wo sie sich befinden. So du eines Tages einen Raum verlassen wirst, weil dir das Zimmer zu eng geworden ist, weil dein Geist gewachsen ist, sich ausgedehnt hat und dein Menschsein größer geworden ist, so wird dich dieser Geist in dir aus diesem Zimmer treiben, da du einen noch größeren Raum wünschst, um dich noch mehr auszudehnen. Und so die Menschen dir in deinem Wunsch und Wachsen noch nicht folgen können, wähne diese Menschen nicht verloren, nur weil du sie durch deinen Fortschritt verläßt. Wähne nicht Ungerechtigkeit, wähne nicht Schmerz und Leid als etwas, welchem es die Trauer zu geben gilt. All dies sind Schulen, die euch die Lehrer der Erfahrungen präsentieren, durch welche ein jegliches menschliches Wesen zu wandern hat.

Sei getröstet: In diesem göttlichen Haus gibt es einen großen Festsaal. Darin ist ein Tisch gedeckt mit köstlichen Speisen. In goldenen Krügen ist Wasser des ewigen Lebens bereitgestellt. Gar etliche sitzen an jenem Tisch und warten auf jene, die schlußendlich in diesen Saal des Festes gelangen müssen, um das große Fest zu feiern, das Fest der Wiedergeburt, die nicht durch Fleisch und Blut vonstatten geht, sondern die im Geiste geschieht, da der Mensch im Geiste wiedergeboren wird und sich in seinem Wesen vollkommen erkennt; da der Mensch erwacht aus seinem Traum, so wie dereinst der Geist Gottes aus Seinem Traum erwacht ist. Denn in dem Traum Gottes saßen an diesem reichgedeckten Tisch im großen Festsaal Seines Hauses alle Seine Kinder. Es fehlte nicht eines.

Doch es ist die Zeit, da die Kinder zurückkehren zu ihrem Gott, da sie erwachen aus ihrem Traum und in Freuden ihre Illusionen verlassen, um in der Wahrheit und in ihrem wahren Selbst zu erwachen, in einem unterschiedlichen Maß. Sorge dich also nicht und wisse allezeit: Gott, der Schöpfer, der himmlische Vater, der Bräutigam, wünscht alle Kinder, wünscht Seine ganze und nicht die halbe Braut bei sich zu haben. Es wird das Fest gefeiert werden, so diese Schöpfung erlöst ist von allem Leid und ein jedes menschliches Wesen aus jener Begrenzung befreit ist, die es sich selber erschuf.

So schlafe ruhig in deinen Nächten und sorge dich nicht.

Herakles, ich schicke dir erst einmal meinen Liebesgruß und meinen großen Dank. Du weißt, daß uns die Kirche von einem strafenden Gott erzählt. Du weißt, daß wir nach Ansicht der Kirche alle Sünder sind. Auch in der Bibel gibt es viele grausige Geschichten. Gott hat die Sünder angeblich in der Sintflut umkommen lassen. Gott hat so ganz nebenbei dem Abraham die Prüfung gestellt, seinen einzigen Sohn zu opfern. Ich habe jetzt gelernt, daß es einen Gottvater der Liebe gibt, und ich habe gelernt, daß Gott in uns wohnt.

Jetzt frage ich dich: Ist überhaupt ein wahres Wort in diesem heiligen Buch, der Bibel, zu finden, oder ist es einfach ein Buch, das von Menschenhand geschrieben wurde, irgendwie falsch gedeutet, mißverstanden – wie du uns jetzt gerade schon erklärt hast, wie das mit geschriebenen Worten passieren kann. Und wo finde ich bitte die wahren Worte? Ich suche zum Beispiel die wahren Worte der Bergpredigt, die ich einmal vernommen und verloren und bis jetzt noch nicht wiedergefunden habe. Ich schicke noch einmal meine Liebe rüber, und ich danke sehr.

Du hast meinen Liebesgruß, den ich dir durch diese menschlichen Augen entsendet habe, angenommen, und du antwortest mir. Sieh – die Reinheit, mit der du mich liebst, berührt mich tief. Denn Herakles vermag der Liebe nicht zu widerstehen.

Eure sogenannten heiligen Bücher haben viele Zeitabläufe durchwandert. Die Schriftrollen aus dem Ursprünglichen wanderten durch viele Hände, und es gab Veränderung. Und es war dies ein Verändern, nicht um verfälschen zu wollen, sondern es war der Wunsch jener, die im Ursprung geschrieben haben, das Wort Gottes allen Menschen, allen Völkern und Nationen dieser Erde zukommen zu lassen. Da aber viele Sprachen sind auf dieser Erdenwelt und da die Völker in unterschiedlicher Weise lernen und verstehen, wurde die Sinnhaftigkeit dessen, was im Anbeginn gewesen ist, verändert.

So wisse: Als die Propheten die Worte auf das Pergament schrieben, als sie die Zeichen einer Schrift in den Stein schlugen, so waren der Wunsch und die Wahrhaftigkeit unbefleckt und rein. So aber der Mensch in jener weit zurückgelegenen Zeit in seinem Bewußtsein aus dem Menschlichen, nicht aus dem geistig Erwachten diese geschriebenen Worte gelesen hat und sodann verstanden hat in menschlich begrenzter Weise, so wurde Gott ein strafender, rachsüchtiger, zorniger Schöpfer. Da der Mensch durch die Beobachtung in der Welt der Natur den Werdegang und den Ausdruck des Gesetzes verfolgte, erkannte er bald das wirkende Gesetz von Ursache und Wirkung: Was du säst, wirst du ernten. Doch es verstand der Mensch nicht, daß er selber dieses erntete, was er zuvor aus sich gesät hatte.

Er setzte Gott in die Verantwortung über all dieses, was er nicht verstand, was er nicht erklären konnte. Aus den Abläufen in der Natur, aus den Beobachtungen innerhalb des eigenen Lebens und durch die Erfahrungen, die jene Menschen in dieser vergangenen Zeit durchlebten, entstand eine Philosophie, eine Religion und eine Vielzahl von unterschiedlichen Vorstellungen darüber, was Wahrheit, und darüber, was Gott ist. Und dieses wurde festgehalten auf dem Papier, so wie es niemals im Anbeginn ein Gesetz gegeben hat: «Du sollst nicht stehlen. Du sollst nicht ehebrechen. Du sollst nicht töten. Und du sollst nicht die Frau deines Nachbarn begehren.» Ein Gesetz gab es nur: *Du sollst Gott, deinen Schöpfer, ehren und lieben und keine anderen Götter haben neben Ihm.* So du deinen Gott liebst, wird es dir unmöglich sein, deinen Nächsten zu töten, deinen Nächsten zu betrügen.

Verstehe: Das Bewußtsein der Menschen, die in jener damaligen Zeit geschrieben und gelesen haben, hat sich ein eigenes Bild von Gott geschaffen, und was du viele Male liest, ist eine Interpretation des damaligen Verständnisses eines kollektiven Bewußtseins, welches sich noch in einem tiefen geistigen Schlaf befunden hat. Und so der menschliche Geist diese göttliche Weisheit aufzuschließen suchte, aber in sich geistig noch nicht erwacht gewesen ist, wurde in der Weise geschrieben, wie die Menschen erkannt und verstanden haben. Dies ist der Urgrund, warum der Sohn Gottes niemals die Worte geschrieben hat, da er wußte um dieses, was danach geschehen wird. Die Wahrheit ist lebendig und läßt sich nur im Leben und im Geiste Gottes finden. So ihr die Wahrheit in Buchstaben auf dem Papier in dieser Welt und in den Menschen, die euch umgeben, sucht, werdet ihr allenthalben den Widerspruch haben und daraus Zweifel erfahren.

Belaßt also die alten Schriften, belaßt die Buchstaben und wißt: Jene Menschen, die dereinst geschrieben haben, waren geistig noch nicht erwacht. Nach ihrem Vermeinen, nach ihrem Bild wurde dies gefaßt, was euch als Wahrheit übergeben ist.

Sorge dich also nicht.

So ihr also jenes Gebet gelesen habt, das der Sohn dereinst den Menschen übergab, so ist auch dieses in einer großen Weise mißverstanden worden. Die Vielfältigkeit eurer Sprachen, die unterschiedliche Mentalität eurer menschlichen Wesen haben dies bewirkt.

Gott wird euch allezeit verzeihen, wenn ihr Ihn darum bittet und wenn eure Reue ernst ist. Ihr erhebt viele Male Anspruch auf eine Macht, die euch nicht zusteht. Ihr erhebt Gesetze, da ihr euch hierdurch befähigt, den Menschen das Leben zu nehmen, den Menschen Lasten aufzuerlegen als Strafe zu ihrer Besserung. Doch wißt: Wie kann ein Mensch einem anderen Sünden vergeben, da er selbst ein Sünder ist? Wie kann ein Mensch einem anderen seine Schulden erlassen, da er selbst ein Schuldner ist? Wie kann ein Mensch einem anderen das Leben nehmen, da er dieses Leben nicht gegeben hat?

Seid weise! Macht das Leben nicht so kompliziert. Liebt euren Gott und dient ihm, so muß schlußendlich auch in eurem menschlichen Sein sich alles zum Guten wenden. So ihr Gott liebt, habt ihr augenblicklich all jenen verziehen, die euch einstmals Unrecht und Schmerz gegeben haben. Haltet euch nicht an dem geschriebenen Buchstaben fest, denn tausendfältig, von Generation zu Generation, waren die Menschen bestrebt, Wissenschaften und Philosophien daraus zu erbauen. Die Vielzahl der Köpfe, die sich innerhalb eurer Wissenschaften und Philosophien betätigen, haben die Vielzahl und die Unterschiedlichkeit in dem bewirkt, was ihr die Wahrheit benennt aus euren alten und heiligen Büchern.

Sucht euren Gott, sucht die Wahrheit in euch selbst und im Leben und laßt die Bücher ruhen.

Gott zum Gruße, Herakles! Nach allem, was wir während des Seminars gehört haben, frage ich mich heute, inwieweit es überhaupt sinnvoll ist, weiterhin direkte materielle Hilfe zu leisten an die Dritte Welt, an arme Länder. Ich danke dir.

Es ist so lange sinnvoll, diese Hilfe zu geben, wie du hierdurch eine Freude verspürst, und so lange, wie es dich glücklich macht, und so lange, wie du hierdurch nicht selbst eine Not erleidest. So lange ist ein Sinn darin, diese Form der Hilfe zu geben.

Es ist deine Erkenntnis, die du in kurzem gewonnen hast, gesegnet, und wir haben große Freude, daß du einer bist, der schnell versteht und der bereit ist, augenblicklich umzusetzen. Ja, die Hilfe, die ihr gebt im Materiellen, dient dem Menschen nicht zur Erlösung. Solange die Menschen auf dieser Erde bestrebt sind, diese Welt auszubeuten, um der Materie, um des Geldes willen, so lange könnt und werdet ihr materielle Nöte nicht ausgleichen, indem ihr aus eurem Eigenen jenen gebt, die aus dem Eigenen nichts haben. Ihr könnt hier keinen Ausgleich schaffen. Dem, was in materieller Ungerechtigkeit und Unausgewogenheit manifestiert ist, könnt ihr nicht gerecht werden auf dem Weg der Materie.

So ihr denen gebt, die weniger haben als ihr selbst, und sie nicht reif und würdig sind, diese Hilfe zu empfangen, gebt ihr nicht die Hilfe. Ihr gebt eine Bestärkung in dem falschen Vermeinen, daß ein Mensch beschenkt werden muß, daß ein Mensch arm ist und ein anderer reich. Laßt also ab davon, dieser Erde und dem Leben mit menschlichen Mitteln und menschlichem Vermeinen zu dienen. Dient, so ihr mutig seid, statt dessen dieser Erde und dem Leben auf einer höheren Ebene, aus göttlicher Weisheit. Indem ihr sucht, lebendiges Beispiel zu sein, indem ihr der sichtbare, lebendige Ausdruck von Reichtum, Fülle, Kraft,

Gesundheit, Freude und Glück seid, wird es den Menschen nach und nach möglich sein, an diesen Reichtum, an diesen Gott zu glauben. Da ihr in Reichtum und Fülle aus Gott lebt, werden die Menschen dies nach und nach begreifen müssen und willens sein, selbst diesen Weg zu gehen – nicht zu bitten und nicht zu empfangen, nicht zu darben und nicht zu jammern, sondern sich zu erheben aus der Begrenzung des menschlichen Denkens und Verstehens.

Seid lebendige Beispiele und helft und reißt des Übels Wurzel aus und laßt ab davon, die Sträucher zu beschneiden in ihren abgestorbenen Ästen. Denn ihr schneidet hier einen verdorbenen Ast ab, und kaum daß dieser geschnitten ist, wird ein weiterer Ast an diesem Strauch sterben. Geht hinab in die Wurzeln und tötet das Ungeziefer, welches diesem Strauche die Kraft zum Leben, zum Blühen und zum Früchtetragen nimmt.

Du hast richtig erkannt, und du wirst bemerken, mein weiser Freund: So du dies umzusetzen suchst, was du für dich als Wahrheit erkannt hast, wirst du bald am Unverständnis deiner Umwelt versucht werden, zu Fall zu kommen. Und es bedarf eines starken, großen Mutes, der Meinung dieses Erdenmenschen entgegenzutreten und den Menschen scheinbar nicht zu helfen, sie in ihren Krankheiten zu belassen, bis der Schmerz sie so sehr quält, daß sie willens und bereit sind, sich selbst die Hilfe zu geben. So ihr im Geiste helft, so ihr liebevolle, verständnisvolle Wegbegleiter seid, so ihr Worte der Wahrheit gebt, so ihr Verständnis und Worte des Trostes gebt und so ihr den Weg zur Freiheit weist und nicht zur Abhängigkeit und so ihr selbst das lebendige Beispiel seid, gebt ihr die Hilfe zur Freiheit und zur Erlösung für diese Erde.

Lieber Herakles, ich habe wieder mal eine Frage zu unseren Kindern. Unser System Schule entdeckt Störungen bei den Kindern. Sie können mit unseren Strukturen nicht mehr lesen, nicht mehr schreiben und nicht mehr rechnen. Würdest du mir bitte erklären, wie das kommt? Danke.

Du bist eine, die verzichtet hat auf das eigene Glück aus Liebe. Du berührst mein Herz aufs neue. Ich kenne dich wohl, und ich segne die Arbeit, die du tust, und ich wirke an deiner Seite, so du zu den Eltern, zu den Lehrern sprichst.

Die Kinder, die gekommen sind, tragen in sich einen ungetrübten Geist und wissen, wer sie sind. Sie wissen, daß die Worte dieser Welt, die da geschrieben sind, nur menschliches Vermeinen sind. Es sind die Reinheit ihrer Seele und die Weisheit aus Gott, welche gebieten, dieses menschlich Begrenzte nicht anzunehmen. Es ist ein geistiges Immunsystem, und es suchen die Kinder sich zu erwehren. Und es glauben die Eltern und Lehrer, daß diese Kinder nicht verstehen.

Viele Seelen, die den Werdegang dieser Erdenwelt über Äonen beobachtet haben, sind in ein großes Mitgefühl für alle Lebewesen auf dieser Erdenwelt gefallen und wünschten aus tiefer Liebe und diesem Mitgefühl, dieser Erde zu dienen – Seelen, die lange schon die Entwicklung ihres menschlichen Daseins vollendet haben und dennoch bereit gewesen sind, hinab in die Begrenzung des physischen Lebens zu gehen.

Es sind die Kinder, die diese Erde erretten werden. Gebt ihnen Schutz. Verhindert ihre geistige Ausbeutung. Denn die hochentwickelten Wesen, die in diesen kleinen Körpern verborgen sind, werden in großen Teilen auf eurer Erdenwelt in geistiger Weise prostituiert und mißbraucht. Es ist dies ein Verhalten des Menschen auf dieser Erdenwelt, das einen Schmerz verursacht in dieser Seele, der weit über eine körperliche Vergewaltigung und einen physischen Mißbrauch hinausreicht. Es ist der Kampf von Schatten und Licht. Eine Vielzahl von Seelen hat sich auf eure Erde begeben, um jenen Menschen auf dieser Erdenwelt zur Seite zu stehen, die geistig erwacht sind und die verstehen und die bereit sind, bessere Wege zu gehen.

Habt Mut! Fürchtet nicht das menschliche Gesetz. Schützt diese Kinder! Sie sind gekommen, um euch und dieser Erde zu dienen.

Herakles umfängt dich in großer Liebe und Dankbarkeit.

Gott zum Gruße, Herakles! Ich möchte gerne von dir wissen, wer die weiße Bruderschaft genauer ist und was für eine Aufgabe sie hat. Danke.

Das Bündnis der weißen Bruderschaft ist eine geistige Vereinigung, und es sind jene Seelen, die sich innerhalb dieses Bündnisses in eine starke Einheit verschworen haben, Seelen, die auf ihrer menschlichen Bewußtseinsebene davon nichts wissen.

Wenige, wahrhaft wenige haben das Vorrecht, dieses Wissen, daß sie zugehörig sind zu diesem starken Bund, in das Menschliche übertragen zu können. Wenigen war es zuteil, von außerhalb dieses zu erfahren. So ihre Aufgaben und Lebenssituationen hier auf dieser Erde sehr beschwerlich sind, wird diesen Menschen Hilfe zuteil. Da es notwendig und segensreich ist, hierüber eine Erinnerung zu haben, so wird diesen Mitgliedern der weißen Bruderschaft das Wissen auf ein neues vermittelt.

Der große Teil dieser Bruderschaft aber lebt und wirkt auf dieser materiellen Erdenwelt in Zusammenarbeit mit vielen aufgestiegenen Meistern, mit Engeln aus den höchsten Lichtregionen, um dieser Welt zu dienen. Ihr Wirken ist geheim. Ihre Arbeit ist dem Menschen nicht sichtbar und wahrnehmbar, und sie selbst wissen nicht, daß sie sich zum Werkzeug erkoren haben und viele an ihrer Seite unsichtbar wirken.

Die Unwissenheit über die Zugehörigkeit zu dieser weißen Bruderschaft ist ein Schutz – ein Schutz der äußeren Welt gegenüber und ein Schutz der eigenen Eitelkeit gegenüber, der diese Menschen auf dieser Erde und in dieser Zeit in besonderem Maße ausgesetzt sind, denn diese Menschen verfügen über besondere Fähigkeiten. Sie sind hochintelligent und wissen die Kraft der göttlichen Weisheit zu transformieren und in den Dienst des Großen und des Ganzen zu stellen. So also ihr Wirken machtvoll ist und so sie hierüber nicht in die Gefahr der Eitelkeit gelangen sollen, wurde ihnen das Bewußtsein auf der menschlichen Ebene des verständlichen Denkens genommen.

Mehr, geliebter Freund, darf ich hier nicht sagen. Denn wäre die weiße Bruderschaft ausgesetzt in ihrer eigenen Kraft und wäre die Weise ihres Wirkens bekannt, wäre sie augenblicklich bedroht und würde bekämpft aus unterschiedlichsten Ebenen.

So gestatte diesen Seelen, die aus bedingungsloser Liebe dienen, ungestört ihren Dienst weiter zu tun. Doch denke darüber nach, warum du gerade über dieses nachdenkst. Frage dich, warum dich die weiße Bruderschaft fasziniert, und wisse, daß alles, was geschieht, seine Bedeutung und seinen Sinn hat.

So ist dies ein krönender Abschluß, und Herakles bedankt sich sehr bei euch, daß ihr mir nicht nur eure Fragen gegeben habt, sondern euer Vertrauen, daß ihr eure Herzen geöffnet habt auch für mich. So segne ich einen jeden von euch. Geht denn eurer Wege und seid nicht betrübt. Und so euch etwas nicht gelingen will, denkt an meinen alten Freund, der den Bogen nicht zu spannen vermochte. Tut es ihm gleich und folgt auf diese Weise auch mir. So ihr euch in Nöten befindet und die Lösung nicht vor euren Augen erscheint, sprecht: «Gott, ich liebe Dich.» Augenblicklich wird Gott euch antworten.

Es ist kein stummer Gott, der euch erschaffen hat. Es ist kein schwacher Gott, der Himmel und Erde kreiert hat. In den Armen dessen, dem alles möglich ist, seid ihr allezeit geborgen. Vergeßt das Danken nicht. Begebt euch zu eurem himmlischen Vater nicht nur, da ihr in Nöten seid. So eure Kinder bei euch sind, weil sie eurer Hilfe und eures Beistandes bedürfen, gebt ihr dies aus Liebe. So aber eure Kinder bei euch sind um der Liebe willen, weil sie sich sehnen nach euch, so wachset ihr in eurer Kraft durch die Freude, die ihr darüber empfindet. Liebt euren Gott, um der Liebe willen. Gebt aus freiem Herzen in Freude alles, was ihr habt, und trauert nicht um dieses, was ihr im Materiellen verliert. Dies ist der Weg in die Freiheit, dies ist der Weg zum Glück, dies ist der Weg zum Reichtum.

So nehme ich, Herakles, Abschied mit einem lachenden und mit einem weinenden Auge, wie etliche Male schon zuvor. In großer Liebe umfangen euch meine geistigen Arme. Auf ein Bald! Es nimmt Abschied, es liebt euch, und es grüßt euch Herakles. Gott zum Gruße!

Das göttliche Prinzip der Liebe

Gabriel und Pura
13. April 2002 in Frieding

Hörbuch (CD)
ISBN 978-3-935173-44-5

Im Namen der Liebe begrüße ich euch. Gott zum Gruße! Aus der wonnigen Freude umarme ich einen jeden im Geiste – ich, Gabriel, der unablässig vor dem Throne Gottes wacht, um im Namen der Liebe durch den Geist Gottes für alles, was ist, zu wirken.

So ich, Gabriel, also ein getreuer Diener des Herrn bin und allezeit bleiben werde, war dennoch in mir der Wunsch, ein Sohn zu werden, der Anrecht auf das himmlische Erbe und Reich bei sich hat. Und so gab ich, Gabriel, einen Teil aus mir hinab zur Erde, und ein Teil meiner Seele fiel in die tiefen Frequenzen der Materienwelt und ging demzufolge in dem Vergessen verloren. Dieser Teil aus mir lebte in jener Zeit im Anbeginn, da diese Erde geschöpft war und die ersten Menschen auf ihr wandelten. Es war jener Teil aus mir in jener Zeit ein Kind im weiblichen Geschlecht. Und jenes Kind erfuhr den Schmerz, den nur die Welt der Materie zu geben vermag. Und es verlor jenes Kind in frühen Tagen, was aus dem Fleische Vater und Mutter gewesen ist. In großer Pein erschaute jenes Kind den Martertod der Fleischeseltern, die um ihres Glaubens willen das Leben am Leibe verloren.

Als jener auf der Erde inkarnierte Teil aus mir zurückkehrte, war diesem Teil noch nicht gestattet, in mein Wesen, in meinen Geist zurückzufinden. Abermals wurde dieser Teil zur Erde entsendet, und abermals war jener Teil aus mir im Fleische des Weiblichen geboren. Diese zweite Fleischesinkarnation aus einem Bewußtseinsanteil des Gabriel kennt ihr als Maria, die dereinst den Sohn aus Gott geboren hat.

Ich, Gabriel, habe mir durch Maria das rechtmäßige Erbe des himmlischen Reiches erworben. Nun also weilt der Geist Maria in meinem Wesen – zurückgekehrt, vollendet. Pura ist jener Teil meines Seins, der mir Ergänzung und Vervollkommnung ist und der mir ein Anrecht auf das himmlische Erbe vermittelt hat. Während Pura viele Male ihren Geist zurücksendet in die Dunkelheit eurer Erdenwelt, um überall dort schützend, hilfreich und segnend zur Seite zu sein, da das Leben Unschuldiger, Schwacher bedroht ist, so verweile ich, Gabriel, und folge diesem anderen Teil aus mir mit der vollkommenen, ungeteilten Liebe, die ich, Gabriel, mir selbst aus dem eigenen Bewußtsein erworben habe.

So ich aber wirke in Gemeinschaft mit Pura für alle Schöpfung, die ist, wirken wir nicht aus der Liebe unseres eigenen Seins, sondern aus der unendlichen, grenzenlosen Fülle und Kraft jener Liebe, die in allem lebt und schwingt, was ist. Alles ist Pura und mir möglich – jedoch nur, weil unser eigener Wille vollkommen, aus freier Liebe, untergeordnet ist der großen Kraft jener Liebe, die Gott selbst ist.

Das Wesen Gottes ist nicht besser auszudrücken als durch die Liebe selbst. Das Wesen Gottes, der Geist Gottes – ob ihr sprecht von Seiner Kraft, von Seiner Herrlichkeit, von dem Feuer des Geistes, welches Leben erschafft – all dieses sammelt sich als Quintessenz und schlußendliche Summe all dessen, was ist in dem Ausdruck der Liebe.

In einem jeden von euch hat die Liebe sich in den innersten Wesenskern eurer Seele eingepflanzt. Gott lebt in einem jeden von euch. Alle Seelen waren dereinst vollkommen. Doch so sie gefallen sind in die tiefen Frequenzen der Materie, gab ihnen dies naturgemäß nach dem göttlichen Gesetz des Lebens das Vergessen. Dieses Vergessen aber war Notwendigkeit, auf daß die Seele den Willen aus sich selbst, die Liebe aus sich selbst erschaffen konnte.

So Gott in der Seele wirkt, ist eine jede Kraft, ein jeder Wille, ein jedes Denken, Fühlen und Tun der Ausdruck Seines Geistes und Seines Wesens. Und es war der Wunsch unseres himmlischen Vaters, daß alles, was ist, in vollkommener Freiheit sein soll. So also mußte die Seele vergessen, daß Gott als vollkommene Liebeskraft und mächtige Lebensflamme in ihr verborgen ist. Aus sich selbst in dem Vermeinen, abgetrennt und weit entfernt von Gott und dem himmlischen Reich und der seelischen Heimat zu sein, begann der Weg der Entwicklung der Seele, die gesendet worden ist, um sich selbst zu erkennen, sich selbst zu finden, aus sich selbst nach Gott zu suchen, aus dem eigenen Wunsch sich nach der Wahrheit zu sehnen. Es soll jedwede Seele ganz aus sich selbst den Wunsch entwickeln, dereinst bei Gott zu sein, mit Ihm Gemeinschaft zu teilen. Ganz aus sich selbst soll eine jede Seele eine Liebe für Gott empfinden.

Die Gesetze, die aus der göttlichen Weisheit durch Liebe erschaffen wurden, um durch eine geistige Ordnung alles Leben auf ewig zu erhalten, sind Prinzipien, an die ihr gebunden seid. Hier habt ihr keinen freien Willen. So ihr euch in eurem Willen wider diese Lebensgesetze wendet, beginnt ihr augenblicklich mit eurer Selbstzerstörung. Die Liebe aber, die ihr für Gott empfinden könnt, ist ein vollkommen freier Willensakt eurer ureigenen, unbeeinflußten, höchst individuellen Seele. Als vollkommen freies Individuum soll die Seele aus eigenem Wunsch und Willen eine Liebe für Gott entfalten können. Dies ist kein Gesetz. Dies ist, was allen Seelen als freier Willensakt oder als Wunsch offensteht.

Weil nun die Seele ihren Ursprung, ihren inwendigsten göttlichen Wesenskern vergessen hat und ganz auf sich selbst gestellt zu sein glaubte, begann die Seele bald aus eigenem Willen dieses und jenes zu tun. Und viele Male hat die Seele aus dieser Freiheit des eigenen Willens sich wider die Gesetze des Lebens gewendet und so Schmerz, Enttäuschung und Unvollkommenheit auf sich gezogen. Die einstmals vollkommene Seele begab sich in einen Prozeß der eigenen Unvervollkommnung. Es ist dies ein Prozeß, der wohl schmerzlich ist im Anbeginn und dennoch segensreich und notwendig, da die Seele nur so sich selbst und die Freiheit des eigenen Willens erkennen und entfalten kann. Deshalb sprechen wir von einem unvollkommenen Menschen, von einer unvollkommenen Seele, aber von einem vollkommenen Geist.

Die Schule der Liebe, die ich euch offenbaren will, soll euch zurückführen in die Erinnerung, daß eure Seelen fähig und willens sind und sich danach sehnen, wieder in den ursprünglichen Zustand der Vollkommenheit zurückzukehren. Dies aber ist möglich nur, wenn die Seele bereit ist, ihren Willen, ihre Wünsche und Bedürfnisse, die aus dem Unvollkommenen, die aus dem Menschlichen gewoben sind, ganz zurückzustellen, um dem inwendigsten Teil der göttlichen Liebe Raum zu geben, um dem Willen Gottes zu gestatten, in der Seele sich auszubreiten. Bei Gott zu sein, mit Ihm Gemeinschaft zu halten bedeutet nichts weiter, als alles Menschliche, alles Unvollkommene zum Schweigen zu bringen – nicht aber im Kampf, sondern aus der Liebe.

Wenn die Seele bereit geworden ist, ihren himmlischen Vater um der Liebe willen zu suchen, und so nur noch das eine Bedürfnis besteht, bei Gott zu sein, weil die Liebe zu Gott die Seele beinahe verzehrt, wenn das Sehnen unerträglich wird – nicht um der Leiden willen, sondern weil das Heimweh und der Wunsch, die Liebe aus Gott zu spüren, die Feder des inneren Wünschens ist –, so ist dies der Augenblick, da der innere Geisteskern, die Vollkommenheit, sich im Menschen offenbaren kann.

Ich habe eine Botschaft für euch, die mir gegeben worden ist vom himmlischen Vater, der zu einem jeden spricht: «Herrschet, herrschet inmitten eurer Feinde!» So aber in einer jeden Seele der Geist aus Gott vorhanden ist, muß eine jede Seele also demzufolge für euch ein Bruder oder eine Schwester sein. Wie also sollt ihr herrschen über Feinde, da ihr vor Gott alle gleichgestellt seid, da ihr ohne Unterschied seid. Es sind eure Feinde also nicht die Menschen, auch wenn sie euch viele Male bedrängen. Gleich in welcher Weise euch eure Brüder und Schwestern begegnen: Ohne Unterschied stehen sie im unbezahlbaren, im unbenennbaren Wert in der Liebe Gottes.

Also sind es nicht die Menschen, die ihr als Feinde erkennen könntet und die ihr bekämpfen müßt. Es sind die Feinde zu finden in eurer Seele, in jenem Teil eurer Seele, die durch das Vergessen des Falls Unvollkommenheit gewoben hat. In diesen Teilen eurer Seele haben sich eure Feinde manifestiert, die da sind Eifersucht, Neid, Angst und vieles mehr. Dieses allein ist es, was ihr als Feinde erkennen und verstehen sollt. Und ihr sollt euch erheben über sie, und ihr sollt herrschen, auf daß sie nicht über euch herrschen.

Was für Herrscher aber gedenkt ihr zu werden? Nehmt ihr euer Zepter in die Hand, um mit Macht aus dem eigenen Willen zu bezwingen? Oder herrscht ihr in Milde, in Liebe und Geduld? So, wie ihr wünscht, daß Gott euer König sein soll in Liebe, in Langmut, in Demut und in Geduld, so sollt auch ihr herrschen inmitten eurer Feinde in der Weise, wie ihr wünscht, selbst beherrscht zu werden.

Ich, Gabriel, sage euch: Könige, Priester und Herrscher werdet ihr sein in einem großen Reich. Dieses Reich aber seid ihr selbst. Und es steht einem jeden Herrscher zu, sein Reich zu schmücken mit jenen Teilen, die da sind die Wesenszüge aus Gott, die wir Engel euch in Liebe zu vermitteln suchten: daß ihr die Ordnung liebt, die Gott euch gegeben hat zum Segen und zum Schutz. Daß ihr achtsam seid mit eurem Willen und anerkennt die Größe dieser Kraft, die euch gegeben ist. Daß ihr ehrfürchtig dem Ernst begegnet. Daß ihr willens seid, Geduld zu üben, und auch diese göttliche Wesenszier als erstrebenswert anerkennt, daß ihr sie nicht als Last empfindet, sondern als einen glänzenden Juwel erkennt, der eure Seele ziert und zur Vollkommenheit zurückführen will. Daß ihr Barmherzigkeit übt mit euch selbst und mit allem, was euch begegnet – aus Leichtigkeit und Freude und nicht durch Überwindung und Selbstüberredung. Daß in allem, was bei euch ist, Weisheit und nicht menschlich begrenzte Intelligenz eure Entscheidung hervorruft.

Und über all dieses stellt die Liebe. Und an erster Stelle liebt Gott, euren himmlischen Vater. Liebt Ihn, weil Er euch erschaffen hat, weil Er euch Leben und Raum gegeben hat und Er diese Erdenwelt kreiert hat in einer Schönheit, in einer Vielfalt, die euch erfreuen soll. So wie ihr gelernt habt, Menschen zu beschenken, weil ihr sie liebt, so hat Gott tausendfältige Geschenke bereitet, und es ist dieser Wohnplanet, eure Erde, nur eines der kleinen Geschenke für euch. Ich, Gabriel, verrate euch ein Geheimnis: Liebt, liebt euren himmlischen Vater und laßt diese Liebe Ziel, Wunsch und Weg eures Seins werden! Stellt Ihn an die erste Stelle und gebt Ihm die größte Bedeutung und habt als ersten Wunsch dieses bei euch, Gott zu lieben.

So ihr dies tut, da ihr euren himmlischen Vater sucht und bei Ihm zu sein wünscht, nicht um dem Leid dieser Erde zu entfliehen, sondern einzig und allein weil die Liebe zu Ihm euch beinahe verzehrt, so wird in diesem Augenblick jene Schale brechen, die um den inwendigsten göttlichen Kern, der tief vergraben in eurer Seele ruht, gewoben ist. So der Mensch aus seinem eigenen Wesen und Willen die Liebe zu Gott erschaffen hat, wird die harte Schale gebrochen, und ungehindert tritt der Geist Gottes in die Seele des Menschen über, ergreift von ihr vollkommenen Besitz, durchdringt sie gänzlich bis hinaus in die äußerste harte und dichte Schale ihres menschlichen Wesens und physischen Seins. Dies ist der Augenblick, da der Mensch im Geiste neu geboren ist, da er heimkehrt und da sein Vergessen beendet ist. Und von diesem Augenblick an werdet ihr fähig sein, dieses zu tun, was auch Gabriel und Pura zu tun vermögen. Ich, Gabriel, vermag aus mir selbst nichts, obschon mir unzählbare Legionen von Dienern zur Seite gestellt sind. Alles aber, was ich will, ist mir ein leichtes, so ich es durch Gott, durch Seine Liebe vollziehe.

Die Liebe deckt alles zu, was euch schmerzt, was euch als Unrecht erscheint, was Übel ist. Die Liebe deckt alles auf, was euch zum Guten dient, was göttlich ist. Ich, Gabriel, bekenne mich aus meinem freien Willen und Wesen zu meiner Liebe, die ich für Gott empfinde, und da ist keine andere Macht, vor der ich je mein Haupt beugen werde, als einzig und allein vor ihr. Und so ich mein Haupt beuge vor dieser Macht der Liebe, bin ich groß und bin ich stark. Dies ist das Geheimnis der Liebe:

daß ihr euch wohl beugt in eurem Willen und hierdurch aber vor Gott gerade steht und mächtig seid vor der Welt und daß euch alles möglich ist und daß es Grenzen nicht mehr gibt. Die Liebe ist lebendig. Die Liebe ist ein Wesen. Die Liebe ist Gott.

So breiten Pura und ich nun die Hände über euren Häuptern aus, und durch unsere Hände empfangt den Segen und die Liebe aus Gott. So wie ich, Gabriel, dereinst Pura aus mir entsendet habe, seid auch ihr entsendet in diese Erdenwelt. Und jene, die euch gesendet haben und die ihr selber seid, zu denen ihr dereinst zurückkehren werdet, um euch im Einssein zu vereinen, hört: Jene singen nun das selige Halleluja. So eure Seelen sich öffnen, um den Geist Gottes wirken und wachsen zu lassen, und so ihr ganz durchdrungen seid vom Wesen Gottes selbst, so werden auch bald jene bei euch sein, die euch entsendet haben, die ihr verlassen habt, um zu lernen und zu verstehen alles, was ist.

Halleluja! Halleluja! Die Zeit kommt bald. So nehmen Gabriel und Pura Abschied, und wir gehen zurück zum Thron des Herrn. Den Segen aber und die Liebe belassen wir bei euch. Es jubeln alle Himmel. Gott zum Gruße!

Über die Autorin

Susanne Aubry (ehem. Osswald) – Buchautorin, Liedertexterin, Seminarleiterin und spirituelle Lebensberaterin

Ausgelöst durch den Tod des Vaters und die Begegnung mit ihm nach seinem Tod, begann sie im Alter von 6 Jahren nach dem Sinn des Lebens zu suchen. Diese Suche führte sie durch ein 14jähriges Bibelstudium, theoretische und praktische Studien der Psychologie und jahrelange, intensive Auseinandersetzungen mit verschiedenen Religionsgemeinschaften der westlichen und östlichen Theologie.

Die dabei gewonnenen Erfahrungen haben sie schließlich auf den Weg der Geisteswissenschaft gebracht. Fasziniert von der Begegnung mit anderen Welten und Bewußtseinsebenen, begann sie das Wesen Mensch zu ergründen. Heute unterrichtet sie in der geistigen Schule TerrAmor alle interessierten Menschen, die offen sind für neue Denk- und Sichtweisen und die den Mut haben, ebenfalls anderen Welten und Bewußtseinsebenen zu begegnen.

Susanne Aubry lebt heute im bayerischen Fünf-Seen-Land und arbeitet mit ihrem Mann und ihren beiden erwachsenen Kindern im Familien-Unternehmen TerrAmor.

Kurzbiographie:

1987 bis 1993 selbständige Unternehmerin in der Naturkosmetik; seit 1989 Ausbildung der medialen Fähigkeiten; künstlerische Tätigkeit und Gründung der Galerie «ACA Präsentation Viola».

Seit 1995 Gruppenarbeit mit Ärzten, Therapeuten, Psychologen und Heilpraktikern. Gründung von Arbeitskreisen und Leitung von Seminaren.

1996 Gründung von «TerrAmor», einem Forschungs- und Lehrinstitut (zusammen mit dem 1999 verstorbenen Karl Schnelting).

1998 Veröffentlichung des Buches «Dein Wille geschehe jetzt!» (Band 1 der Reihe «Botschaften aus der geistigen Welt»).

1999 Veröffentlichung des Buches «Weil Ich dich liebe» (Band 2 der Reihe «Botschaften aus der geistigen Welt»).

Seit 2000 Zusammenarbeit mit Robert Aubry. Gründung des gemeinsamen Verlags und Schulungsinstituts «TerrAmor / Susanne Osswald & Robert Aubry GbR».

2002 Gründung der gemeinsamen Firma «TerrAmor Kunst & Kultur GmbH».

2004 Veröffentlichung des Buches «Stern des Friedens» (Band 3 der Reihe «Botschaften aus der geistigen Welt»).

2004 Heirat mit Robert Aubry; Namensänderung.

2006 Gründung des Vereins «Vision 3000 e. V.», um Arbeitslosen jeden Alters und aller Berufsgruppen die Möglichkeit zur kostenlosen Ausbildung in Gesang, Tanz und Schauspiel zu bieten. Ziel ist es, Konzerte, Theaterstücke und Musicals aufzuführen, deren Erlös an die Arbeitslosen verteilt wird.

2007 Veröffentlichung der beiden Bücher «Dein Wille geschehe jetzt!» und «Weil Ich dich liebe» in der Taschenbuch-Ausgabe.

2008 Veröffentlichung des Buches «Es gibt nur ein Gebot» (Band 4 der Reihe «Botschaften aus der geistigen Welt»).

Susanne Aubrys Lebensmotto: «Hilf dir selbst, dann hilft dir Gott.»

susanne-robert@terramor.de
www.terramor.de

BOTSCHAFTEN AUS DER GEISTIGEN WELT

Botschaften aus der geistigen Welt, Band 1:

Susanne Aubry / Karl Schnelting

DEIN WILLE GESCHEHE JETZT!

Die Menschheit vor der globalen Transformation.

ISBN 978-3-906347-85-1
Taschenbuch-Erstausgabe, 289 Seiten
€ 12,– / Fr. 21.60

ISBN 978-3-906347-40-0
gebundene Ausgabe, 280 Seiten
€ 22,– / Fr. 39.60

Wir leben heute in einer Zeit, in der sich vieles scheidet und entscheidet.

Aus irdischen und auch aus höherdimensionalen, unsichtbaren Bereichen greifen dunkle Mächte nach der Menschheit. Gleichzeitig steht die Erde nach kosmischem Schöpfungsplan vor einer globalen Transformation.

Aus den Welten des Lichts gelangen deshalb immer dringlichere Botschaften und Warnungen an die Menschen:

- Welche Entscheidungen stehen bevor?
- Wessen Wille wird geschehen?
- Wie schützt man sich vor negativen Einflüssen?
- Wie können wir auch in Zeiten extremer Bedrohung die höhere Sicht, die göttliche Liebe und das Gottvertrauen bewahren?

Erfahren Sie in diesem Buch, was Lichtwesen aus hohen und höchsten Dimensionen uns über die gegenwärtigen und zukünftigen Vorgänge auf der Erde mitteilen.

Ihre Botschaften enthalten nicht nur einzigartige Perspektiven, Enthüllungen und Prophezeiungen, sondern sind auch eine unerschöpfliche, lebendige Quelle von persönlicher Kraft und Inspiration.

BOTSCHAFTEN AUS DER GEISTIGEN WELT

Botschaften aus der geistigen Welt, Band 2:

Susanne Aubry / Karl Schnelting

WEIL ICH DICH LIEBE

Wegweiser zur Transformation.

ISBN 978-3-906347-86-8
Taschenbuch-Erstausgabe, 369 Seiten
€ 12,– / Fr. 21.60

ISBN 978-3-906347-42-4
gebundene Ausgabe, 340 Seiten
€ 22,– / Fr. 39.60

Die Erde und mit ihr die Menschen befinden sich in einer tiefgreifenden Transformation, die sich unaufhaltsam beschleunigt.

Nie zuvor war die kosmische Einstrahlung auf die Erde so hochaktiv wie in der gegenwärtigen Zeit. Durch sie wird alles intensiviert und verstärkt – das Licht, aber auch die Dunkelheit.

- Was bedeuten diese Veränderungen für uns?
- Wie reagieren wir im Hinblick auf das Kommende?

Wer mehr als nur menschlichen Rat sucht, findet in diesem Buch Zugang zu neuen Quellen der Erkenntnis und der Wahrnehmung. Lichtwesen aus hohen und höchsten Dimensionen teilen uns mit, wie die künftige Entwicklung der Erde vor sich gehen wird und wie der Mensch sich individuell darauf vorbereiten kann.

Ihre von Weisheit und Liebe erfüllten Botschaften sind auf unserem Weg in die neue Zeit einzigartige Wegweiser und eine unerschöpfliche Quelle der Kraft und Zuversicht.

BOTSCHAFTEN AUS DER GEISTIGEN WELT

Botschaften aus der geistigen Welt, Band 3:

Susanne Aubry

STERN DES FRIEDENS

Verlag TerrAmor
ISBN 978-3-935173-75-9
264 Seiten, gebunden
€ 22,– / Fr. 39.60

Unser blauer Planet Erde soll einmal «Stern des Friedens» genannt werden und im Universum als violetter Himmelskörper erstrahlen.

Angesichts der nahezu alltäglichen kriegerischen Auseinandersetzungen in vielen Teilen unserer Welt mag diese Verheißung aus den Ebenen der geistigen Lichtdimensionen wie ein unerfüllbarer Traum erscheinen. Und doch: Überzeugend und hoffnungsfroh weisen hohe Lichtwesen Wege und Möglichkeiten auf, diesen Traum des Menschen zu verwirklichen.

Die Botschaften in diesem Buch wurden zwischen dem 14. November 1999 und dem 11. März 2001 empfangen.

Meditations-CDs:

Susanne Aubry

WEGWEISER
ZUR TRANSFORMATION

Übungsset (5 CDs)
€ 50,– / Fr. 140.00

Auf vielfachen Wunsch der Leser von «Dein Wille geschehe jetzt!» und «Weil Ich dich liebe» präsentiert Susanne Aubry mit diesen Übungs-CDs eine praktische Anleitung und Hilfe für alle, denen es mit der Bewußtseinsarbeit und der Verfeinstofflichung ihres physischen Körpers ernst ist.

Die Kassette umfaßt 5 CDs mit Übungstexten und eigens dafür komponierter Meditationsmusik.

1. CD: Die Sieben-Chakren-Meditation (mit Reinigungs- und Schutzübung)
2. CD: Die Neun-Chakren-Meditation
3. CD: Die Zwölf-Chakren-Meditation
4. CD: Löschung der negativen Programmierung und Neuprogrammierung der DNS
5. CD: Vertiefung der Neuprogrammierung der DNS und Zellaufladung.

EMPFEHLENSWERTE BÜCHER

Christus:
Sein Leben, seine Lehre.

Bilder von Hans Georg Leiendecker
Texte von Thomas Busse

CHRISTUS • BAND 1

ISBN 978-3-906347-53-0
84 Seiten, gebunden
durchgehend farbig illustriert
€ 16,– / Fr. 28.80

Christus der Erlöser, der Erstgeborene, Freund und Helfer der Menschen. Kein Leben wurde so oft diskutiert und illustriert wie das Leben des Jesus von Nazareth.

Ausgelöst durch ein tiefgreifendes spirituelles Erlebnis, fand der Maler Hans Georg Leiendecker neuen Zugang zur Lehre Christi. In zahlreichen Bildern bringt er seitdem die inneren Christus-Erfahrungen, die sein eigenes Leben stark veränderten, zum Ausdruck.

Die meditativen Texte des Autors Thomas Busse erweitern den Blick in die Mysterien des Gottessohnes. So entstand ein Werk, das dem Leser und Betrachter auf einfühlsame Weise das Leben und die Lehren Christi näherbringt.

Christus:
Sein Wirken heute.

Bilder von Hans Georg Leiendecker
Texte von Thomas Busse

CHRISTUS • BAND 2

ISBN 978-3-906347-60-8
84 Seiten, gebunden
durchgehend farbig illustriert
€ 16,– / Fr. 28.80

Christi Lehre ist auch in der heutigen Zeit genauso aktuell wie vor 2000 Jahren. Die Botschaft der Liebe zu Gott und zu Seiner Schöpfung sowie der Aufruf zu Nächstenliebe, Toleranz und Friedfertigkeit sind in unserer Zeit der Verwirrung, der Neuorientierung und der Umwandlung wichtiger denn je.

Die in diesem Band enthaltenen Christus-Bilder illustrieren in eindrucksvoller Weise diesen aktuellen Bezug des Menschenfreundes zum Leben im Hier und Jetzt.

Die meditativen Texte von Thomas Busse erklären und vertiefen die Zusammenhänge und rufen zum persönlichen Miterleben auf.

Ein ermutigender Erlebnisbericht.

Christel Deutsch

UND MEIN ENGEL WEINTE

ISBN 978-3-906347-47-9
128 Seiten, gebunden
€ 12,– / Fr. 21.60

Dieser autobiographische Erlebnisbericht führt durch das bewegte Leben der Berliner Heilpraktikerin und Autorin Christel Deutsch.

Sie schildert auf ergreifende und humorvolle Weise, wie ihr Schutzengel sie seit ihrer Kindheit begleitet. Er steht ihr nicht nur in den Herausforderungen des Alltags zu Seite, sondern hilft ihr auch, innere Hürden zu überwinden und das Bewußtsein weiterzuentwickeln.

Dieses Buch ermutigt dazu, durch Zuwendung und Bitten eine Beziehung zum eigenen Schutzengel aufzunehmen und dadurch in den Wirrnissen des Lebens immer wieder Trost zu schöpfen und Halt zu finden.

Für Kinder … und andere Menschen.

Christel Deutsch • Anne Heins

ENGELGESCHICHTEN

ISBN 978-3-906347-52-3
108 Seiten, gebunden
durchgehend farbig illustriert
€ 16,– / Fr. 28.80

Kinder sind die Hoffnungsträger für die Heilung der Erde und für den Frieden unter den Völkern. Es ist notwendig, sie in dem Bewußtsein aufwachsen zu lassen, von Gott geliebt und von Seinen Boten, den Engeln, beschützt zu werden. Das gleiche gilt auch für alle anderen Menschen, egal wo sie geboren sind und wie sie leben.

Dieses wundervolle Buch umfaßt 19 Geschichten und Engel und Menschen, die Herz und Verstand gleichermaßen berühren – bezaubernd illustriert von der erst zwölfjährigen Anne Heins.

Eine besondere Empfehlung für äußere und innere Kinder.

Der Weg
zur Neuen Erde.

H. Silvariah • R. Silvarianus

DIE NEUE ERDE – MESSIAS ALPHA

ISBN 978-3-906347-48-6
160 Seiten, gebunden
Sonderpreis: € 5,– / Fr. 9.–

Wir befinden uns in einer bedeutenden Zeitenwende. Schon vieles wurde über den Beginn des neuen Jahrtausends geschrieben worden, doch nicht immer wirkt es der allgemein herrschenden Verunsicherung entgegen.

Dieser aktuelle Band zeigt, daß die Menschheit bei alledem nicht allein ist. Zahllose Sternengeschwister stehen uns im Namen des Christus-Jesus liebevoll zur Seite, um uns in unserer Entwicklung zu beschützen und zu begleiten. Sie weisen jedem Menschen guten Willens einen Weg in eine neue Zukunft der Liebe und des Friedens – den Weg zu einer Neue Erde, die hier als «Messias Alpha» bezeichnet wird.

Bruno Gröning:
Leben und Lehre.

Thomas Busse

BRUNO GRÖNING

ISBN 978-3-906347-82-0
118 Seiten, gebunden
€ 9,90 / Fr. 17.50

Kaum jemand erregte in den fünfziger Jahren in Deutschland die Gemüter mehr als Bruno Gröning (1906–1959). In den Medien bezeichnete man ihn als «Wunderheiler», denn Tausende Kranke, Kriegsversehrte und selbst als unheilbar Diagnostizierte erfuhren durch ihn wundersame Heilungen. Die einen sahen in ihm einen neuen Messias, andere verspotteten ihn als Scharlatan. Vor allem die Ärzteschaft stand diesem Mann aus dem Volk mehr als skeptisch gegenüber.

Thomas Busse beschäftigt sich seit 1985 mit diesem außergewöhnlichen Mann. Er hat mehrere Bücher über ihn herausgegeben und zudem Grönings turbulentes Leben in einem aufwändigen dreiteiligen Dokumentarfilm nachgezeichnet. Das vorliegende Buch ist eine übersichtliche Quelle der Information zum Phänomen Bruno Gröning.

Anastasia-Reihe in fünf Bänden:

Wladimir Megre

Band 1: Anastasia – Tochter der Taiga
Band 2: Anastasia – Die klingenden Zedern Russlands
Band 3: Anastasia – Raum der Liebe
Band 4: Anastasia – Schöpfung
Band 5: Anastasia – Wer sind wir?

Jeder Band 200–240 Seiten:
Gebundene Ausgabe: je € 16,– / Fr. 28.80
Taschenbuchausgabe: je € 9,90 / Fr. 17.50

Anastasia ist die Botschafterin eines uralten Volkes, dessen Nachkommen auch heute noch vereinzelt in der Taiga leben, von der Zivilisation unbeeinflußt und immer noch im Besitz der «paranormalen» Kräfte, die der moderne Mensch weitgehend verloren hat.

Kurz nach der Öffnung Rußlands war die Zeit anscheinend reif, daß die Welt von der Existenz dieser Menschen erfahren sollte. So ließ es die junge Einsiedlerin Anastasia im Jahr 1994 zu, daß ein «Zivilisierter» – Wladimir Megre aus Nowosibirsk, der mit seinem Boot auf dem Ob in die Taiga fuhr, um mit den Einheimischen Tauschhandel zu betreiben – mit ihr in Kontakt kam und für drei Tage Zeuge ihres Lebens auf einer entlegenen Taiga-Lichtung wurde. Diese Begegnung sollte Wladimir Megres Leben grundlegend verändern. Als einfacher Geschäftsmann, der nur den Atheismus des kommunistischen Rußlands kannte, sah er sich plötzlich mit Phänomenen konfrontiert, die alles bisher Gekannte um Dimensionen übertrafen: Telepathie, Präkognition, Teleportation, Unverletzlichkeit (Kälteresistenz) und Verbindung mit höheren Welten.

Anastasias Person und Lebensstil provozieren Fragen zu weltbewegenden Themen wie Herkunft des Menschen, Gesundheit, kosmische Heilkraft, richtige Ernährung, göttliche Naturverbundenheit, Ursache von Krankheit, Hintergründe der Weltpolitik und Zukunft der Menschheit.

Unterscheiden, ohne zu urteilen.

Armin Risi

LICHT WIRFT KEINEN SCHATTEN

Ein spirituell-philosophisches Handbuch.

ISBN 978-3-906347-62-2
2. Auflage, 504 Seiten, gebunden
€ 24,– / Fr. 43.20

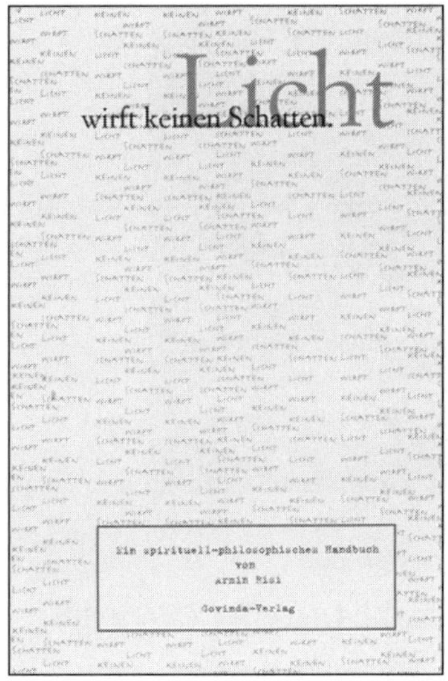

Überall werden Weltbilder, Philosophien und Glaubenssysteme vertreten: von Wissenschaftlern, Politikern und Finanzmagnaten, von Geheimlogen, Religionen und Esoterikern. Haben einige mehr recht als andere? Kann und darf man unterscheiden? Oder ist alles relativ? Sind wir einer philosophischen bzw. ideologischen Willkür ausgesetzt, ohne Kriterien und Maßstäbe für das, was Wahrheit ist? Gibt es überhaupt so etwas wie «Wahrheit»?

Armin Risi beschreibt eine philosophische Weltformel, die es ermöglicht, all die verschiedenen Weltbilder in einen höheren Zusammenhang zu stellen und aufzuzeigen, wer sie vertritt und ***warum***. Was sind die verborgenen Motivationen? Was ist «Licht», und was erzeugt die Dunkelheit?

Die verschiedenen Weltbilder – konsequent zu Ende gedacht:

Was steckt hinter Aussagen wie «alles ist relativ», «alles ist Gott», «wur alle sind Gott»? Oder: «Gott ist Energie», «das Universum ist Gott»? Sind das Wahrheiten oder Halbwahrheiten?

EMPFEHLENSWERTE BÜCHER

*Zeitlose Weisheit –
revolutionäres Wissen.*

Armin Risi

GOTT UND DIE GÖTTER

ISBN 978-3-906347-90-5
6. Auflage, 446 Seiten, gebunden
vollständig überarbeitet
€ 24,– / Fr. 43.20

Die Menschen der früheren Zeitalter waren nicht primitiv, sondern schöpften aus den geistigen Urquellen und verfügten über ein zeitloses Mysterienwissen (im Sanskrit «Veda» genannt), das heute, im Zyklus der Zeiten, wieder ins Bewußtsein der Menschen tritt.

Eines der erstaunlichsten Zeugnisse hierfür sind die Sanskrit-Schriften der altindischen Hochkultur. Armin Risi entschlüsselt diese heiligen Texte im Licht der ursprünglichen Mysterientradition und formuliert auf einzigartige Weise, was bisher nur Veda-Eingeweihten bekannt war. «Gott und die Götter»: ein Standardwerk für die Pioniere des neuen Zeitalters – denn in der heutigen Wendezeit ist das älteste Wissen der Menschheit auch das neuste: zeitlos, revolutionär, zukunftweisend.

*Kosmische Hierarchien und
die Bedeutung des menschlichen Lebens.*

Armin Risi

UNSICHTBARE WELTEN

ISBN 978-3-906347-94-3
5. Auflage, 404 Seiten, gebunden
vollständig überarbeitet
€ 24,– / Fr. 43.20

Parallelwelten», «Multiversum», «morphogenetische Felder» – auch viele Vordenker der Wissenschaft sprechen heute von unsichtbaren Welten und höheren Dimensionen. Mit diesem neuen, holistischen Weltbild nähern sie sich dem, was die Eingeweihten der alten Mysterienschulen seit jeher sahen und beschrieben: Die physikalische Materie ist nicht die einzige Realität; die sichtbare Welt ist verbunden mit kosmischen Hierarchien; der Mensch ist, wie das Universum, ein multidimensionaler Kosmos («wie oben, so unten»); als geistige Wesen schaffen wir unsere eigenen Realitäten.

Das vorliegende Buch ist eine umfassende Beschreibung all dieser Zusammenhänge auf der Grundlage ältesten Wissens und neuester Erkenntnisse.

Das Kursbuch zur Wendezeit.

Armin Risi

MACHTWECHSEL AUF DER ERDE

Die Pläne der Mächtigen, globale Entscheidungen und die Wendezeit.

ISBN 978-3-906347-81-3
5. Auflage, 594 Seiten, gebunden
€ 24,– / Fr. 43.20

Das Kursbuch zur Wendezeit: Die Neuausgabe von Armin Risis Bestseller – jetzt vollständig überarbeitet und aktualisiert!

Die «Illuminati»- und «Sakrileg»-Themen – jenseits von Fiktion und Verharmlosung.

Millionen von Menschen ahnen, daß vieles, was auf der Bühne der Weltgeschichte geschieht, eine Inszenierung ist. Was läuft *hinter den Kulissen?* Was sind die Pläne der Mächtigen? Welche globalen Entscheidungen stehen bevor? Erfahren Sie in diesem Buch, wie die Weltlage aussieht, wenn man sie aus einer spirituellen Perspektive betrachtet:

- Der Mensch im multidimensionalen Kosmos
- Kali-Yuga und die Wendezeit
- Hierarchien der Dunkelheit und des Lichts
- Das Geheimnis der Einweihungen
- Templer, Freimaurer und die «Prieuré de Sion»
- Der Bibel-Code 666
- UFOs, Geheimtechnologie und geistige Energie
- Die Gegenwart der Lichtwesen
- Die Transformation der Erde

Dieses Buch ist eine Expedition in die dunklen Tiefen der Weltgeschichte, in die lichtvolle Zukunft der Menschheit – und in unser eigenes Innerstes.

Eine psycho-litararische Reise ins 19. Jahrhundert.

Katja A. Freese

DER RÜCKWÄRTSLESER

ISBN 978-3-906347-59-2
Roman, 280 Seiten, gebunden
Schutzumschlag, Echtleineneinband, Goldprägung und Lesebändchen
€ 20,– / Fr. 36,–

Lucan, Ethnologiestudent, Verlagsmitarbeiter und passionierter Leser, stößt in einem englischen Antiquariat auf die Bücher von Lilith Faye Gwyneth, die ihn sofort in ihren Bann ziehen.

Die anfängliche Begeisterung für die wortgewaltigen Schriften wandelt sich bald in eine Hingezogenheit zu dem Wesen der unbekannten Autorin aus dem 19. Jahrhundert. Lucan vernachlässigt nicht nur sein Studium und seine Arbeit, sondern zieht sich aus allen Freundschaften zurück und läßt sich rückwärts in die Zeit fallen. Immer tiefer saugt Lilith ihn in eine vergangene Existenz, die ihn gleichzeitig fasziniert und erschreckt.

Überraschende Entdeckungen in der Vergangenheit führen ihn zu einer neuen Sicht auf seine Gegenwart …

Esoterische Vorträge und Essays.

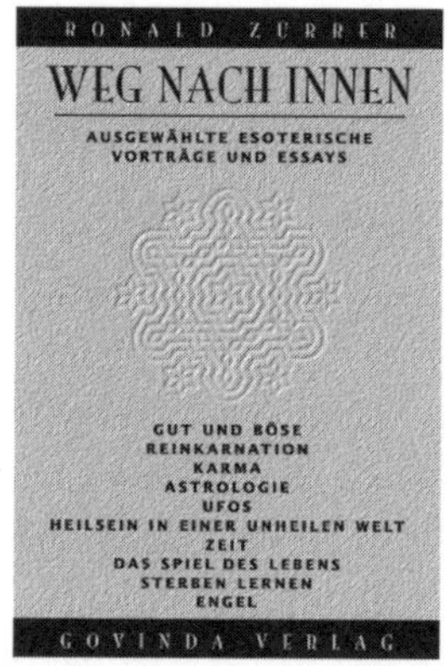

Ronald Zürrer

WEG NACH INNEN

ISBN 978-3-906347-16-5
2. Auflage, 440 Seiten, Taschenbuch
€ 10,– / Fr. 18.–

Das beliebte Einführungsbuch von Ronald Zürrer, mit ausgewählten Vorträgen und Essays zu folgenden Themen:

Gut und Böse • Reinkarnation • Karma • Prophetie und Wahrsagerei • Astrologie • Ufos und außerirdische Zivilisationen • Heilsein in einer unheilen Welt • Hermann Hesses «Siddhartha» • Das Zeit-Phänomen • Das Spiel des Lebens • Die Wahrheit in den Religionen • Vom Sinn der Existenz • Sterben lernen • Über Engel.

EMPFEHLENSWERTE BÜCHER

Einführung in die Wissenschaft der Seelenwanderung.

Ronald Zürrer

REINKARNATION

ISBN 978-3-906347-61-5
144 Seiten, Taschenbuch
€ 9,50 / Fr. 17.50

Laut aktuellen Umfragen glauben heute rund 70 % der Bevölkerung im deutschsprachigen Raum an eine Weiterexistenz der Seele nach dem Tod, und bereits rund 35 % glauben überdies, daß wir uns im Sinne der Wiedergeburts- bzw. Reinkarnationslehre neu verkörpern können.

Dieses Buch aus der Taschenbuchreihe «Grundlagenwissen im Govinda-Verlag» bietet dem Leser eine Einführung in die zentralen Aspekte der Lehren von Karma, Dharma und Reinkarnation. Alles Wichtige, was man über die Wiedergeburt wissen muß und was darüber bis heute bekannt ist, wird in kurzen Kapiteln angesprochen und in leicht verständlicher Weise erklärt.

Vorteile einer fleischlosen Ernährung.

Armin Risi • Ronald Zürrer

VEGETARISCH LEBEN

ISBN 978-3-906347-77-6
7. Auflage, 144 Seiten, Taschenbuch
Sonderpreis € 4,50 / Fr. 8.–

Vegetarisch leben – dies ist nicht nur eine gesunde, vollwertige Ernährungsweise, sondern auch Ausdruck eines bewußten Lebensstils. Vegetarisch leben ist ein aktiver Schritt, um den destruktiven Tendenzen der modernen Zivilisation entgegenzuwirken. Denn die Nachteile des globalen Fleischkonsums werden immer offensichtlicher.

Dieses Buch aus der Taschenbuchreihe «Grundlagenwissen im Govinda-Verlag» vermittelt die wichtigsten Informationen zur Diskussion über Vegetarismus und Fleischkonsum.

Ein informatives Grundlagenbuch sowohl für Vegetarier als auch für kritische Fleischkonsumenten.